Lars Jaeger

Mehr Zukunft wagen!

Wie wir alle vom
Fortschritt profitieren

Meinen Kindern Anika, Kira und Talia
und ihrer Zukunft

INHALT

Prolog: Ein merkwürdiges Paradoxon ... 11

TEIL 1:
DYSTOPISCHES DENKEN –
DER STARKE GLAUBE AN UNSER
KOLLEKTIVES SCHEITERN

1 – Die zwei Gesichter des Janus
Grenzenloser Wohlstand und
Zukunftsängste ... 15

Neue Technologien und Dystopien ... 18

Blauer Himmel über der Ruhr ... 22

Der Teufel an der Wand ... 25

2 – Die Malthusianische Falle
Unsinn seit 200 Jahren – und immer
noch virulent ... 28

Der große Irrtum ... 29

Die Unbelehrbaren ... 34

Von der Grenzenlosigkeit der menschlichen
Kreativität ... 37

Was Malthus heute sagen würde ... 40

Begrenzte materielle Ressourcen versus
grenzenlose Kreativität ... 42

3 – Die Human-Krise
Von der Transformation der Natur zur Umwandlung des Menschen 46

Technologische Disruption: Fünf Schlüsseltechnologien 49

Schlüsseltechnologie 1:
Mit Gentechnologie zu Designerbabys 53

Schlüsseltechnologie 2:
Mit KI zur Superintelligenz 56

Schlüsseltechnologie 3:
Mit Neuro-Enhancement unseren Geist verbessern 61

Schlüsseltechnologie 4:
Mit digitalen Algorithmen und Big Data zur Kontrolle über unser Leben 64

Schlüsseltechnologie 5:
Dem Tod ein Schnippchen schlagen 67

Die Human-Krise: Die Umformung des Menschen 69

Gefahr in Verzug 72

Der Blinde und der Lahme 75

4 – Populismus des Denkens
Von Lügen, Vereinfachungen und Fake News 78

Das Streben nach Wahrheit 79

Vom Glauben zum Wissen und wieder zurück 83

Team Trump 86

Angriff auf das Immunsystem unserer Demokratie 90

Der Feind im eigenen Haus 95

Inversion des politischen Willens 97

5 – Langsames Denken, schnelles Denken
Einsichten über unsere Wahrnehmung und unser Denken 101

Hase und Igel.. 109

Drei Kinder derselben Mutter 115

Ein Stolperer im Aufwärtstrend? 118

TEIL 2:
UTOPISCHES DENKEN –
WIE WIR UNSERE
ZUKUNFT GESTALTEN

6 – Um was es geht
Von den Potentialen zukünftiger Schlüsseltechnologien.. 121

Neun weitere Schlüsseltechnologien 122

Schlüsseltechnologie 6:
Die unermessliche Rechenkraft des Quantencomputers... 123

Schlüsseltechnologie 7:
Mit Nanotechnologie auf atomarer Ebene bauen....... 125

Schlüsseltechnologie 8:
Schlaue Fabriken und das Internet der Dinge 126

Schlüsseltechnologie 9:
3D-Drucker – Alles sofort verfügbar 127

Schlüsseltechnologie 10:
Nahrung aus dem Labor statt vom Feld 128

Schlüsseltechnologie 11:
Vertrauen durch dezentrale Daten 130

Schlüsseltechnologie 12:
Neue Energietechnologien 132

Schlüsseltechnologie 13:
Biosensoren und Nano-Roboter in unserem Körper 133

Schlüsseltechnologie 14:
Synthetisches Leben – Wenn der Mensch Gott spielt 135

Die Kombination macht es 137

7 – Wer soll es richten?
Von der Machtlosigkeit der gesellschaftlichen Institutionen 140

Fukushima? Kein Problem! 143

Die Hilflosigkeit des gesellschaftlichen Führungspersonals 147

Die Ohnmacht des Marktes 151

Utopien aus dem Silicon Valley 155

Mehr Einstein, weniger Lyssenko 159

8 – Sapere aude
Der Mut und der Wille, sich seines eigenen Verstandes zu bedienen 163

Die offene Gesellschaft 165

Rational irrational 168

Mut zur Rationalität 172

»Wissen ist Macht« – Die Idee
des Fortschritts 176

Projekt Aufklärung – Der permanente Kampf
um die geistige Autonomie 179

9 – Intellektuelle Redlichkeit
Wissen wollen, wie es wirklich ist 181

In drei Schritten zur intellektuellen Redlichkeit 184

Poppers Kritischer Rationalismus 188

Der Irrtum als Methode 191

Der Bayesianische Geist und die holprige
Annäherung an die Wahrheit 194

Von intellektueller zu ethischer Redlichkeit 197

10 – Rationalität, Wissenschaft
und Spiritualität
Die Rückkehr des verlorenen Sohnes 198

Auf der Suche nach dem Sinn 199

Das Staunen über die Wunder der Welt 202

Weitere Brücken zwischen Wissenschaft
und Spiritualität 205

Von geistiger Autonomie zum rechten Handeln 208

Gemeinsame Redlichkeit 211

Bedienungsanleitung für die Praxis 213

11 – Was ist der Mensch, was soll er sein?
Wie das mächtige Zweigespann der Moderne konkret wirken kann 219

In der Pflicht 221

Die Frage nach dem »Ich« 224

Die Auflösung des Individualismus 228

Alle Menschen, alle Kulturen, alle Länder – Fünf Regeln für jedermann 234

Schwarze Wölfe 235

Der Blick in die Zukunft: Risikoethik 246

12 – Utopien wagen
Wie wir dem irdischen Paradies immer näher kommen 248

Auslaufmodell Egoismus 251

Wenn Gier sich nicht mehr lohnt 254

Von wirtschaftlicher Machtkonzentration zu neuen Verteilungsprinzipien 258

Eine Wirtschaft des Teilens 262

Überwinden der Stolpersteine 264

Verantwortung & Zivilcourage 267

Danksagung 272

Literatur 273

Register 285

PROLOG: EIN MERKWÜRDIGES PARADOXON

»Mehr Demokratie wagen« (Willy Brandt), »Mehr Freiheit wagen« (Angela Merkel), »Mehr Kapitalismus wagen« (Friedrich Merz), »Mehr Gerechtigkeit wagen« (SPD) – Mit solchen Aufrufen verbinden wir Optimismus und Tatkraft. Bekanntlich gilt: Wer wagt, gewinnt. Und wer das Richtige wagt, erst recht. Doch warum sollen wir »Mehr Zukunft wagen«? Kommt Zukunft nicht von ganz alleine?

Ein erstaunlicher Widerspruch prägt unsere Zeit. Immer mehr Menschen führen ein Leben in höchstem Komfort, in nahezu totaler Sicherheit und mit einem beispiellosen Maß an Gesundheit bis ins hohe Alter. Gleichzeitig denken die meisten, der Zustand der Welt sei schlecht, und er würde immer schlechter. Man könnte sagen: Himmel und Hölle existieren für uns parallel, sie durchdringen sich im Hier und Jetzt. Auf diesen Widerspruch ist eine weitere Paradoxie aufgesetzt: Für beide Szenarien ist derselbe Auslöser verantwortlich – der wissenschaftliche und technologische Fortschritt. Er sorgt dafür, dass wir heute in einer Gesellschaft leben, die alle Hoffnungen der Vergangenheit an Paradieshaftigkeit längst übertroffen hat. Aber er ist auch die Ursache dafür, dass wir mit größter Sorge in die Zukunft schauen.

Tatsache ist: Unsere Welt verändert sich immer schneller. In seinem Roman *Schöne Neue Welt* von 1932 beschreibt Aldous Huxley eine Gesellschaft, in der die Menschen mittels biotechnologischer Manipulationen schon mit ihrer Geburt in verschiedene Kasten sortiert und zugleich durch permanenten Konsum, Sex und die Glücksdroge *Soma* in all ihren Wünschen, Begierden und Gelüsten sofort befriedigt werden. Der Roman wird den meisten Lesern in seinen Grundzügen bekannt sein. Weniger bekannt ist das Jahr, in welchem Huxley seine Handlung spielen lässt. Es ist das Jahr 2540 n. Chr., also mehr als 600 Jahre nach Erscheinen des Romans! Dass die realen technologischen Möglichkeiten schon nach *einem Jahrhundert* dieses Szenario nicht nur erreichen, sondern weit in den Schatten stellen könnten, hatte sich selbst der Visionär Huxley nicht vorstellen können.

Huxley beschreibt in seinem Roman, dass der Mensch durch technologische Entwicklung nicht mehr nur seine Umwelt und damit seine Lebensbedingungen massiv verändert, sondern auch *sich selbst*. Tatsächlich sind heute in der realen Welt Körper und Geist des Menschen längst zum Gegenstand der Optimierung geworden. Wir stehen am Scheideweg, ob wir selbstbestimmt in die Zukunft gehen, oder ob über kurz oder lang unser Körper durch Gen- und Nanotechnologien zu einer Maschine degradiert und unser Geist durch eine Art Soma-Droge permanent befriedigt und zugleich konditioniert wird.

Diese »Human-Krise« entscheidet über unsere Zukunft *als Menschen*; sie ist drängender, umwälzender und bedrohlicher, als es sogar Klimakatastrophe oder Überbevölkerung sind.

Zurzeit scheint noch die Renditegier der Technologie-Investoren, die Ideologie der Silicon-Valley-Transhumanisten und ganz allgemein die kapitalistische (bzw. militärische) Verwertungslogik über unsere Zukunft zu entscheiden und uns dabei zu passiven Zuschauern oder Leidtragenden zu degradieren. Wenn wir nicht wollen, dass die neuen Technologien über uns hinwegrollen, muss sich ein jeder von uns in den kommenden Jahrzehnten an der *aktiven* positiven Gestaltung unserer Zukunft beteiligen. Dazu braucht es dreierlei:

1. Wissen, um was es bei den technologischen Entwicklungen geht,
2. Motivation, Mut und die Bereitschaft zum gestalterischen Engagement,
3. intellektuelle, philosophische und spirituelle Richtlinien.

In Bezug auf den letzten Punkt ist anzumerken, dass *religiöses* Engagement weltweit nachlässt – bei allem Wachstum der Weltbevölkerung sinkt die absolute Zahl der Kirchenbesucher. Das moralische Gefüge der Gesellschaft ist heute von agnostischen Grundprinzipien abhängig, die die Kategorie der Sünde durch das des Rechts und Unrechtes ersetzt haben. Eine Rückkehr zu religiösen Richtlinien wird uns daher kaum helfen. Spirituelle Suche muss woanders stattfinden.

Ich möchte Sie mitnehmen auf eine Reise in eine neue, positiv gestimmte gesellschaftliche Utopie. Auf dieser Reise werden wir im ersten Teil zunächst die Dystopien kennenlernen, die angesichts des schnellen technologischen Wandels das moderne Denken bestimmen. Im zweiten Teil des Buches werden wir die Möglichkeiten beleuchten, die uns der fortschreitende Wandel bietet, und betrachten, was es braucht, dass wir die allseits propagierten negativen Entwicklungen abwenden, den technologischen Fortschritt human gestalten und mit seiner Hilfe für alle Menschen ein wahres Paradies auf Erden erschaffen können.

TEIL 1: DYSTOPISCHES DENKEN – DER STARKE GLAUBE AN UNSER KOLLEKTIVES SCHEITERN

1 – DIE ZWEI GESICHTER DES JANUS
GRENZENLOSER WOHLSTAND UND ZUKUNFTSÄNGSTE

Soziale Krise, politische Krise, Wirtschafts- und Handelskrise, Finanz- und Schuldenkrise, Bildungskrise, Energiekrise, demografische Krise, Flüchtlingskrise, Glaubwürdigkeitskrise, Kulturkrise, Glaubenskrise, ökologische Krise ... Unser Leben scheint von Krisen bestimmt zu sein. Ein Blick in die Medien genügt, um zu erfahren, dass die Zukunft Europas auf dem Spiel steht, die Klimakatastrophe droht, der Zerfall unseres Schulsystems und der Kollaps unseres Rentensystems bevorstehen und – als ständiges Grundrauschen – der allgemeine Sitten- und Werteverfall sowie der Niedergang des demokratischen Konsenses durch politischen Extremismus die Gesellschaft entzweien. Zu all diesen Folgen unseres *Versagens* kommen noch die Bedrohungen, die durch unseren menschlichen *Erfindungsreichtum* hervorgerufen werden: Künstliche Superintelligenz übernimmt das Ruder, Geningenieure designen Babys, Neurotechnologien kontrollieren unseren Geist und Big Data erfasst unsere Persönlichkeit besser, als wir dies selbst tun.

Auf solche Schreckensmeldungen reagieren wir mit Verunsicherung und Angst (»Meinen Job übernimmt eine Maschine, ich werde im Alter arm sein« oder »Meinen Kindern wird es später einmal schlechter gehen«), manchmal versteckt unter Fatalismus (»Es geht sowieso alles den Bach runter«) und Selbsttäuschung (»Das ist doch alles reine Panikmache!«). Dazu gesellt sich Frustration, weil wir meinen, nichts an den Entwicklungen ändern zu können, aber auch, weil wir das, was um uns herum passiert, nicht wirklich verstehen – »Irgendwie überrollt mich das alles!«

Krisen bestimmen unser kollektives Bewusstsein. Sie machen uns Angst und frustrieren uns, weil wir uns ohnmächtig fühlen.

Gleichzeitig verfügen wir heute in den entwickelten Ländern trotz all dieser misslichen Krisen und unserer Ängste über eine niemals zuvor erreichte Lebensqualität.

- Wir haben alle ein sicheres Dach über dem Kopf, niemand muss frieren oder hungern.
- Sozial Schwächere können sich auf staatliche Leistungen verlassen.
- Heute sterben mehr Menschen an zu viel als an zu wenig Essen, mehr kommen durch Unfälle ums Leben als durch Kriege, und zum ersten Mal in der Geschichte der Menschheit sind Infektionskrankheiten weniger tödlich als Altersgebrechen.
- Dank minimalinvasiver Operationstechniken, Antibiotika und ausgewogener Ernährung erfreuen sich die meisten von uns bis ins (immer höhere) Alter bester Gesundheit.[1]

1 Noch in den 1920er-Jahren berechnete der US-amerikanische Demograf und Statistiker der Versicherungsgesellschaft Metropolitan Life, Louis Dublin, dass die Lebenserwartung des Menschen niemals höher als 64 Jahre und 9 Monate werden kann. Doch entgegen dieser Vorhersage ist die durchschnittliche Lebensdauer in den meisten hochentwickelten Ländern auf mehr als 80 Jahre angestiegen. Und sie steigt um 2,5 Jahre pro Jahrzehnt weiter.

- Wir haben Zugang zu frischem Trinkwasser und den köstlichsten kulinarischen Genüssen (unsere Urgroßeltern haben zeit ihres Lebens kaum je eine Papaya oder Mango gesehen).
- Wir haben viel Freizeit, die wir mit jeder Menge Weiterbildungsmöglichkeiten und bester Unterhaltung füllen können.
- Wir profitieren von den Möglichkeiten nahezu unbeschränkter Mobilität, reisen in exotische Länder.
- Digitale Kommunikation erlaubt es uns, uns mit Freunden in aller Welt auszutauschen.

Die Liste der Annehmlichkeiten des modernen Lebens, die unser Dasein im Vergleich zu dem unserer Vorfahren so unglaublich bequem wie vielfältig gestaltbar machen, ließe sich noch beliebig fortsetzen. Wir leben besser als je – und das Beste daran ist: Wir wissen das alles zu schätzen! Repräsentative Umfragen zeigen, dass die subjektiv empfundene, individuelle Zufriedenheit der Menschen stabil auf hohem Niveau liegt.[2] Wie aber passen Dauer-Krisenstimmung und Wohlbehagen zusammen?

Beide Extreme dieses merkwürdigen Spagats haben dieselben Wurzeln: den wissenschaftlichen und technologischen Fortschritt.

- Wissenschaft und Technologie haben das menschliche Leiden stärker vermindert als jede andere Geistestradition (genau eine solche ist ja die Wissenschaft: ein Versuch, mit Hilfe unseres Geistes die Welt zu verstehen). Sie ermöglichen uns eine Existenz in unvergleichbarer Sicherheit, ein

2 So zum Beispiel der jährlich veröffentlichte »Glücksatlas« der Deutschen Post, eine repräsentative Umfrage, die seit 2011 die Lebenszufriedenheit in Deutschland misst.

höchstes Maß an Gesundheit, enormen materiellen Wohlstand, ein großes subjektives Zufriedenheitsgefühl und eine Lebensqualität, von der unsere Großeltern und alle Generationen davor nur träumen konnten.

- Gleichzeitig hat uns der technologische Fortschritt neue Probleme wie Umweltzerstörung, Bevölkerungsexplosion und atomare Bedrohung gebracht. Viele Menschen malen sich eine Zukunft aus, in der alles, was wir kennen, durch Technologie zerstört wird, oder in der ein Armageddon die Menschheit als Ganzes auslöscht.[3]

Uns beherrscht eine bequeme, aber blinde Technikgläubigkeit, wir genießen den Luxus von Autos, Computertomografie und Abwasserentsorgung, vertrauen auf das Funktionieren von Smartphone, digitaler Datenkommunikation und Antibiotika, zugleich fürchten und verteufeln wir den technologischen Fortschritt.

Zu einer Form von geistiger Flucht vieler Menschen ist es geworden, den Gedanken an die Zukunft überhaupt zu vermeiden und in einer nie endenden Gegenwart oder in der Vergangenheit vor einigen Jahren zu leben, in der sich das Leben instinktiv angenehmer und sicherer anfühlte.

Neue Technologien und Dystopien

Ein Beispiel für die Zweischneidigkeit des technischen Fortschritts sind die digitalen Technologien. Aktuell be-

3 So beschäftigte die Menschen im Jahr 1984 die Möglichkeit der nuklearen Auslöschung der Menschheit weit mehr als George Orwells »1984«-Dystopie über die Verletzung unserer Privatsphäre.

schert uns das Internet neben seinen aufregenden neuen Möglichkeiten des sozialen, politischen und wirtschaftlichen Austauschs auch ganz neue Formen der persönlichen Überwachung und massiver Eingriffe in unsere Privatsphäre, ganz zu schweigen von der zunehmenden Abhängigkeit unserer gesamten Infrastruktur vom Internet, die uns angreifbar für Cyberterroristen macht. Neue Algorithmen lösen vormals unlösbare Probleme, aber die Entwicklung einer übermächtigen künstlichen Intelligenz droht uns Menschen zu versklaven. Und vom Hunger unserer modernen Technologien nach Energie führt ein direkter Weg zur Vernichtung der irdischen Ressourcen.

Auch schon in der Vergangenheit kam der wissenschaftliche und technologische Fortschritt zumeist sowohl mit positiven Entwicklungen als auch um den Preis großer Nachteile und Ängste. Drei Beispiele:

- Als die Eisenbahnen eingeführt wurden, hatten Menschen nicht nur Angst vor der »unmenschlichen« Geschwindigkeit. Es gab tatsächlich eine Reihe schwerer Unfälle, Kessel explodierten, Züge stießen zusammen, Brücken stürzten ein.
- Die Industrialisierungswellen des 18. und 19. Jahrhunderts bewirkten ein massives Wirtschaftswachstum, aber auch die Entstehung eines Proletariats des Elends und die Auflösung der traditionellen Großfamilie.
- Neben Computern, Laser und moderner medizinischer Diagnostik brachte uns die Quantenphysik in der ersten Hälfte des 20. Jahrhunderts auch die Atombombe.

Die Erfahrung, dass technologischer Fortschritt unser Leben auch zum Negativen verändern kann, machen Menschen bereits seit Jahrhunderten.

Neu ist allerdings, was wir vom technologischen Wandel für die *Zukunft* erwarten. Bis ins 19. Jahrhundert hinein zeichneten Philosophen und Literaten der westlichen Welt in ihren Zukunftsvisionen ausgesprochen positive Bilder von dem, was den Menschen bevorsteht. Angefangen hat es 1516 mit der *Utopia* von Thomas Morus.[4] Utopia ist eine Welt, in der alle Menschen (genauer: alle Männer) die gleichen Rechte haben. Die Arbeitszeit beträgt sechs Stunden am Tag, es herrscht freie Berufswahl und uneingeschränkter Zugang zu Bildungsgütern. Jeder erhält von der Gemeinschaft, was er braucht. Eine solche Gesellschaft musste den Menschen vor 500 Jahren als ein Paradies erschienen sein. Thomas Morus' Land Utopia[5] wurde zum Namensgeber für die fiktiven zukünftigen Welten, die hoffnungsvolle Gegenentwürfe zum tristen Lebensalltag der jeweiligen Gegenwart darstellten.

Erst im 20. Jahrhundert kippte das Bild, aus Utopien wurden Dystopien. Die Zukunftsentwürfe der letzten hundert Jahre beschreiben überwiegend unangenehme bis apokalyptische Welten, die durch Ökozid, mörderische Roboter, totalitäre Regime und atomare Vernichtung geformt werden. George Orwells »1984« und Aldous Huxleys »Schöne Neue Welt«, die Aushängeschilder des

4 Lateinischer Titel in Gänze: *De optimo rei publicae statu deque nova insula Utopia* (»Vom besten Zustand des Staates und der neuen Insel Utopia«). In seinem Roman beschreibt Morus eine aus seiner Sicht ideale Gesellschaft und kritisiert so die Bedingungen des frühen 16. Jahrhunderts.

5 Der Begriff »Utopia« ließe sich aus dem Griechischen als »Nicht-Ort« (»οὐ« – »nicht« und »τόπος« – »Ort«) übersetzen, was so viel heißen soll, dass eine Utopie einen aus heutiger Sicht nicht existierenden oder erreichbaren Ort beschreibt.

Zukunftsromans im 20. Jahrhundert, beschreiben Albtraumwelten, hervorgerufen durch despotische Weltdiktaturen, die allein durch moderne Technologien möglich wurden. Und Alfred Döblin schrieb noch vor »Berlin Alexanderplatz« den Roman »Berge, Meere und Giganten«, der 1924 erschien und von einer in zwei große Machtblöcke geteilten Welt erzählt, in der die Besiedlung Grönlands das Abschmelzen der Eismassen zur Folge hat.

Wer die Zukunftsromane von heute betrachtet, sieht auch hier: Dystopien beherrschen das Genre, von Freiheitsverlust durch digitale Totalüberwachung (»Zero« von Marc Elsberg, »Das Erwachen« von Andreas Brandhorst, »NSA – Nationales Sicherheits-Amt« von Andreas Eschbach), optimierten und mit künstlicher Intelligenz erzogenen Menschen (»Die Hochhausspringerin« von Julia von Lacadou), virtuellen Identitäten (»Die Tyrannei des Schmetterlings« von Frank Schätzing), Menschenzüchtung (»Perfect People«, Perfekte Menschen, von Peter James) bis hin zum Kollaps des globalen Klimas (»Ausgebrannt« von Andreas Eschbach, »Der Platz an der Sonne« von Christian Torkler).

Sahen wir früher die Vorteile der technologischen Entwicklung und blickten mit ihr positiv in die Zukunft, so hat sich das Blatt nun gewendet. Früher erhoffte man sich von der Wissenschaft, dass sie dem Menschen das Menschsein besser ermögliche, weil er dank ihr über die tägliche Sorge um Nahrung und Unterkunft hinauswachsen kann. Heute gehen viele davon aus, dass Wissenschaft dem Menschen das Menschsein immer mehr verwehrt. Indem sie uns den Zwängen und Gesetzmäßigkeiten der Technologie und Ökonomie unterwirft, degradiere sie uns zu reinen Objekten. Diese negative Sicht zeigt sich auch in den Einschätzungen der Menschen: Nur 15 Prozent der Deutschen ist der Meinung, dass es sich in der Zukunft besser leben lässt als heute. Die knappe Hälfte ist überzeugt, dass es nur schlechter werden kann.[6]

Durch technologischen Fortschritt erzeugte Krisen gibt es seit 250 Jahren. Neu ist, dass heute Menschen auch die Zukunft als Problem sehen.

Damit wird genau die Kraft, die uns heute in einer Gesellschaft leben lässt, die viele der Hoffnungsszenarien der Morus'schen Utopie längst übertroffen hat, für die erwartete Verschlechterung oder Zerstörung unserer Lebensbedingungen verantwortlich gemacht. Dass es die Wissenschaften des 17. und 18. Jahrhunderts und ihre Helden wie Isaac Newton und Galileo Galilei waren, die entscheidend zur Aufklärung und damit zum freiheitlichen Menschenbild in einer offenen Gesellschaft beigetragen haben, zählt nicht mehr.

Blauer Himmel über der Ruhr

Fakt ist: Herausforderungen, die uns der technische Fortschritt gebracht hat, gibt es genug. Wie werden wir mit ihnen fertig? Viele Technologieskeptiker glauben, dass nur der Verzicht auf technologische Weiterentwicklung die Lösung sein kann. Ganz nach der Logik: Der Fortschritt hat uns all die Probleme beschert, daher kann nur seine Beschränkung sie lösen. Diese Logik vergisst allerdings die andere Seite der Medaille: Neue Tech-

6 Repräsentative Umfrage des Meinungsforschungsinstituts *YouGov* aus dem Jahr 2017. Auf die Frage, wie das Leben für Menschen in fünfzig Jahren aussehen werde, meinten 49 Prozent der Befragten in Deutschland »schlechter als heute«, 15 Prozent »besser als heute«, »genauso gut bzw. schlecht wie heute« vermuten 22 Prozent.

nologien waren immer auch hervorragende Problemlöser. Hunger, Krankheiten, die Auswirkungen extremer Wetterereignisse und viele weitere Menschheitsplagen ließen sich mit ihnen auf einen Bruchteil des Ausmaßes bringen, der für frühere Generationen ganz normal war. Ein feuriges Plädoyer für Wissenschaft und Aufklärung hält der Harvard-Professor Steven Pinker in seinem lesenswerten Buch *Enlightenment Now*[7]. Pinkers Ansicht nach sind die Wissenschaften und Technologien die treibenden Kräfte hinter den positiven Entwicklungen der vergangenen Jahrhunderte – und werden dies auch in der Zukunft sein.

Es besteht heute sogar die Aussicht, Hunger, Krankheit und anderes Leid ganz auszumerzen. Lassen wir die Wissenschaften nicht als Problemlöser zu, weil wir ihnen nicht vertrauen, berauben wir uns des besten Werkzeugs im Umgang mit den heutigen Herausforderungen. Auch Aufgaben wie Klimaerwärmung, Umweltverschmutzung und Energieversorgung werden sich nur mit Hilfe neuer Technologie lösen lassen. Die meisten von uns haben es längst vergessen oder wussten es nie: Bereits vor 70 Jahren hatten europäische und amerikanische Großstädte ein massives Smogproblem. Menschen litten unter schweren Atemwegsproblemen, die Zahl der Krebserkrankungen war in die Höhe geschossen. In den Fünfzigern war die Luft im Ruhrgebiet zum Schneiden dick; wurde weiße Wäsche draußen getrocknet, war sie am Abend grau. Im April 1961 sagte Kanzlerkandidat Willy Brandt in einer Rede im Bonner Bundestag: »Der Himmel über dem Ruhrgebiet muss wieder blau werden!« Und er wurde wieder blau.

7 *Enlightenment Now: The Case for Reason, Science, Humanism, and Progress* (deutsche Ausgabe: *Aufklärung jetzt: Für Vernunft, Wissenschaft, Humanismus und Fortschritt. Eine Verteidigung*, Fischer, Berlin 2018).

Ein weiteres Beispiel: Noch in den 1980er-Jahren war das Baden im Rhein lebensgefährlich, Fische gab es zu dieser Zeit in Deutschlands mächtigstem Fluss kaum mehr. Der damalige Umweltminister Klaus Töpfer sprang im Rahmen einer PR-Aktion in Bonn in den Rhein, um für saubere Flüsse in Deutschland zu werben, allerdings mit Ganzkörperschutz, um nicht seine Gesundheit zu gefährden. Heute baden an gleicher Stelle Kinder und man kann wieder angeln im Rhein. Längst verlorene Fischarten sind zurückgekehrt.

Der Grund für diese Erfolge: Neue Technologien wie Katalysatoren für industrielle Verbrennungsanlagen und später auch für Autoabgase, sowie Abwasserklärung bewirkten, dass Smog, saurer Regen und Giftabfälle in den Flüssen drastisch reduziert wurden. An dieser Front wird ständig weitergearbeitet: Neue Energie-, Umwelt- und Klimatechnologien stehen im Zentrum globaler Forschungsprogramme.

Von Umweltaktivisten kommt häufig der Einwand, dass mehr Wirtschaftswachstum zwangsläufig zu mehr klimaschädlichen Energieverbrauch führt. Doch es ist gerade das Wirtschaftswachstum, das die notwendigen finanziellen Mittel sowie die Technologien hervorbringt, um der klimaschädlichen Umweltverschmutzung entgegenzutreten. Arme Länder können sich Umweltschutz nicht leisten.

Auch jene Probleme, die man zunächst als »gesellschaftlich bedingte« Krisen einordnen würde und die auf den ersten Blick kaum in einem Zusammenhang zu Technologien stehen, rufen nach einem wissenschaftlichen Ansatz und dem Einsatz von neuen Technologien. So können die gewaltigen Migrationsbewegungen im Nahen Osten und in einigen afrikanischen Ländern wohl nur dann reduziert werden, wenn die Familien in ihren

Heimatländern ein Auskommen finden. Denn es sind ja meist Menschen ohne Alternativen, die auf Kriegstreiber hören oder sich auf den gefahrenvollen Weg in sicherere Länder machen. Technologien können ihnen helfen, mehr landwirtschaftliche Erträge zu erwirtschaften, mehr Transparenz in die politischen Entscheidungsprozesse zu bringen oder durch digitale Medien eine höhere Ausbildung zu ermöglichen.[8] Statt zu verhindern, dass Wissenschaft Probleme löst, müssen wir besser als zuvor darauf achten, dass sie weniger Probleme in die Welt setzt.

Wissenschaft und Technologien bringen zwar immer wieder große Probleme hervor, aber sie sind gleichzeitig auch die besten Problemlöser.

Der Teufel an der Wand

Doch der Widerstand gegen Technologie nimmt Fahrt auf. Es lassen sich fünf Gründe ausmachen, die den technologischen Wandel so unbeliebt machen und für einen pessimistischen Blick in die Zukunft sorgen.

1. **Gefühlte Zwangsjacke**: Technologien zwingen uns ihren Takt und Rhythmus auf; diese Erfahrung mussten als Erste die Arbeiter an den mechanischen Webstühlen des 18. und 19. Jahrhunderts machen. Im frühen 20. Jahrhundert waren es dann

8 Hier ist es sinnvoll, zwei Arten von Entwicklungshilfe zu unterscheiden: Rein *finanzielle* Hilfe fördert oft die Abhängigkeit, während angemessene *technologische* Hilfe Unabhängigkeit und Entwicklungschancen fördert.

die Fließbandarbeiter, heute kreieren technische und mathematische Optimierungsprozesse Zeitvorgaben (»Just-in-time«-Produktion und -Distribution), an die wir uns halten müssen. Das Ergebnis ist das Gefühl des Ausgeliefert-Seins und der fehlenden Kontrolle über unser Leben.

2. **Zunehmende Komplexität**: Wir erahnen die gewaltigen Prozesse, die die Welt verändern, aber verstehen nur wenig davon, was da genau passiert. Diese Kombination von intuitivem Spüren und Nicht-Wissen bzw. Nicht-Verstehen sorgt für Verunsicherung.
3. **Unfassbare Geschwindigkeit**: Die schiere Geschwindigkeit des technologischen Wandels und die damit verbundene Schnelligkeit gesellschaftlicher Veränderungen überfordern uns gedanklich wie emotional. Anders als früher sind wissenschaftliche und technologische Durchbrüche nicht mehr Sache von Jahrzehnten, sie finden heute fast schon im monatlichen Takt statt. Auch die Komplexität wissenschaftlicher und technologischer Entwicklungen steigt dramatisch an. Wir sehen uns nicht mehr als gestaltende Akteure gesellschaftlicher Veränderungen, sondern haben Mühe, überhaupt noch auf die irrwitzig schnellen und immer unübersichtlicheren Transformationen zu reagieren.
4. **Unübersichtliche Vielfalt**: Wir erleben eine Vielzahl dramatischer Veränderungen gleichzeitig. Genau das ist historisch neu: In den letzten 250 Jahren sahen sich die Menschen jeweils einzelnen und somit überschaubaren, technologischen Umwälzungen und ihren krisenartigen Auswirkungen ausgesetzt. Dagegen überfordert uns heute die konstante Parallelität der Neuerungen.

5. **Globalität**: Die Konsequenzen der technologischen Entwicklung sind nicht mehr lokal begrenzt. Probleme in scheinbar so fernen Kontinenten wie Afrika und Asien zeigen ihre Auswirkungen unmittelbar bei uns in Europa und Nordamerika. Bei vielen der durch Technologien hervorgerufenen Probleme geht es ums Ganze: Themen wie Atomkrieg, Umweltzerstörung, Überbevölkerung, Klimakatastrophe, künstliche Superintelligenz und Genmanipulation betreffen und bedrohen die Menschheit insgesamt. Auch Fragen der sozialen Gerechtigkeit, der Energieversorgung oder Ernährung lassen sich sinnvollerweise nur auf globaler Ebene behandeln.

Der technologische Wandel droht uns zu überrollen. Weil er uns überfordert, begegnen wir ihm mit negativen Gefühlen und einer dystopischen Sicht auf unsere Zukunft.

Wer dystopisch denkt, hat schon aufgegeben. Die gute Nachricht: Es gibt ein identifizierbares Argument, das den Dystopien zugrunde liegt, und indem wir dieses entkräften, finden wir den Weg zurück zu einer positiven Zukunftsbetrachtung und damit zu einer aktiven gestalterischen Rolle, die wir einnehmen können. Der Urgroßvater moderner Dystopien ist ein anglikanischer Pfarrer und Sozialökonom. Um ihn soll es im folgenden Kapitel gehen: Thomas Robert Malthus.

2 – DIE MALTHUSIANISCHE FALLE
UNSINN SEIT 200 JAHREN – UND IMMER NOCH VIRULENT

Wer heute Diskussionen über unsere Zukunft verfolgt, wird bei genauerer Betrachtung ein immer wiederkehrendes Argumentationsmuster auf Seiten der Schwarzmaler erkennen:

1. Ob es um Ressourcenverbrauch, demografische Entwicklung, ökologische Belastung unseres Planeten, Ökonomie oder allgemeinen Wohlstand geht – unser heutiges Gesellschafts- und Wirtschaftssystem verlangt ständiges Wachstum.
2. In einer endlichen Welt ist stetiges Wachstum nicht möglich.
3. Wir werden immer wieder an die Grenzen des Wachstums stoßen, und dies mit mehr oder weniger katastrophalen Folgen.

Der intellektuelle Urheber dieser Logik ist der britische Nationalökonom Thomas Robert Malthus. In einem Werk von 1798 (»*An Essay on the Principle of Population*«) verglich er die Endlichkeit unserer Ressourcen mit der Dynamik des menschlichen Bevölkerungswachstums. In einer weiteren Schrift von 1820 (»*Principles of Economics*«) formulierte er dazu eine einfache mathematische Gesetzmäßigkeit:

- Menschen vermehren sich schicksalhaft nach einem exponentiellen Wachstumsgesetz (wofür er als anglikanischer Pfarrer, der er war, auch die »ungezügelten sexuellen Gelüste der Menschen« verantwortlich machte),

- doch die Nahrungsressourcen, die sie zum Überleben brauchen, lassen sich nur linear steigern.

Die Folge ist, dass sich Nahrungsmittelnachfrage und -angebot notwendigerweise so lange auseinanderentwickeln, bis die zur Verfügung stehenden Lebensmittel die Ernährung der Bevölkerung nicht mehr sicherstellen können. Für Malthus war die Sache klar: Sobald die Reallöhne nicht mehr für die Nahrungsmittelpreise ausreichen, dezimieren Hungersnöte, Seuchen und Kriege die menschliche Bevölkerung. Für diejenigen, die überleben, ist die Versorgung mit Nahrung sichergestellt – bis es zu der nächsten Nahrungsmittelknappheit kommt.

In der Theorie von Thomas Malthus können lineares Wachstum der Ressourcen und exponentielles Wachstum ihres Verbrauchs nicht nachhaltig miteinander koexistieren. Es kommt regelmäßig zu einer »korrigierenden« Katastrophe.

Malthus' Idee war übrigens nicht neu. Schon Aristoteles sah einen Zusammenhang zwischen Geburtenrate und allgemeinem Wohlstand. In seiner Schrift *Politeia* (»Der Staat«) führt er aus, dass eine Begrenzung der Bevölkerung in einem Staat dringend erforderlich sei. Willkürliche Kinderzeugung führe zur Armut der Bevölkerung und in Folge zu Unruhen und Aufständen.

Der große Irrtum

Malthus' wirtschaftliche und soziologische Theorie diente ihm als Basis für ein konkretes Werturteil: Ein mittelloser Mensch, dessen Arbeit die Gesellschaft »nicht nötig hat«, habe »nicht das mindeste Recht, irgendeinen Teil von Nahrung zu verlangen, und er ist wirklich zu viel auf der Erde«. Diese bekannte wie berüchtigte Stelle hat Malthus zwar später wieder aus seinem Text gestrichen, aber sie fasst sein Denken gut zusammen. Seine Kaltschnäuzigkeit hat ihm immer wieder harsche Kritik eingebracht, heute wird er in die Reihe anti-humanistischer Denker eingeordnet. Doch für seine Zeitgenossen waren seine Gedankengänge völlig in Ordnung, Malthus besaß sogar bedeutenden politischen Einfluss: Seine Theorie der Überbevölkerung führte zum Beispiel 1834 in England zu einer neuen Armengesetzgebung, die für die Hilfsbedürftigen eine massive Kürzung ihrer Unterstützung bedeutete.

Malthus war überzeugt: Arme hungern und sterben aus gutem Grund. Seine These der Überbevölkerungsgefahr prägte das soziale und politische Denken im Europa des 19. Jahrhunderts.

Doch übersteht die Malthusianische Theorie eigentlich den Realitäts-Check? Um 1800 wurde die Marke von einer Milliarde Menschen auf unserem Planeten überschritten, über 90 Prozent von ihnen waren vom Hunger bedroht.[9] Auch mit dem allgemeinen Wohlstand war es nicht weit her: 95 Prozent der damaligen Weltbevölkerung mussten mit weniger als dem Äquivalent von 2 US-Dollar in Preisen von 1985 auskommen. Es gab

9 So leitete der Ausbruch des Vulkan Tambora in Indonesien Anfang April 1815 die schlimmste Hungersnot des 19. Jahrhunderts in Europa ein. Und ein Pilz, die Kartoffelfäule, führte in Irland 1845 bis 1849 zu eine Hungerkatastrophe, der 1,5 Millionen Iren zum Opfer fielen. Weitere 1,3 Millionen wanderten in dieser Zeit aus, ihnen folgten weitere 5 Mio. in den folgenden von Armut geprägten Jahren. Irland ist das einzige europäische Land, das heute weniger Einwohner hat als Mitte des 19. Jahrhunderts: 3,5 Millionen, versus über 8 Millionen.

zu Malthus' Zeiten also etwa 900 Millionen Menschen, die nicht wussten, ob und was sie am nächsten Tag essen würden. Seitdem ist die Weltbevölkerung exponentiell auf über 7,5 Milliarden Menschen angestiegen. Zugleich sank der Anteil der Hungernden auf knapp 11 Prozent; die Vereinten Nationen berichteten 2017, dass 815 Millionen Menschen unterernährt sind. Dass breite Bevölkerungsschichten hungern müssen, kommt heute nahezu ausschließlich auf dem afrikanischen Kontinent vor. Anders als früher liegen die Ursachen dafür selten in einer rein mengenmäßigen Unterversorgung mit Nahrung, sondern es sind diverse soziale, politische und ökonomische Faktoren dafür verantwortlich, dass vorhandene Anbauflächen brachliegen bzw. vorhandene Nahrung nicht zu denjenigen gelangt, die sie benötigen.

Trotz des enormen Bevölkerungswachstums der vergangenen 200 Jahre ist also die *totale* Anzahl der Hungernden *gesunken* (die *prozentuale* noch viel mehr). Kein Zweifel, jeder Mensch, der heute noch an Hunger leiden muss, ist einer zu viel. Doch dass heute acht von neun Menschen auf der Welt ausreichend mit Nahrungsmitteln versorgt sind, ist eine herausragende Leistung der Menschheit.

Es gibt in der Geschichte der Nationalökonomie kaum eine Theorie, die durch die tatsächliche historische Entwicklung deutlicher wiederlegt wurde, als die Malthusianische Bevölkerungslehre.

Warum lag Malthus mit seiner Theorie derart deutlich daneben? Die kurze Anwort lautet: Wir Menschen sind kreativ. Malthus' empirische Untersuchungen (die sich schon damals nur auf eine sehr dünne Basis stützten) bezogen sich auf eine reine Agrargesellschaft, doch die hatte um 1800 längst begonnen, durch die industrielle Revolution transformiert zu werden. Die steten Fortschritte bei Saatgutzüchtung, Bewässerung und Mechanisierung hatte Malthus für seine Prognosen unberücksichtigt gelassen. In den ca. 100 Jahren nach der Veröffentlichung von Malthus' Werken veränderte sich mit der Erfindung chemischer Düngemittel die Ressourcenlage in zwei gewaltigen Sprüngen:

- Der Chemiker Justus von Liebig entdeckte im Jahr 1840 die pflanzenwachstumsfördernde Wirkung von Stickstoff, Phosphor und Kalium. Die seit Menschengedenken angewandte Ausbringung von Jauche und Mist sowie der Fruchtwechsel mit stickstoffbindenden Hülsenfrüchten konnten den hohen Nährstoffbedarf der Böden nicht decken; erst der Einsatz von aus Übersee eingeführtem Salpeter und Guano – Vogel-Kot, der reich an Stickstoff und Phosphor ist – brachte deutlich erhöhte Ernteerträge. So kam es, dass Inseln mit bedeutenden Guano-Vorkommen einst als strategischer Besitz galten.
- 1908 erfand der Chemiker Fritz Haber die katalytische Ammoniak-Synthese. Der Industrielle Carl Bosch entwickelte, darauf aufbauend, ein Verfahren zur massenhaften Herstellung von Ammoniak und schuf so die Grundlage der Produktion von synthetischem Stickstoff-Dünger. Das Haber-Bosch-Verfahren ermöglichte ein zweites Mal eine Multiplikation der landwirtschaftlichen Erträge.

In den 1960er-Jahren nahm die Vervielfachung der Ressourcen noch einmal deutlich an Fahrt auf. Damals begannen die als »Grüne Revolution« bezeichnete Einführung moderner landwirtschaftlicher Hochleistungs- bzw. Hochertragssorten und deren erfolgreiche Verbreitung in Entwicklungsländern. Und heute bahnt sich noch eine weitere Agrarrevolution an – auch wenn das von vielen nicht allzu gern gehört wird: Durch Gentechnologie wird die Lebensmittelproduktion einen weiteren gewaltigen Sprung machen. Der bisher erfolgte Einsatz von genmanipuliertem Reis, Mais und Soja ist nur ein Vorbote der Veränderungen, die auf uns zukommen.

Auch immer effizientere Maschinen sorgten für hohe Ernteerträge. Fakt ist, dass dank wissenschaftlicher Einsichten und Erfindungen die Ressourcenentwicklung mit dem Bevölkerungswachstum mithalten konnte. Durch die teilweise *sprunghafte* Steigerung der Ressourcen wurden die exponentiellen Wachstumsraten ihres Verbrauchs sogar in vielen Fällen noch weit übertroffen. So mancher mag sich noch an die sogenannten Butterberge und Milchseen erinnern, die ab Ende der Siebzigerjahre das Resultat einer gigantischen Überproduktion waren. Der Staat musste den Überschuss des Marktes aufkaufen und ihn teuer einlagern. Erst 2007 waren die Lager wieder leer.

Entgegen Malthus' Theorie sorgen die aus menschlicher Kreativität geborenen technologischen Entwicklungen seit 200 Jahren für ausreichende Ressourcen einer stark wachsenden Bevölkerung.

Technologie vermehrte nicht nur die Nahrungsressourcen, sie konnte auf der anderen Seite auch den vorhergesagten ungebremsten Bevölkerungszuwachs verlangsamen. Im Jahr 1844 bzw. 1847 ließen die Erfinder Thomas

Hancock und Charles Goodyear die Vulkanisierung von Kautschuk patentieren. Die neue Technik wurde unter anderem für die Massenproduktion billiger und zuverlässiger Kondome genutzt. Im frühen 20. Jahrhundert wurde dann das Latex-Kondom erfunden, und ab den späten 1960er-Jahren war in den meisten Industrieländern die Antibabypille erhältlich.

Technologische Innovationen sorgen also auch für sozialen und gesellschaftlichen Wandel. Nicht nur der Siegeszug der Pille bewirkte einen starken Rückgang der Geburtenrate, sondern mehr noch der wachsende Wohlstand und die Emanzipation der Frauen in entwickelten Ländern. Heute schrumpft in vielen Industriestaaten die Bevölkerung. Die Probleme, mit denen wir zu kämpfen haben, sind also völlig andere, als sie Malthus vorhergesagt hat. Dank der menschlichen Kreativität haben in den 200 Jahren seit Malthus technologische und gesellschaftliche Entwicklungen dafür gesorgt, dass das Gegenteil seiner Voraussagen eingetroffen ist: Das Wachstum des Nahrungsangebotes lief dem Wachstum der Bevölkerung davon.

Malthus' Fehler: Er vergaß, wissenschaftlichen Fortschritt und gesellschaftliche Entwicklungen zu berücksichtigen.

Die Unbelehrbaren

Dass Malthus' Theorie längst widerlegt ist, hält so manchen Ökonomen, Soziologen oder politisch Motivierten nicht davon ab, das Malthusianische Argumentationsmuster auf die heutige Zeit anzuwenden. Dabei belassen sie es nicht nur beim Zusammenhang von Nahrungsmittelangebot und Bevölkerungswachstum, den Malthus meinte, sondern übertragen seine Theorie auf Ressourcen und Wachstumsraten im weitesten Sinne. Den Makel des Asozialen streiften Malthus' intellektuelle Erben ab, indem sie ihr Augenmerk weniger auf den zu stoppenden Bevölkerungszuwachs richteten, sondern auf die Reduktion jeglichen Ressourcenverbrauchs. So bekam die Malthusianische Theorie ihren ökologischen Anstrich.

1972 legte der Club of Rome die »Grenzen des Wachstums« fest. So heißt es an der zentralen Stelle des Berichtes:

> *Wenn die gegenwärtige Zunahme der Weltbevölkerung, der Industrialisierung, der Umweltverschmutzung, der Nahrungsmittelproduktion und der Ausbeutung von natürlichen Rohstoffen unverändert anhält, werden die absoluten Wachstumsgrenzen auf der Erde im Laufe der nächsten hundert Jahre erreicht.*[10]

Heute noch setzen Umweltökonomen das Argument der Endlichkeit unserer Umweltressourcen für die Forderung nach radikalen politischen Umkehrmaßnahmen ein, weil sonst der Untergang – zum Beispiel durch Klimawandel oder Überbevölkerung – drohe. So schließt sich der Kreis: Denn die Kritik an schnellem industriellen Wachstum und an der Ausbeutung einer mythisch erhöhten Natur gehörte schon zur geistigen Tradition der Romantik im frühen 19. Jahrhundert, die Thomas Malthus zu seiner Theorie inspirierte.

Auch in der klassischen Ökonomie und in den Gesellschaftswissenschaften hat Malthus' Theorie Fuß gefasst:

10 D. Meadows, E. Zahn, P. Milling, *Die Grenzen des Wachstums – Bericht des Club of Rome zur Lage der Menschheit*, DVA, Stuttgart 1972.

- Kapitalismusgegner brandmarken ganz allgemein das ökonomische Wachstum, das ja aufgrund endlicher materieller Güter auf unserem Planeten nicht immer so weiterlaufen könne und deshalb begrenzt werden müsse.
- Geldtheoretiker fordern die Einführung von »Vollgeld«, d.h. eine Beschränkung der Geldschöpfung durch die Banken, da die Geldmenge ansonsten unkontrolliert wächst. Zu diesem Thema gab es 2018 in der Schweiz sogar eine Volksabstimmung; fast ein Viertel der Stimmbürger sprach sich für eine Begrenzung der Geldmenge aus.
- Gewaltforscher warnen vor Heerscharen »überzähliger« junger Migranten, die in den nächsten Jahren unaufhaltsam in die entwickelten Länder wandern und dort große soziale Verwerfungen bewirken. Eingefleischte Malthusianer sehen hier keine Alternative, weder dass der Migrantenstrom sich anders entwickeln wird als aus heutigen Zahlen extrapoliert, noch dass die Gesellschaften der Zielländer Wege finden, die Migranten zum Vorteil aller zu integrieren.

Für Malthusianer endet jedes »Mehr« zwangsläufig in einer Katastrophe.

Auch Literatur und Philosophie wurden von der Malthusianischen Logik geprägt. Insbesondere in Deutschland trat sie in den letzten 200 Jahren in reichhaltigen Variationen auf. Dazu gehört Marx' Theorie vom Klassenkampf ebenso wie Oswald Spenglers 1918 erschienenes Buch »*Untergang des Abendlandes*«, in dem er feststellt, dass auf jede Blütezeit zwangsweise eine Phase des Abstiegs folgt – und das das erfolgreichste Sachbuch der Weimarer Republik war.

Das Problem des Malthusianischen Argumentationsmusters ist immer dasselbe: Der jeweilige technologische Entwicklungsstand und die gegebenen sozialen Verhältnisse werden als gleichbleibend auf Jahrzehnte in die Zukunft projiziert bzw. die Ressourcen nur mit linearen Wachstumsraten extrapoliert, was bei gegebenem exponentiellen Wachstum unseres Ressourcenverbrauchs zu entsprechenden dystopischen Zukunftsaussichten führt. Der Ideenreichtum von uns Menschen bleibt außen vor.

Ob in Politik oder in den Geisteswissenschaften – wo es kein Vertrauen gibt, dass menschliche Kreativität Probleme lösen kann, kommt der düstere, pessimistische Grundton Malthus' zum Vorschein.

Von der Grenzenlosigkeit der menschlichen Kreativität

Eine Grafik der Entwicklung des Weltbruttosozialproduktes – wahlweise auch des mittleren Einkommens, der Weltbevölkerung, der menschlichen Gesundheit oder der durchschnittlichen Lebenserwartung – zeigt vom Jahr 1500 (sowie davor) bis ca. 1830 eine lange, flache Linie nahe Null und dann ab 1850 einen plötzlichen, überexponentiell steilen Anstieg, der bis heute anhält. Offensichtlich ist Mitte des 19. Jahrhunderts etwas Dramatisches passiert: Es fand sozusagen der Urknall der menschlichen Kreativität statt, die Ursache und Antrieb für die Explosion unseres Wissens und den atemberaubenden technologischen Fortschritt in der Moderne ist. Würden nur die *materiellen* Güter das ökonomische und soziale Wachstum bestimmen, sähe die Linie der Wachstumsentwicklung von 1850 bis heute nicht wesentlich anders aus als zuvor, und die Malthusianische Theorie wäre wohl mit Recht zur mathematisch-wissenschaftlichen Grundtheorie der Sozialwissenschaften geworden. Doch unsere Kreativität, die sich seit dem Beginn der wissenschaftlichen Revolution um 1650 freier als je zuvor entfalten durfte und sich ab Mitte des 19. Jahrhunderts in immer neuen Technologien ausdrückt, änderte alles.

Wie kann es sein, dass technologische Entwicklung und die damit verbundenen sozialen und gesellschaftlichen Innovationen so ungeheuer mächtig sind, dass sie Malthus' zwingend scheinende Logik überwinden? Die Ideen, die diese Kreativität hervorbringt, besitzen drei wichtige Eigenschaften:

1. Ideen nutzen sich bei Gebrauch nicht ab. Sie bleiben nützlich, auch wenn sie bereits von vielen verwendet werden.
2. Ideen unterliegen nicht dem Gesetz des sinkenden Grenznutzens, den Ökonomen wie Malthus für alle Güter postulieren. Hat jemand ein Auto, so nutzt ihm ein zweites im Vergleich zum ersten Auto weit weniger, und ein drittes noch viel weniger. Das Gleiche gilt für Nahrungsmittel: Hat jemand bereits ein Steak gegessen, so wird der Nutzen jedes weiteren Steaks auf seinem Teller immer geringer – das erste wurde noch mit Genuss verspeist, spätestens nach dem dritten ist der Magen voll.

In der Welt der Ideen ist es genau umgekehrt: Je mehr Wissen wir generieren, desto mehr weiteres Wissen können wir daraus wieder gewinnen. Der Motor unseres Wohlstandes ist die immer weiter steigende Menge an nützlichem Wissen.

3. Ideen können sich vermählen und damit wieder neue Ideen hervorbringen.[11] So verbanden sich beispielsweise im frühen 19. Jahrhundert in einem neuen Wirtschaftssystem die wissenschaftliche und technologische Dynamik mit innovativem Unternehmertum und professionellem Produktionsmanagement, was die Massenproduktion von Waren in hundertfach schnellerer Anfertigung als noch im Jahr 1800 ermöglichte. Die Folge war ein nie zuvor gekanntes Wirtschaftswachstum und ein beispielloser materieller Wohlstand.

Es sind diese drei Eigenschaften, die die ungeheure Hebelwirkung menschlicher Kreativität bewirken. Dass Ideen keine Grenzen haben, gibt ihnen die Macht, die Begrenzungen der materiellen Welt um ein Vielfaches zu erweitern.

Zwar sind die materiellen Ressourcen beschränkt, aber die Ideen unseres Geistes sind es nicht. Damit ist die Malthusianische Auffassung von der Endlichkeit der Ressourcen hinfällig.

11 Der Journalist und Wissenschaftsautor Matt Ridley beschreibt dies ausführlich in seinem Buch mit dem illustrativen Titel, *Wenn Ideen Sex haben: Wie Fortschritt entsteht und Wohlstand vermehrt wird*, DVA, München 2011.

Was Malthus heute sagen würde

Bisher entschärften der wissenschaftlich-technologische und der daran gekoppelte wirtschaftlich-soziale Fortschritt die Malthusianische Falle. Aber können wir uns auch in Zukunft darauf verlassen?

> *Menschliche Kreativität hin oder her: Die materiellen Ressourcen auf unserem Planeten sind endlich, und es ist eine physikalische Notwendigkeit, dass sie irgendwann verbraucht sind. Ideen lassen sich bekanntlich weder verfeuern noch essen.*

Diese Argumentation untermauern die modernen Malthusianer anhand einer globalen Bilanzierung. Sie sagen, dass so manches, was wir als »technologischen Mehrwert« bezeichnen, im Sinne wirtschaftlicher Wertschöpfung in der globalen Bilanzrechnung gar keinen Mehrwert darstellt, sondern immer auch mit massiven Kosten verbunden sei, die dafür sorgen, dass in der Bilanzsumme im besten Fall eine Null stehe, eher ein dickes Minus.

Auf den ersten Blick scheinen sie Recht zu haben. Zum Beispiel basierten die ersten beiden industriellen Revolutionen auf der wenig nachhaltigen Verfeuerung der fossilen Brennstoffe Kohle, Öl und Gas. Diese Ressourcen liegen unbestreitbar in endlicher Menge vor. Dazu kommt, dass ihre Verbrennung mit massiven Auswirkungen für die globale Ökobilanz einhergeht. Indem wir fossile Brennstoffe fördern und verbrauchen, machen wir sozusagen »Ökoschulden«.

Nur »Mehr für Weniger« ist, buchhalterisch gesehen, ein echter Gewinn, d.h. die Zahl unterm Strich und damit das gesellschaftliche Vermögen erhöht sich. Was aber geschieht, wenn wir tiefer nach Öl, Gas und Mineralien graben, mehr aus den erodierenden Landwirtschaftsflächen herausholen, in den Ozeanen mit größeren Netzen fischen und Wälder mit leistungsfähigeren Maschinen roden? Dann erhalten wir mehr Vermögenswerte (haben zum Beispiel eine höhere Lebensqualität), machen aber auch mehr Schulden (häufen ökologische Verbindlichkeiten auf). Wir bekommen also »Mehr für Mehr« – bei erhöhtem Input (ökologisches oder soziales Kapital) erzielen wir mehr Output (Vermögen, Lebensqualität). Indem wir bestehende Ressourcen unseres Planeten nur noch effektiver abbauen, blasen wir nur unsere globale Bilanz auf, aber einen echten Mehrwert erzielen wir dabei nicht.

Auch die Gesetze der Physik scheinen auf Seiten der Malthusianer zu stehen: Wir können nicht Energie aus dem Nichts schöpfen. Energie wird immer nur umgewandelt, niemals neu geschaffen (das ist der erste Hauptsatz der Thermodynamik). Irgendwann ist auch der letzte Tropfen Öl in CO_2 umgewandelt. Und bei dieser Umwandlung steigt immer auch die Entropie des Gesamtsystems an (das ist der zweite Hauptsatz der Thermodynamik), d.h. die Energieumwandlung ist immer mit Verlusten verbunden. Es gibt also keine sinnvolle Möglichkeit, CO_2 wieder in Öl oder Kohle zurückzuverwandeln.

Moderne Malthusianer sagen, dass technologischer Fortschritt uns nur ermöglicht hat, mit mehr Input mehr Output zu erzielen – und dass wir so noch schneller (Öko-) Schulden anhäufen.

Begrenzte materielle Ressourcen versus grenzenlose Kreativität

Dystopien und Panikmache Malthusianischer Prägung entsprechen im Grunde einer intellektuellen Hybris. Moderne Malthusianer tun so, als ob sie genau wüssten, wo es in der Zukunft langgeht, nämlich bergab. Was sie und mit ihnen viele philosophische und ökonomische Bilanzanalysten seit Aristoteles immer wieder unberücksichtigt lassen, ist die schiere *Unendlichkeit* des menschlichen Erfindungs- und Pioniergeistes. Er lässt sich durch keinen Hauptsatz der Thermodynamik oder ein anderes physikalisches Gesetz abschrecken. Er ist es, der immer wieder für überraschende Wendungen in unserem Schicksal sorgt.

Beim Thema Energieversorgung wird das besonders deutlich. Es stimmt, dass wir heute die letzten Reste der vorhandenen materiellen Erdöl- und Erdgas-Ressourcen verfügbar machen, indem wir sie auf immer kreativere (und teilweise auch brutalere) Weise fördern, zum Beispiel durch Fracking. Wir sind aber auch in der Lage, ganz neue Formen der Energie zu nutzen.

- Wissenschaftler forschen erfolgreich an immer effizienteren Photozellen. Ein weiterer Fokus liegt auf der Solarthermie, die in verschiedenen geplanten Solarkraftwerken in Wüstenregionen zum Einsatz kommen soll.
- Die heute verpönte Kernenergie zeigt, dass sich die Menschen bereits vor 60 Jahren eine ganz neue Form der Energie verfügbar machten. Die Euphorie über die schier unbegrenzte Energie im Atom ist zwar längst der Ernüchterung gewichen, weil offensichtlich die Technologie nicht so sicher

ist, wie man es sich versprochen hat, und weil das Problem der Endlagerung nicht zufriedenstellend gelöst werden kann. Doch neuere Entwicklungen setzen hier ganz neue Sicherheitsstandards, so dass Optimisten wie Steven Pinker bereits wieder auf die Kernkraft als Zukunftsenergie setzen.

- In Zukunft könnte es die Kern*fusions*technologie sein, die uns eine ganz neue Energieform zur Verfügung stellt. Plasmaphysiker hoffen, dass mittels der gleichen Prozesse, wie sie auch im Inneren der Sonne ablaufen, billige, saubere und umweltschonende Energie in nahezu beliebiger Menge auf der Erde zur Verfügung stehen wird.
- Früher hieß es, dass Wind- und Sonnenenergie nicht ständig und überall verfügbar seien und daher eine auf sie gestützte Energiepolitik scheitern müsse. Doch es gibt immer bessere Speicher- und Transportmöglichkeiten für Energie. Der Übergang von fossilen Energieträgern sowie der Kernenergie zu einer nachhaltigen Energieversorgung mittels erneuerbarer Energien ist im Rahmen der »Energiewende« längst offizielle Politik in Deutschland. Und auch der Plan, den Hoover-Damm, der an der Grenze zwischen den US-Bundesstaaten Nevada und Arizona den Colorado River zu einem See aufstaut, zu einem gewaltigen Pumpspeicherwerk umzubauen, geht neue Wege.

Wir pressen also nicht nur die Zitrone mit immer besseren Pressmaschinen aus, sondern pflanzen auch Orangen, Mandarinen und Pampelmusen an. Und irgendwann wird jemand auf die Idee kommen, dass auch Kartoffeln, die nicht über, sondern unter der Erde wachsen, lecker sind.

Heute schon steht fest: Bevor der letzte Tropfen Erdöl aus dem Boden geholt wird, werden wir uns ganz andere Energieträger als Ressourcen erschlossen haben.

Das Ressourcen-Problem lässt sich auch aus der energetischen Perspektive betrachten. Zwei Grundgesetze gibt es: erstens, Energie kann nicht aus dem Nichts geschaffen werden, und zweitens, die Umwandlung von Energie kostet Entropie. Aus diesen Zwängen gibt es nur scheinbar keinen Ausweg. Der menschliche Erfindungsgeist hat zwei Möglichkeiten, diesen beiden Grundgesetzen zu begegnen:

1. Energie- und Entropiesatz gelten nur in abgeschlossenen physikalischen Systemen. Das »energetische und entropische Gesamtsystem« ist jedoch nicht auf unsere Erde begrenzt. Durch die Verwendung extraterrestrialer Sonnenenergie weiten wir es auf ein System jenseits unseres Planeten aus. Bis die Sonne »versagt«, vergehen noch einige Milliarden Jahre.
2. Wir steigern die Effizienz bestehender energetischer Umwandlungsprozesse. Wo heute noch eine einzige Ähre wächst, stehen morgen zwanzig. Wo wir heute fünf Liter Benzin brauchen, um 100 Kilometer zu fahren, schaffen wir es morgen mit einem halben Liter. Wo gestern noch eine energieraubende Glühbirne leuchtete, strahlt heute eine LED-Lampe. Eine Effizienzsteigerung bedeutet auch die Verlagerung der Energieerzeugung weg von der »entropisch teuren« chemischen Verbrennung auf ganz neue Energielieferanten, zum Beispiel Kernfusion.

Was für die Nahrungs- und Energieversorgung gilt, gilt auch für andere »Malthus-Probleme« wie Überbevölkerung und die Instabilität von sozialem Frieden und globalem Finanzkapitalismus. Denn Kreativität zeigt sich nicht nur in technologischem Fortschritt, sondern auch in sozialen und ökonomischen Entwicklungen.

Die unerschöpfliche Erfindungskraft der Menschen überwindet die Grenzen der materiellen Welt und hat Malthus' zwangsläufig dystopische Zukunftsvisionen ins Reich der Mythen verbannt.

Im Jahr 2017 gelang es dem ehemaligen US-Präsidenten Barack Obama mit einer einzigen Frage den modernen Malthusianern das Wasser abzugraben:

> *»Wenn du einen Moment in der Geschichte wählen müsstest, geboren zu werden, und du nicht im Voraus wüsstest, ob du männlich oder weiblich sein würdest, in welchem Land du geboren würdest, und mit welchem gesellschaftlichen Status, so würdest du den heutigen Zeitpunkt wählen.«*[12]

Alles in Butter also? Leider nein. Denn der malthusianische Pessimismus lenkt unseren Blick nur von der *eigentlichen* Krise ab, der wahren großen Herausforderung, vor der wir stehen und die tatsächlich Anlass gibt, mit Sorgen in die Zukunft zu schauen.

12 Barack Obama, Keynote Address auf der Goalkeepers, Konferenz der Bill and Melinda Gates Foundation in New York 2017.

3 – DIE HUMAN-KRISE
VON DER TRANSFORMATION DER NATUR
ZUR UMWANDLUNG DES MENSCHEN

Was ist eigentlich eine Krise? Der Begriff stammt aus dem altgriechischen *krisis* (κρίσις) bzw. dem Verb *krínein* (κρίνειν). Letzteres bedeutet »trennen« oder »(unter-)*scheiden*«. Eine Krise beschreibt den Moment der Ent*scheidung*, den einen Punkt, an dem schließlich eine Veränderung eintreten *muss* – zum Guten oder zum Schlechten. Diese Bedeutung wirkt heute noch in der Verwendung des Begriffs in der Medizin nach: »Der Patient hat die Krise überstanden.« Doch in unserem allgemeinen Sprachgebrauch hat sich der Wortsinn gewandelt, jetzt beschreibt er in vielen Fällen eher etwas Bedrohliches und zugleich Abstraktes, eine diffuse »Metakrise«, wie es die Kulturwissenschaftlerin Eva Horn in ihrem Buch »*Zukunft als Katastrophe*« beschreibt:

> *»Die Metakrise ist eine Katastrophe ohne Ereignis, denn sie besteht gerade in der Kontinuität, im schieren Weitermachen. Sie hat keine klar benennbaren Akteure und Schuldigen, keinen präzisen Moment oder begrenzbaren Ort, kein einzelnes Szenario – vielmehr viele große und kleine, deutliche und undeutliche, wahrscheinliche und unwahrscheinliche Zeitpunkte, Lokalitäten und Verlaufsformen.«*[13]

Viele der am Anfang des ersten Kapitels genannten Krisen sind eigentlich Metakrisen, denn Überbevölkerung, Verteilungskrisen, Umweltzerstörung usw. sind ja eben

13 E. Horn, *Zukunft als Katastrophe*, Fischer, Frankfurt/M. 2014.

nicht zeitlich begrenzt, sondern ziehen sich schon seit vielen Jahren und Jahrzehnten ohne abschließende Entscheidung hin – und werden dies aller Voraussicht nach auch noch eine ganze Weile tun.

Wir sehen also: Fast alle Problemlagen, die wir als Krise bezeichnen, sind gar keine Krisen. Auf den ersten Blick lassen sich zwei Arten von »Krisen« unterscheiden:

1. **Spezifische »Krisen«**: Als zeitlich etwas begrenztere Probleme sind sie so etwas wie das Tagesgeschäft unseres kollektiven Krisenempfindens. In diese Gruppe gehören u.a. innen- und geopolitische »Krisen«, Wirtschafts- und Finanz-»Krisen«, lokal begrenzte Nahrungsengpässe etc.
2. **Langfristige »Krisen«**: Dies sind die von Eva Horn erwähnten Metakrisen. Hierzu gehören Überbevölkerung, Umweltzerstörung und die Entwicklung des globalen Klimas, nukleare Bedrohung, die als Krise empfundene Veränderung der Arbeitswelt etc. Auch wenn sie nicht täglich in den Schlagzeilen sind, bewirken diese Metakrisen doch ein stetes Gefühl des Unbehagens.

Langfristige Krisen sind keine Krisen im eigentlichen, obigen Sinne des Wortes. Mit ihnen haben sich schon unsere Eltern und Großeltern herumgeschlagen, und es passiert nichts fundamental Entscheidendes, das etwas ganz Neues vom Bisherigen trennt. Das gilt auch für so manche der spezifischen Krisen, deutlich wird das anhand von zwei Beispielen:

- Hat die sogenannte Finanzkrise von 2008 wirklich das Finanzsystem revolutioniert und ein neues Verhältnis von Banken zu Staat und Gesellschaft hervorgebracht? Nein, das Gehabe von Banken und der Finanzindustrie, ihre Interessenskonflikte und Gier sind exakt dieselben wie vor der sogenannten Finanzkrise. Dagegen haben die meisten Menschen die wirklichen Umwälzungen im Finanzsektor noch gar nicht im Blick: Sie werden sich durch neue Technologien wie Künstliche Intelligenz, Big Data und Blockchain entfalten.

- Löste die Flüchtlingskrise von 2015 wirklich ein neues Zeitalter globaler Migration aus? Auch dies ist kaum zu erkennen. Sie ist Teil eines schon länger anhaltenden Geschehens, das allerdings ab 2015 auch in Mitteleuropa endlich wahrgenommen wird. Etwas wirklich Neues entsteht weder in den Ursprungs- noch in den Zielländern der Migranten. Der letzte große globale Migrationsstrom, der einem tatsächlichen historischen Wendepunkt entsprach, führte nicht nach Europa, sondern von Europa weg: Er begann vor 500 Jahren und fand vor ca. 150 Jahren seinen Höhepunkt. In der Migration nach Amerika entfalteten sich die Mechanismen einer echten Krise: Hier entstand im wahrsten Sinne des Wortes eine »Neue Welt«.

Bei (fast) all den Krisen, die wir heute wahrnehmen, handelt es sich im Wortsinne gar nicht um echte Krisen, sondern vielmehr um Probleme, die im Prinzip lösbar sind.

Doch unter all den genannten Problemen versteckt sich eine echte und damit dramatische Krise. Und diese hat viel mit neuen Technologien zu tun. Um mit ihr umzugehen, braucht es mehr als einen rein wissenschaftlichen Diskurs und auch mehr als einen technologischen Handlungsrahmen. Sie muss auch hier und heute in Angriff genommen und zu einer Entscheidung gebracht werden, wenn wir Menschen am Ruder bleiben wollen. Um zu verstehen, worum es sich handelt, müssen wir zunächst die Technologien betrachten, die zu dieser Krise geführt haben.

Technologische Disruption: Fünf Schlüsseltechnologien

In früheren Jahrhunderten verlief der technologische Fortschritt noch eindimensional: Seit ca. 1650, also seit der wissenschaftlichen Revolution, dominierten einzelne Wissensgebiete das jeweilige naturwissenschaftliche Denken und die technologische Entwicklung, zunächst 150 Jahre lang die Mechanik, bevor Ende des 18. Jahrhunderts Verbrennungsprozesse und die Thermodynamik ins Zentrum rückten, die mit der Erfindung der Dampf- und Wärmemaschinen ihre technologische Krönung fand. Dann kam die Zeit der Elektrizität, gefolgt von Chemie, Elektromagnetismus, Atomphysik und Genetik.

Zu diesem Perlenketten-Effekt gehört auch, dass fast drei Jahrhunderte lang die Disziplinen bis auf wenige Ausnahmen strikt voneinander getrennt waren. Die Physiker blieben unter sich, die Chemiker hatten ihr eigenes Metier, Mediziner galten kaum als Wissenschaftler, sondern eher als Handwerker. Insgesamt war die wissenschaftliche Landschaft noch recht überschaubar, so dass es Universalgelehrten wie Kant und Goethe möglich war, neben ihrem philosophischen und literarischen Schaffen zugleich auf zahlreichen Gebieten der Naturforschung auf der Höhe ihrer Zeit zu sein.

Im 20. Jahrhundert wandelte sich das Bild. In den einzelnen Fachgebieten wuchs das Wissen mit einer nie zuvor gekannten Geschwindigkeit an. Noch umwälzender war, dass nun Wissen und Methoden bereichsübergreifend angewendet wurden und völlig neue Wissenschaftsgebiete entstanden. Einige Beispiele:

- Chemiker und Physiker entwickelten gemeinsam die Quantenphysik,
- Biologen und Chemiker erfassten die Grundlagen der Molekulargenetik,
- Physiker und Biologen begannen, lebende Systeme mit physikalischen Methoden zu untersuchen (die weit über die Froschschenkelversuche Galvanis hinausgingen),
- Physiker und Mathematiker legten den Grundstein für die moderne Informationstheorie.
- Biologen, Chemiker, Physiker und Neurowissenschaftler entwickelten ein immer tieferes Verständnis der Vorgänge und damit nicht zuletzt vieler geistiger Prozesse in unserem Gehirn.

Die Zahl der Forschungsfelder entwickelte sich sprunghaft, und sie alle tauschten sich untereinander aus. Man betrachte nur einmal die Anzahl der technologischen Fächer, die man heute an einer Universität studieren kann. So entsteht die Technologie der Gegenwart in einem Raum, der von neuen Quantentechnologien zu Optimierungsalgorithmen, von der Nanochemie zur Reproduktionsgenetik, von der künstlichen Intelligenz zur Robotik, von der Atomphysik in bildgebenden Verfahren zur Hirn- und Bewusstseinsforschung reicht.

Heute sind unzählige Wissenschaftsbereiche auf sehr komplexe Weise eng miteinander verzahnt, gemeinsam bilden sie einen perfekten Nährboden für das Entstehen neuer Schlüsseltechnologien.

Und auch auf der Zeitachse tut sich etwas: Der wissenschaftliche und technologische Fortschritt rast in immer wahnwitzigerem Tempo voran, so schnell, dass wir mit unserer Wahrnehmung nicht mehr hinterherkommen. Zwar wird viel über zukünftige Technologien diskutiert, aber nur wenige ahnen, wie stark diese uns durchschütteln werden. »Wir neigen dazu, die Wirkung von Technologien kurzfristig zu überschätzen und sie langfristig zu unterschätzen«, wie es der amerikanische Forscher und Stanford-Professor Roy Amara formulierte.[14] So ist kaum jemandem bekannt, dass bereits heute …

- … neue gentechnologische Methoden gezielt Augenfarbe, Körpergröße und vielleicht schon bald Intelligenz von Menschen manipulieren können.
- … Roboter so groß wie Viren, sogenannte Nanobots, in lebenden Organismen eingesetzt werden, um dort beispielsweise Krebszellen zu bekämpfen oder gezielt Medikamente zu verabreichen.
- … die Medizin Querschnittsgelähmte wieder gehen lässt.
- … Roboter allein mit Hilfe von Gedanken gesteuert werden.
- … im Tierversuch Gehirne zusammengeschaltet werden, so dass sie wie ein einziges Gehirn agieren.

14 R. Amara, The next 25 years: crises and challenges. World Future Society, OCLC 3693807. P-31. Presented at the World Future Society Second General Assembly Plenary Session June 2, 1975.

... das komplette Genom von Bakterien (und bald schon das höherer Lebewesen) zu 100 Prozent künstlich hergestellt werden kann.
... Fleisch in 3D-Druckern ausgedruckt wird.
... sogenannte Quantencomputer konstruiert werden, deren Rechenkraft so immens ist, dass sie die Arzneientwicklung ebenso revolutionieren werden wie Geheimdienste, das Finanzwesen und die chemische Forschung.

Das Leben im Jahr 1995 unterschied sich nicht so sehr von dem des Jahres 1970 – Haarschnitte und andere Moden hatten sich geändert und insgesamt gab es mehr Wohlstand. Geht man aber etwa die gleiche Zeitspanne, ein Vierteljahrhundert, von 1995 bis heute, in die Zukunft, landet man in einer völlig anderen Welt. Die Gegenwart hat kaum noch etwas mit 1995 gemein – eine Zeit des »normalen« technologischen Wandels war das nicht. Wer kann sich heute eine Welt ohne Internet, E-Mail, Musik ohne CDs, iPad, Digital-TV, Satellitennavigation oder minimalinvasive Operationen vorstellen? Immer neue Innovationen führen uns in neue Dimensionen der Naturbeherrschung und Lebensgestaltung, die uns nur wenige Jahre zuvor noch unvorstellbar erschienen.

Die Geschwindigkeit des technologischen Wandels wächst dramatisch an, und aus dem Wunsch der Wissenschaftler, die Welt zu verstehen, ist längst ein Wille zu ihrer Gestaltung geworden.

Seit einigen Jahren kommt etwas völlig Neues dazu: Zur Vereinnahmung der *uns umgebenden* Natur durch den

Menschen, welche seit Jahrtausenden unsere Kultur- und Technikgeschichte ausgezeichnet hat, gesellt sich ein zweites Projekt: die genetische, biologische, medizinische, neurologische und bewusstseinstechnologische Um- und Neugestaltung unserer eigenen körperlichen sowie geistigen Anlagen und Fähigkeiten – also *von uns selbst.*

Die Liste der Schlüsseltechnologien, die unser Leben massiv beeinflussen, wird immer länger, faszinierender und beängstigender. Kapitel 6 nennt die 14 Schlüsseltechnologien unserer Zeit, darunter die Entwicklung von Quantencomputern und Nanotechnologie. Fünf von ihnen will ich hier bereits vorstellen; denn sie haben das Zeug dazu, den einzelnen Menschen, aber auch die menschliche Zivilisation und das Menschsein an sich komplett umzugestalten.[15]

Schlüsseltechnologie 1:
Mit Gentechnologie zu Designerbabys

Nahezu unbemerkt von der Öffentlichkeit wurde im Jahr 2012 eine neue mächtige Technik gefunden, die Gentechnologen den direkten Zugriff auf einzelne Gene und deren gezielte Manipulation erlaubt. Ausgangspunkt waren Erkenntnisse in einem Randgebiet der biologischen Forschung, das lange Zeit kaum breitere Aufmerksamkeit erhalten hatte: Wie sich Bakterien gegen Viren schützen. Einmal mit ihnen infiziert, ist es den Bakterien möglich, bestimmte Teile der viralen Fremd-DNA auf bestimmte Art und Weise in ihre eigene DNA zu integrieren, und zwar in Form spezifischer wiederkehrender kurzer Gensequenzen. Dies ermöglicht es ihnen, die Viren bei einem

15 Mehr zu diesem Thema in meinem Buch *Supermacht Wissenschaft – Unsere Zukunft zwischen Himmel und Hölle*, Gütersloher Verlagshaus, Gütersloh 2017.

weiteren Angriff rechtzeitig zu erkennen und unschädlich zu machen. Aus dem Verständnis dieses Prozesses hat sich das wichtigste Werkzeug der Gentechnik entwickelt. Sein Name wird bald so bekannt sein wie DNA oder AIDS: CRISPR. CRISPR steht für »*Clustered Regularly Interspaced Short Palindromic Repeats*« und beschreibt genau diese in bakteriellem Erbgut zum Schutz gegen Viren entdeckten Abschnitte sich wiederholender DNA. Die Bio-Wissenschaftlerinnen Emmanuelle Charpentier und Jennifer Doudna erkannten 2012, dass mit Hilfe einer Kombination von CRISPR und weiteren Enzymen, sogenannten »Cas« (»CRISPR-associated«)-Proteinen, spezifische DNA-Ziele in jedem Lebewesen, d.h. nicht nur in Bakterien, in vitro angesteuert und manipuliert werden können.

Der spezifische Komplex CRISPR/Cas9 ermöglicht einen außerordentlich präzisen, schnellen und kostengünstigen Eingriff in das Erbgut von Lebewesen. Bei der Veränderung des Erbgutes von Pflanzen wird die Technologie bereits angewendet. Bei Tieren und Menschen stehen die Gentechnologen noch am Anfang, doch sie arbeiten mit Hochdruck an radikal neuen Anwendungen. Denn das Potential von CRISPR ist immens.

Auch der Mensch lässt sich durch CRISPR manipulieren. Im Oktober 2015 stellte das Wissenschafts-Fachmagazin *Nature* die Frage: »Wo in der Welt könnte das erste CRISPR-Baby geboren werden?«[16] Mit Blick auf die jeweilige Gesetzeslage lautete die Antwort damals: Japan, China, Indien oder Argentinien. Im November 2018 war der Wettlauf entschieden: Ein bis dahin unbekannter chinesischer Wissenschaftler gab bekannt, die ersten genetisch editierten Menschen erschaffen zu haben. Er hatte ihr Genom so verändert, dass sie lebenslang gegen

16 H. Ledford, *Where in the world could the first CRISPR baby be born?*, Nature, 13 October 2015.

HIV immun sind. Mehr als ein mittelmäßig ausgestattetes Labor und gentechnologisches Grundwissen hatte es dafür nicht gebraucht. Mit CRISPR-Kindern sind wir endgültig im Zeitalter der Menschenversuche und Designerbabys angekommen.

Und die Möglichkeiten der CRISPR-Technologie sind noch bei Weitem nicht ausgereizt. Im Februar 2019 erschien in *Nature* ein Artikel, der einen neuen, Cas9 sehr ähnlichen Enzymkomplex vorstellt, der aber etwa 40% kleiner ist.[17] CasX, wie der neue Komplex getauft wurde, könnte sich gerade für den Einsatz beim Menschen als besonders mächtig herausstellen, da das menschliche Immunsystem ihn leichter akzeptieren sollte. So befürchten Ärzte, dass CRISPR-Therapien mit Cas9 bei Patienten eine Immunreaktion auslösen können. Bei CasX sollten solche Probleme nicht auftreten, da die Bakterien, bei denen es entdeckt wurde, im menschlichen Körper nicht vorkommen.

Auch wenn die Wahrscheinlichkeit, an AIDS zu erkranken, gering ist und dank der medizinischen Fortschritte der Ausbruch dieser Krankheit bei HIV-infizierten Menschen vermieden werden kann, zeigt diese Entwicklung die enormen Chancen in der Behandlung und Prävention von Krankheiten durch gezielte Genom-Veränderungen. Auf der andren Seite steht das Schreckensszenario, dass mit Hilfe von CRISPR spezifische menschliche Eigenschaften, nicht zuletzt Intelligenz oder äußerliche Attraktivität, verändert werden.

- Könnten schon bald gentechnisch optimierte Menschen »normalen Menschen« kognitiv und körperlich überlegen sein?

17 E. Nogales, J. Doudna et al., *CasX enzymes comprise a distinct family of RNA-guided genome editors*, Nature, 4 Februar 2019.

- Was passiert, wenn CRISPR in das Arsenal der biologischen Kriegsführung aufgenommen wird?
- Dürfen wir zulassen, dass die Technologie auch auf menschliche Ei- und Spermazellen angewendet wird? Denn dann wird nicht nur ein Individuum verändert, sondern auch alle seine Nachkommen.

Mit diesen Fragen hat sich auch der Deutsche Ethikrat beschäftigt. Im Mai 2019 übergab er einen mehr als 200 Seiten starken Bericht an die Bundesbildungsministerin. Darin entfernt er sich u.a. von seiner Position, Eingriffe in die Keimbahn kategorisch abzulehnen. Es wird sehr spannend sein, diese Diskussion in der Zukunft zu verfolgen.

CRISPR ist der bislang wichtigste biotechnologische Durchbruch dieses Jahrhunderts. Über Macht und Gefahren der neuen Methode diskutieren bereits Philosophen, Theologen und Ethiker.

Schlüsseltechnologie 2:
Mit KI zur Superintelligenz

Der überraschende Sieg des Computers AlphaGo über den Go-Weltmeister Lee Sedol im März 2016 zeigte einer breiten Öffentlichkeit, wie weit die Lernalgorithmen der Künstlichen Intelligenz (KI) bereits sind. Denn AlphaGo ist nicht nur ein schneller Rechner. Er besteht aus einer unvorstellbar großen Zahl von lernenden – man ist versucht zu sagen: lebendigen – neuronalen Verbindungen, die Lern- und Denkprozesse des menschlichen Gehirns direkt nachahmen.

Etwas weniger stark in der Öffentlichkeit stand eine neue Version von AlphaGo nur 18 Monate später: In 100 Partien spielte sie gegen den bis dahin weltbesten Schachcomputer. Dieser war mit den Daten aus Millionen historischer Schachpartien und damit der jahrhundertealten Erfahrung schachspielender Menschen gefüttert worden, seine Rechenleistung betrug 70 Millionen Stellungen pro Sekunde. AlphaGo gewann 28-mal und spielte 72 Partien Remis – er verlor also kein einziges Mal. Das Erstaunliche dabei war: AlphaGo war nur vier (!) Stunden zuvor mit den Regeln des Brettspiels ausgestattet worden, er konnte auch »nur« 80.000 Stellungen pro Sekunde bewerten. Vier Stunden und eine eher limitierte Rechenkapazität genügten, ihn vom Anfänger zur unschlagbaren, besten Schachmaschine der Welt zu machen! In dieser kurzen Zeit spielte er gegen sich selbst und optimierte dabei seine neuronalen Verbindungen; Eröffnungen oder Spielstrategien musste er selbst erlernen. Auch das Go-Spiel lernte der neue AlphaGo im Handumdrehen: Seinen Weltmeister besiegenden Vorgänger, der ja noch mit historischen Partien gefüttert worden war, schlug diese mächtigere, selbstlernende Version ebenfalls nach vier Stunden Lernzeit im Spiel gegen sich selbst in hundert Partien 100:0!

Die der heutigen KI zugrunde liegenden Lern-und Optimierungsverfahren (das sogenannte »*deep learning*«) ermöglichen eine massive maschinelle Intelligenzsteigerung in die Breite: Zukünftige Computer werden nicht mehr nur ausschließlich den bestimmten Zweck bewältigen, für den sie konstruiert wurden, zum Beispiel Schach spielen oder Datenbanken durchstöbern, sondern auf weit vielfältigeren Gebieten einsatzfähig sein. Früher oder später wird Künstliche Intelligenz der menschlichen in den meisten, ja vielleicht sogar *allen* kognitiven Belangen überlegen sein. Das betrifft im Übrigen auch

Bereiche, die die meisten Menschen heute noch immer als unumstößliche Domänen menschlicher Fähigkeit ansehen: Intuition, Kreativität und das Erfassen von Emotionen anderer Menschen. Gerade Letzteres, das sogenannte *»affective computing«*, wird wohl bereits in den nächsten Jahren eine Standardfähigkeit von KI-Systemen sein. Und was Kreativität angeht, sei erwähnt, dass bei Schachturnieren, bei denen Computer nicht zugelassen sind, besonders ungewöhnliche und kreative Züge als ein Indiz dafür gelten, dass jemand schummelt und heimlich auf einen Computer zurückgreift.

Die Effekte sind potentiell sehr positiv, zum Beispiel wenn es um die Pflege von Menschen geht, oder in therapeutischen Behandlungen, wenn es wichtig ist, angemessen auf die Emotionen des Gegenübers zu reagieren. Es sind aber auch sehr bedrohliche Szenarien denkbar, zum Beispiel dass Maschinen unsere Emotionen erkennen und sie manipulieren, und dies bedeutend wirkungsvoller als dies herkömmliche Mittel wie Massenwerbung oder politische Wahlplakate vermögen. So berichtet der ehemalige Google-Mitarbeiter und Silicon-Valley-Experte Tristan Harris, dass die Firma Youtube, basierend auf den Sehgewohnheiten seiner User, bereits über digitale Simulation von fast zwei Milliarden Menschen und ihrem Online-Verhalten verfügt. Mit ihnen optimiert die Firma ihre KI-Algorithmen, um zu bestimmen, mit welchen Videos die einzelnen Menschen am längsten auf der Plattform gehalten werden können, um sie ihnen dann zu empfehlen.[18] »Silicon Valley hackt sich in unsere Gehirne«, sagt Harris.

Aber auch durch die Analyse der wohl alltäglichsten Form unserer Kommunikation, dem Sprechen, wird

18 Aus dem Film *Brain Hacking*, in der Sendung »60 Minutes« vom 9. April 2017.

uns die KI schon bald sehr viel besser lesen können als wir uns selber. So entwickelte die deutsche Firma »Precire Technologies« eine Software, die nur anhand der Stimme einer Person ein sehr akkurates Persönlichkeitsprofil dieser Person erstellen kann. Dazu trainierten die KI-Experten neuronale Netze auf Sprachdaten zusammen mit den psychologischen Profilen von ca. 5000 Probanden. Und dies sehr erfolgreich: Firmen setzen diese Software unterdessen in Bewerbungsverfahren ein. Man braucht nicht viel Phantasie, um sich vorzustellen, welch mächtiges Tool diese Software in den Händen totalitärer Systeme ist, um ihre Überwachung zu perfektionieren.

Ein Weg zu einer dem Menschen grundsätzlich und *in allem* überlegenen künstlichen Intelligenz könnte zuletzt auch über Quantencomputer führen, die eine ganz neue Größenordnung an für komplexe neuronale Netze notwendiger Rechenkapazität zur Verfügung stellen. Die hyperintelligenten Computer wiederum würden die Wissenschaft noch schneller vorantreiben und ihrerseits weitere künstliche Systeme schaffen, die dann *noch* intelligenter sind. Solch eine Rückkopplung würde dafür sorgen, dass Menschen bei diesen rasanten technischen Fortschritten intellektuell schnell nicht mehr mithalten können. KI-Experten sprechen in diesem Zusammenhang von einer »Superintelligenz«.

Bereits 1993 veröffentlichte der Mathematiker und Computerpionier Vernor Vinge die Prognose, dass wir »innerhalb von 30 Jahren über die technologischen Mittel verfügen werden, um übermenschliche Intelligenz zu schaffen«[19]. Wir sind auf dem besten Wege, diese Voraussage für das Jahr 2023 zu erfüllen. Sorge sollte uns der

19 V. Vinge, *Technological Singularity*, Department of Mathematical Sciences, San Diego State University (1993); https://mindstalk.net/vinge/vinge-sing.html

gleich anschließende Satz Vinges machen: »Wenig später ist die Ära der Menschen beendet.«

Künstliche Intelligenz soll die menschliche Denkfähigkeit übertreffen. Die Folge wäre, dass nicht mehr wir es sind, die die Welt gestalten, sondern die Maschinen – und uns würden sie wohl gleich mit dazu umgestalten.

Bereits heute drohen mit den Entwicklungen auf dem Gebiet der KI dramatische gesellschaftliche und politische Verschiebungen und Verwerfungen mit dem Potential für massive soziale Krisen. Hochrangige Ökonomen warnen bereits vor großer sozialer Ungleichheit zwischen wenigen Gewinnern und vielen Verlieren in einer »*Winner takes it all*«-Ökonomie der digitalen Welt.[20] Einer großen Anzahl von Menschen drohen Job- und sozialer Bedeutungsverlust. Und dies nicht nur im unteren Lohnsegment: Auch Akademiker wie Ärzte, Juristen und Lehrer werden betroffen sein. Bereits in 25 Jahren könnten bis zu 50 Prozent der heutigen Berufe überflüssig geworden sein.[21] In Zukunft entsteht soziale Ungleichheit also nicht mehr durch Ausbeutung von Menschen, sondern schlicht durch die soziale Bedeutungslosigkeit vieler Berufsgruppen.

Zudem wird das Land mit der am weitesten entwickelten KI mit hoher Wahrscheinlichkeit zur dominierenden wirtschaftlichen und militärischen Macht aufsteigen. Zurzeit sieht es so aus, dass zwei Länder um die globale Vormachtstellung auf der Basis dieser Technologie kämpfen: Die USA und China, das in den letzten zwei

20 Siehe dazu E. Brynjolfsson, A. McAfee, *The Second Machine Age: Work, Progress, and Prosperity in a Time of Brilliant Technologies*, W. W. Norton & Company, New York 2014.

21 C. Frey, M. Osborne, *The Future of Employment: How susceptible are Jobs to Computerization?*, Technological Forecasting and Social Change, 2017, vol. 114, issue C, 254-280

Jahren stark aufgeholt hat und zum Sprung auf Platz 1 ansetzt. Die Europäer und andere wurden in diesen Rennen längst abgehängt und zu Statisten degradiert.[22]

Schlüsseltechnologie 3: Mit Neuro-Enhancement unseren Geist verbessern

Je mehr wir über die genetischen, chemischen und neurologischen Hintergründe von Gefühlen wie Vertrauen, Mitgefühl, Nachsicht, Großzügigkeit, Liebe und Glauben in Erfahrung bringen, desto mehr werden wir dieses Wissen nutzen können, um uns und andere zu manipulieren. In den letzten zwanzig Jahren hat sich das Wissen über unser Gehirn potenziert. Neurowissenschaftler dringen immer tiefer in seine Funktionsweise und damit in die Prozesse unserer Wahrnehmung und Entscheidungsfindung ein. Mit diesem Wissen lassen sich unser Fühlen, Denken und Erleben immer zielgenauer beeinflussen:

- Heute schon werden durch die Einschleusung von Neurotransmittern psychische Krankheiten gemildert, aber auch unsere Leistungsfähigkeit kann so manipuliert werden – Stichwort *Gehirndoping*.
- Auch die direkte Reizung der entsprechenden Stellen in unserem Gehirn durch neuro-elektrische Impulse verändert bzw. steuert Stimmungslage, Aufmerksamkeit, Gedächtnis, Selbstkontrolle, Willenskraft, Auffassungsvermögen, sexuelle Lust und vieles mehr.
- Wissenschaftler arbeiten bereits an Mikrochips, die ins Gehirn gepflanzt werden können, wo sie

22 Siehe auch die Einschätzung des KI-Experten Kai-Fu Lee: K. Lee, *AI Superpowers – China. Silicon Valley, and the New World Order*, Mariner, New York 2018.

unsere Gemütsverfassung permanent verbessern, das Wohlempfinden anheben, Intelligenz, Erinnerungsvermögen und Konzentrationsfähigkeit steigern oder gar dauerhafte Glückseligkeit vermitteln. Sie gehen damit über die Soma-Droge aus Huxleys *Schöner Neuen Welt* hinaus.

- Hirnforscher lassen bereits Gehirne und Maschinen interagieren. Mit Hilfe von Hirn-Computer-Schnittstellen (sogenannten *brain computer interfaces*, BCIs) übertragen sie zum Beispiel Inhalte aus dem Gehirn eines Menschen auf eine Maschine, damit diese wiederum den Menschen bei verschiedenen Aufgaben unterstützt. Diese Technik wird wohl als Erstes in Videospielen Anwendung finden, um diese mit Hilfe von künstlichen, direkt ins Gehirn projizierten Sinneseindrücken noch erlebnisreicher zu machen.
- Es ist sogar denkbar, verschiedene menschliche Gehirne über Neurointerfaces direkt miteinander in Kontakt zu bringen und so mehrere Gehirne zu einem kollektiven Bewusstsein zusammenzuschließen.

Der direkte Zugriff auf die neuronalen Strukturen in unserem Gehirn ermöglicht die gezielte Manipulation von Emotionen und intellektueller Leistungsfähigkeit sowie die Verbindung von menschlichem Gehirn und Maschine.

Diese Eingriffe haben einen bedeutenden Einfluss auf unsere Wahrnehmung. Wie wir uns selbst und unsere Umwelt sehen, war während der gesamten Menschheitsgeschichte allein von den Stimuli der äußeren Welt abhängig. Lichtwellen erreichen unser Auge, Schallwellen unser Ohr, Gerüche unsere Nase. Neue Bewusstseinstechnologien brauchen dagegen gar keine »echte« Realität mehr. Indem sie unserem Gehirn virtuelle Realitäten (VR) vorspielen, lässt sich unsere Wahrnehmung nahezu beliebig umformen.

Eine bedeutende philosophische Einsicht aus unseren bisherigen Erfahrungen mit VR ist, dass das geistige Selbstbild des Menschen (der Philosoph Thomas Metzinger nennt dies das »phänomenale Selbstmodell«) alles andere als stabil ist und sich verhältnismäßig leicht manipulieren lässt. Zu dieser Einsicht führen im Übrigen auch Erfahrungen mit halluzinogenen Drogen. Die Einsichten der neueren Bewusstseinsforschung gehen sogar noch weiter: Unser gesamtes inneres Modell von uns selbst ist von virtueller Natur, und damit auch die Realität, die unsere Sinneseindrücke für uns kreieren. So ist es wenig überraschend, dass wir uns mit geeigneten Setups anstatt mit unserem biologischen Körper sehr leicht mit einem künstlichen Körperbild identifizieren können, mit einem sogenannten »Avatar«.

Indem sie direkt in die funktionalen Schichten unseres Selbstmodells eingreifen, könnten VR und andere Neurotechnologien schon bald ganz neue Bewusstseinszustände hervorrufen. Virtuelle Verkörperungen außerhalb unseres biologischen Körpers lassen faszinierende Anwendungen denkbar werden, bei denen sich unser Selbstmodell an künstliche Sinnes- und Handlungsorgane koppelt. Die ersten Ansätze, mit Hilfe eines Avatars und der Aufzeichnung der Hirnaktivitäten alle möglichen Arten von Robotern und anderen Maschinen *direkt mit unserem Geist* zu steuern, gibt es bereits.

Virtuelle Realitätstechnologie kann Wahrnehmungen direkt in unseren Köpfen entstehen lassen. Was wir sehen, hören, riechen und fühlen, ist dann an keine äußeren Einflüsse (»echte Realitäten«) mehr gebunden.

Schlüsseltechnologie 4:
Mit digitalen Algorithmen und Big Data zur Kontrolle über unser Leben

Allein im Jahr 2018 produzierten Menschen und Maschinen so viele Daten wie in der gesamten Menschheitsgeschichte zuvor. Ihre Erfassung und ihre Weitergabe sind längst nicht mehr nur an Computer und Smartphones gebunden. Stichwort »Smart Home«: Unser Smartphone ist direkt mit der Heizung und allen Alltagsgeräten unseres Zuhauses verbunden. Populär ist auch die Idee von sogenannten »Wearables«, das sind Kleidungsstücke, in die unterschiedliche Sensoren direkt eingearbeitet werden und sich mit Apps verbinden, die permanent unseren Puls und andere Körperwerte messen. Er braucht gar keinen Computer mehr. Die Gegenstände unseres Alltags regeln ihre Bedürfnisse im »Internet der Dinge« untereinander. Möglich macht das ein ultraschnelles mobiles Internet: Schon 2020 soll 5G aufgeschaltet werden, das atemberaubende Geschwindigkeiten von bis zu 10 Gigabit pro Sekunde ermöglicht.

Klingt toll: Wie einfach macht das »Internet der Dinge« doch unser Leben! Doch das Ganze hat einen Haken. Die Daten, die wir überall hinterlassen wie Bakterien nach einem Niesanfall, werden gesammelt, mit immer mächtigeren Algorithmen und immer schlauerer KI verarbeitet und für immer umfassendere Zwecke verwendet.

Aus ihnen lassen sich gezielt unsere Verhaltensweisen, Vorlieben und Charaktereigenschaften herauslesen und die Muster unseres Lebens berechnen. Längst wirft die 5G-Technologie ihre Schatten voraus, denn China und sein Konzern Huawei sind Marktführer und unangefochtener Spitzenreiter in ihrer Entwicklung. Das gefällt den USA gar nicht. Sie befürchten (wohl nicht ganz zu unrecht), dass China seinen technologischen Vorsprung mit massiven Spionageaktivitäten ausnutzen wird. So geriet diese Technologie 2019 in das Zentrum des US-chinesischen Handelsstreites.

Heute treffen Banken die Entscheidung, ob sie einen Kredit vergeben, noch auf der Basis von Kennzahlen wie Schuldeneinträgen, Einkommen, Sicherheiten etc. Doch schon gibt es Algorithmen, die diese Entscheidung einer KI überlassen, die unsere Kreditwürdigkeit aufgrund unseres digitalen Profils im Internet bestimmt. Dann könnte es sein, dass man keinen Kredit bekommt, weil man zu viel Geld für Videospiele ausgibt. Oder jemand muss mehr für seine Krankenversicherung bezahlen, weil er zu wenig Sport treibt.

Big Data macht es möglich, dass Entscheidungen über uns getroffen werden, bei denen wir gar nicht mehr mitreden können.

Dass wir mittels Algorithmen und Big Data auch beeinflussbar sind, zeigt bereits der gewaltige kommerzielle Erfolg Facebooks. Das Unternehmen verdient mit personalisierter Digital-Werbung Dutzende von Milliarden Dollar. Der Effekt ist nicht nur, dass wir zum Geldausgeben verleitet werden, wir werden von Individuen zu Konsumenten reduziert. In den USA führen Unternehmen bereits einen »customer lifetime value«, zu Deutsch: einen »Kundenlebenszeitwert«, für jeden ihrer Kunden. Anhand Dutzender, Hunderter, gar Tausender persönlicher Daten berechnen Algorithmen, wie viel ihnen jeder einzelne Käufer über sein gesamtes »Kundenleben« wohl einbringen wird.

Auch Unternehmen wie Google, Microsoft und Apple sowie der Staat sammeln ohne unser Wissen Daten über uns, teilweise an Orten und von Geräten, die »völlig unverdächtig« sind wie Fernseher oder Xbox-Konsolen. So verklagte 2016 eine Verbraucherin den Hersteller eines vernetzten Vibrators, der über eine App höchst intime Daten über dessen Einsatz gesammelt hatte.

In einer Welt der totalen Vernetzung wird unsere Privatsphäre verschwinden. Längst ist mit entsprechender Software für Gesichts- und Bilderkennung und einem dichten Netz von Kameras die Erstellung von Bewegungsprofilen einzelner Menschen in Echtzeit kein Problem mehr. Dass wir auf diese Weise »sichtbar« werden, kann sogar tödlich sein: Die amerikanische Behörde NSA hat in Pakistan viele Millionen Menschen aufgrund gesammelter Daten danach beurteilt, wie wahrscheinlich es ist, dass sie einen Terroranschlag planen. Man geht davon aus, dass auf Basis dieser Daten in den letzten Jahren einige tausend Menschen als Terroristen eingeschätzt und möglicherweise getötet wurden.

Wir können also schon bald kaum mehr etwas tun, ohne dass jemand davon erfährt. Eric Schmidt, der Chef von Google, hat es so ausgedrückt: »Wenn es etwas gibt, von dem Sie nicht wollen, dass es irgendjemand erfährt, sollten Sie es vielleicht ohnehin nicht tun.«[23] Hier wer-

23 Eric Schmidt, »Offenheit ist meine Religion«, Interview mit Joachim Müller-Jung und Holger Schmidt in der Frankfurter Allgemeinen Zeitung vom 9. September 2010, http://de.wikiquote.org/wiki/Eric_Schmidt.

den knallharte Profitinteressen mit moralisch religiösem Anspruch unterfüttert.

Mit den digitalen Daten, die wir überall hinterlassen, lassen sich unsere Verhaltensweisen und Meinungen vorhersagen – und zunehmend steuern.

Schlüsseltechnologie 5:
Dem Tod ein Schnippchen schlagen

In den letzten 150 Jahren hat sich die menschliche Lebenserwartung verdoppelt. Und mit 2,5 Jahren pro Jahrzehnt steigt sie munter weiter. So steht die Frage im Raum: Können wir irgendwann beliebig alt werden? Tatsächlich gehen die meisten heutigen Genforscher davon aus, dass sich Alterungsprozesse auf Zellebene aufhalten oder gar umkehren lassen. Durch genetische Manipulationen könnte ein menschlicher Ur-Traum in Erfüllung gehen: der ewige Jungbrunnen.

Tierische Zellen, zum Beispiel die des Fadenwurms *Caenorhabditis elegans,* lassen sich heute schon durch das gezielte Editieren, d.h. das Verändern, Umschreiben oder Löschen einzelner Teile des DNA-Strangs, komplett umprogrammieren. So lebt ein Wurm, dessen Gen, das ein Enzym namens *SGK-1* bildet, ausgeschaltet wurde, 60 Prozent länger als seine nicht manipulierten Artgenossen. Warum sollte ein ähnliches Vorgehen mit menschlichen Zellen nicht möglich sein?

Ein anderer Ansatz, um zur Unsterblichkeit zu gelangen, ist die Züchtung von ganzen Organen außerhalb des Körpers mit Hilfe von Stammzellen. Sobald bestehende Organe ihre Funktionsfähigkeit verlieren, könnten die Ersatzorgane in den jeweiligen Körper implantiert werden. Genau dieses Ziel verfolgt die »*3D Organ Engineering Initiative*« an der Harvard Universität, die bereits erstaunliche Erfolge vorweisen kann: 2019 meldete sie die Züchtung einer künstlichen Niere.[24]

Stammzelltherapien sind ein weiteres mächtiges Tool aus der Werkzeugkiste der modernen Biotechnologie zum Zweck der Krankheitsvorbeugung und Lebensverlängerung. Stammzellen sind Zellen, die sich noch nicht in spezielle Zelltypen wie zum Beispiel Muskel-, Haut- oder Fettzellen ausdifferenziert haben. Aus ihnen lässt sich jegliches Gewebe (im Fall von embryonalen Stammzellen) oder auch bestimmte Gewebetypen (im Fall von adulten Stammzellen) herstellen. 2011 gelang es sogar, menschliches Herzgewebe aus Stammzellen wachsen zu lassen. Im selben Jahr wurden in den USA bei Patienten, die an einer Netzhauterkrankung leiden, mit Stammzellentherapien signifikante Sehverbesserungen erzielt. Selbst die Heilung schwerer Krankheiten wie Parkinson, Diabetes oder Querschnittslähmung rückt durch den Einsatz von Stammzellen in greifbare Nähe.

Stammzellen werden eingesetzt, um krankes und altes Gewebe zu ersetzen, Gendefekte zu heilen und schädlichen Mutationen im Körper vorzubeugen. Sie könnten die Behandlung heute noch unheilbarer Krankheiten ermöglichen.

Eine Gesellschaft aus viel länger oder gar ewig lebenden Menschen wäre eine ganz andere als unsere heutige. Kinder zu bekommen wäre keine Option, denn der

24 J..A. Lewis et al., *Flow-enhanced vascularization and maturation of kidney organoids in vitro*, Nature Methods, 11. Februar 2019, https://www.nature.com/articles/s41592-019-0325-y

Kreislauf, dass eine neue Generation die vorhergehende ersetzt, ist außer Kraft gesetzt. Würde es sich in einer solchen Welt wirklich so viel besser leben?

Die Human-Krise: Die Umformung des Menschen

Die fünf aufgeführten Schlüsseltechnologien zeigen: Wir stehen an der Schwelle zu einer Revolution des Menschseins an sich. In den letzten 250 Jahren hat der Mensch durch Wissenschaft und Technologie seine Umwelt und seine Lebensbedingungen tiefgreifend verändert, in vielen Fällen bereitet es uns heute noch viel Mühe, uns auf diese Änderungen einzustellen und mit ihnen fertig zu werden. Doch das biologische und psychisch-geistige Fundament unseres Wesens ist dabei weitestgehend unberührt geblieben. Aber nun wird der Mensch zum ersten Mal in der Geschichte selbst zum Gegenstand technologischer Entwicklungen. In der Fortschrittsdynamik stehen wir an einem Punkt, an dem Bio-, Gen-, Quanten- und Neurotechnologie den Menschen und die menschliche Zivilisation in bisher unvorstellbarer Weise transformieren und unser Selbst- und Menschenbild sowie die Spielregeln unseres Lebens und Zusammenlebens *entscheidend* verändern. Auf uns wartet also nicht nur eine weitere industrielle Revolution, von denen es schon einige gab, sondern wir müssen uns auf eine erste *Revolutionem humanam*, eine Revolution des Menschseins an sich einstellen, eine »Umdrehung« dessen, was uns Menschen im Innersten ausmacht und als was wir uns definieren.

Im Fokus unserer Aufmerksamkeit stehen die spezifischen »Krisen« (Wirtschafts- und Finanzkrisen, politische Krisen, Flüchtlingskrisen etc.) und die langfristigen

Meta-Krisen (ökologische Krisen, demografische Krise, Kulturkrisen etc.). In der Tat sind sie bedrohlich und gefährlich. Aber wir haben auch gesehen, dass wir fähig sind, Schwierigkeiten wie diesen durch technologische, politische, gesellschaftliche und wirtschaftliche Weiterentwicklung zu begegnen. Dies wird aller Voraussicht nach auch in Zukunft so sein. Die eigentliche Krise wird von uns jedoch nur erahnt: *die Umformung des Menschen*. Genau dies ist die »Human-Krise«. Sie ist eine Krise in ihrer eigentlichen Bedeutung. Denn in den kommenden Jahren wird sich entscheiden, in welche Richtung sich die Menschheit weiterentwickeln wird.

Wir haben viele massive Probleme, die mit Hilfe der Wissenschaft lösbar sind. Doch wir befinden uns auch in einer wirklichen Krise, die uns in existenzielle Gefahr bringt: die Human-Krise – also die Veränderung des Menschen selbst.

Wie ließe sich diese echte Krise bewältigen? Wie könnten wir die Konflikte lösen, die eine genetische, KI-gesteuerte und neurobiologische Neukonstruktion des Menschen mit sich bringen würde? Um nicht vom Fortschritt überrollt zu werden, müssen wir Antworten auf viele einzelne Fragen finden. Hier nur einige davon:

- Welche Folgen sollen Künstliche Intelligenz, Big Data und eine vollständige elektronische Datenüberwachung auf unsere Gesellschaft haben – und welche nicht?
- Wie vermeiden wir es, mit der zunehmenden digitalen Vernetzung endgültig »digital dement« und damit zu manipulierten Zombies ohne eigenen Willen zu werden?

- Was bedeutet es für die Identität eines Menschen, wenn er das Ergebnis einer genetischen Optimierung ist?
- Wie steht es mit seiner Autonomie, wenn er sich direkt mit anderen Gehirnen verbinden kann – und andere sich mit seinem?
- Wer trägt die Verantwortung, wenn von den Gedanken eines Menschen kontrollierte Avatare in der realen Welt handeln?
- Ist ein Mensch noch ein Individuum, wenn er nicht mehr zwischen echten und heruntergeladenen Erinnerungen unterscheiden kann?
- Was bedeutet es für unser Selbstwertgefühl, wenn die Arbeitsleistung eines großen Teils der Gesellschaft überflüssig geworden ist?
- Wollen wir durch Manipulationen unserer Neurotransmitter dauerhafte Glückseligkeit erreichen oder vielleicht sogar vollständig und dauerhaft in eine virtuelle Realität eintauchen, in der es zu »leben« viel angenehmer erscheint?
- Was bedeutet es für unser Zusammenleben, wenn wir alle nur erdenklichen Krankheiten heilen können und die Menschen mehrere hundert Jahre alt werden?

Der rasante Fortschritt der Wissenschaft wirft die Frage auf, welche der technologischen Gestaltungsmöglichkeiten wir umsetzen sollen. Die Antwort kann die Wissenschaft uns nicht geben, das können nur wir selbst.

Gefahr in Verzug

Nicht die Frage, ob wir mehr Flüchtlinge aufnehmen können oder die Banken besser regulieren sollen, ob neun oder zehn Milliarden Menschen auf diesem Planeten leben können und ob sich der Klimawandel noch stoppen lässt, ist für unsere Zukunft allesentscheidend. All diese Fragen lassen sich bei nüchterner Betrachtung und gutem Willen mit einem »Ja« beantworten. Die zentrale Frage ist, wie weit wir der Technologie erlauben dürfen, den Menschen in seinen grundlegenden genetischen, geistigen, psychologischen und physischen Eigenschaften zu verändern. Dies ist keine Frage, für deren Beantwortung wir uns beliebig lange Zeit lassen können. Wir müssen *umgehend* zu einer Entscheidung finden, sonst ist der Moment, in dem wir noch gestaltend eingreifen können, unwiederbringlich vorbei.

Warum setzen wir uns nicht einfach zusammen und suchen nach Antworten auf all die Fragen, die der bevorstehende epochale Sprung der Menschheit als Ganzes aufwirft? Das Problem ist, dass die Antworten nicht einfach sind. Bevor wir zum Beispiel entscheiden können, ob wir in die Keimbahn des Menschen eingreifen, mittels Neurotechnologie unseren Geist verändern oder sich selbst replizierende Nanobots oder eine Superintelligenz in die Welt setzen sollen, müssten wir ganz andere, tiefer liegende Fragen beantworten:

- Woher kommt das Leben?
- Was macht einen Menschen aus? (kurz: Was ist der Mensch?)
- Was genau ist unser Geist?
- Was ist der Sinn unserer Existenz?

- Was sind die Richtlinien eines sinnvollen und guten Lebens?
- Was bedeutet unser Tod?

Hier kommen spirituelle Komponenten ins Spiel. Es mag den einen oder anderen Leser vielleicht überraschen, dass hier das Wort »Spiritualität« fällt. Ich will jedoch im Verlaufe des Buches zeigen, dass die Spiritualität, die ich meine, nichts mit Kitsch oder Esoterik zu tun hat, auch nichts mit religiösem Eifer. Die Spiritualität, mit deren Hilfe wir die grundlegenden Fragen beantworten werden, entspricht eher einer bestimmten Einstellung und einer Form des menschlichen Selbstverständnisses, das unser Denken und Handeln bestimmt. Ein solches spirituelles Bewusstsein ist entscheidend, um der sich anbahnenden Human-Krise angemessen zu begegnen.

Bevor wir die Frage beantworten können, ob wir einen genetisch neuen Menschen oder ein Mensch-Maschine-Zwitterwesen herstellen sollen, müssen wir klären, was uns überhaupt zu Menschen macht.

Die Wissenschaft kann all diese Fragen nicht beantworten. Wer sich in der Philosophie auskennt, weiß, dass sie einige davon streng genommen noch nicht einmal stellen kann. Denn Wissenschaft findet immer nur Antworten auf Teilaspekte, das »große Ganze« kann sie nicht erfassen. Dies betrifft auch die tiefste der existenziellen Fragen, welche der englische Naturalist Thomas Henry Huxley 1863 wie folgt formulierte:

> *»Die Frage aller Fragen für die Menschheit – das Problem, welches allen übrigen zu Grunde liegt und welches tiefer*

interessiert als irgendein anderes, ist die Bestimmung der Stellung, welche der Mensch in der Natur einnimmt, und seiner Beziehung zu der Gesamtheit der Dinge.«[25]

Um eine Basis zur Beantwortung dieser »Großen Fragen« zu bekommen, brauchen wir einen Blickwinkel von außerhalb, eine über unsere direkte Erfahrung und wissenschaftliche Beschreibung hinausgehende Perspektive. Mit anderen Worten: eine *transzendente* Sichtweise.

Dass technologische Entwicklung eine philosophische, ethische und spirituelle Dimension besitzt, ist nicht neu. Spätestens nach der Erfindung der Atombombe wurde den Menschen klar, dass man die Technologie nicht allein den Technologen überlassen darf. Wir müssen uns heute mehr als je zuvor als Menschen fragen: Was ist im Rahmen des technologisch Möglichen ethisch erlaubt? Nicht alle Menschen schrecken in ihrem Drang, die Natur zu beherrschen oder deren Gesetze zu überschreiten, vor Risiken zurück oder lassen sich von Bedenken einschränken. Um Verbotsschilder »Bis hierher und nicht weiter« aufstellen zu können, braucht es so etwas wie einen »ethischen Damm«, einen Konsens darüber, welche ungewünschten Entwicklungen gestoppt werden sollen. Nimmt man die Vergangenheit zum Maßstab, so müssen wir erwarten, dass ohne einen solchen Schutzwall alles, was technologisch machbar ist, früher oder später auch entwickelt wird.

25 T. Huxley, *Über die Beziehungen des Menschen zu den nächstniederen Tieren*«, in: ders., Zeugnisse für die Stellung des Menschen in der Natur. Drei Abhandlungen, übers. von J. Victor Carus, Vieweg, Braunschweig 1863, 65–134, hier 65, online: www.gutenberg.org/files/34137/34137-h/34137-h.htm (18.5.2017).

Ein zentrale philosophische Frage lautet: »Was ist der Mensch?« Ihr muss eine zweite wesentliche Frage zur Seite gestellt werden: »Was soll er zukünftig sein?«

Spiritualität wird uns helfen, die Human-Krise zu bewältigen. Doch es gibt einen Haken: Die Spiritualität selbst steckt in einer Krise.

Der Blinde und der Lahme

Seit der Aufklärung haben wissenschaftliche und technologische Revolutionen immer wieder die Neujustierung politischer, gesellschaftlicher, ethischer, spiritueller und religiöser Normen erforderlich gemacht. Sie verschoben Wahrheiten, zerstörten Weltbilder und schufen wieder neue. Zuerst verlor im Zuge der Aufklärung Gott seine Stellung als letzte und absolute Instanz der Wahrheit. Seine Rolle übernahm sukzessive die Wissenschaft. Doch auch die Wissenschaftler blieben nicht verschont: Seit Beginn des 20. Jahrhunderts mussten sie den Verlust ihrer universellen Wahrheitskriterien verkraften – je weiter sie beispielsweise in das Reich der Quantenphysik vorstießen, desto mehr lösten sich philosophische Gewissheiten, die über Jahrtausende Gültigkeit besessen hatten, im Nichts auf.[26] Und nun ist auch Otto Normalverbraucher dran: Auch für ihn verschwinden die Komfortzonen absoluter Gewissheiten. Früher hatte jeder seinen festen, oft lebenslangen Arbeitsplatz. Gesellschaft und Familie waren klar hierarchisch strukturiert. Jeder wusste, welche Geburtsrechte er in seiner Nation in Anspruch nehmen durfte und welchen Platz in der Gesellschaft er ein-

26 S. L Jaeger, *Die zweite Quantenrevolution*, Heidelberg 2018 für weitere Details.

nahm. Diese stützenden Gewissheiten haben sich heute aufgelöst. Kein Wunder, dass sich die meisten Menschen durch die politischen, ökonomischen, sozialen und gesellschaftlichen Veränderungen überfordert fühlen. Es gibt für sie keine Wohlfühlzone mehr. Der Wegfall von absoluten Wahrheiten und unverrückbaren Prinzipien betrifft zuletzt auch unsere Spiritualität, unser »inneres Leben, unsere Geistigkeit«, wie der Duden Spiritualität definiert, und daher einen großen Teil dessen, was den Menschen zum Menschen macht.

Wo ehemalige absolute Gewissheiten verloren gegangen sind, herrscht existenzielle Unsicherheit.

Weder Gott noch eine andere transzendente Grundstruktur erklärt uns heute unsere Rolle in der Welt. Es gibt auch keine unverrückbaren Naturgesetze oder gültige ökonomische, gesellschaftliche oder historische Gesetzmäßigkeiten mehr, an die wir uns halten und die uns einen Rahmen für das alltägliche Leben bieten könnten. Der kalte Pragmatismus des wissenschaftlichen Forschungsprogramms und das evolutionär-naturalistische Menschenbild ohne höheren Sinn und Zweck ist kein ausreichender Ersatz für eine spirituelle Heimat. Der Philosoph Jürgen Habermas spricht in diesem Zusammenhang vom »Bewusstsein, dass etwas fehlt«[27]. Mit anderen Worten: Wir befinden uns in einer *spirituellen (Meta-)Krise*.

Nun liegt die Herausforderung unserer Zeit offen vor uns:

27 Michael Reder und Josef Schmidt (Hg.), *Ein Bewusstsein von dem, was fehlt – Eine Diskussion mit Jürgen Habermas*, Suhrkamp, Frankfurt/M. 2008.

- Um die einzige echte und existenzbedrohende Krise unserer Zeit, die Human-Krise, zu bewältigen, müssen wir transzendente (»über das direkt Erfahrbare hinausgehende«) Fragen beantworten.
- Transzendente Fragen lassen sich nur unter Einbeziehung spiritueller Dimensionen beantworten.
- Unsere Spiritualität ist uns abhandengekommen.
- Wir müssen eine neue Form der Spiritualität entwickeln.

Human-Krise und spirituelle Krise sind die eigentlichen epochalen Wirkungskräfte. Bewältigen wir sie, werden wir auch alle anderen Probleme – von Klimaerwärmung bis zur Überbevölkerung – mehr oder weniger leicht auflösen.

Leider gibt es ein gravierendes Hindernis, das es uns schwer macht, auf die existenzbedrohende Krise der Umformung des Menschen angemessen zu reagieren und uns der dafür notwendigen, gewaltigen Aufgabe zu stellen, angesichts der »Großen Fragen« zu einem Konsens zu kommen, mit dem sich Menschen und Gesellschaften identifizieren können: unsere Vorliebe für einfache Wahrheiten sowie unser Hang zu Lüge und Selbstlüge.

4 – POPULISMUS DES DENKENS
VON LÜGEN, VEREINFACHUNGEN UND FAKE NEWS

Der US-Vize-Präsident Mike Pence glaubt nicht an die Evolutionstheorie. Er hält es für eine fundamentale Wahrheit, dass Gott Himmel, Erde und die Ozeane geschaffen hat – und den Menschen auch. Mit seiner Meinung steht er nicht alleine da. Ein gutes Drittel aller Amerikaner sind als sogenannte Kreationisten überzeugt, dass es keine Entwicklung der Arten gab und Menschen, so wie sie heute sind, schon seit jeher auf der Erde lebten.[28] Es gibt keinen Grund für uns, über die amerikanischen Verhältnisse den Kopf zu schütteln, denn auch in Deutschland gibt es eine nicht zu vernachlässigende Fraktion, die es genauso sieht: Im Darwin-Jahr 2009 glaubten 20 Prozent der Befragten, dass »der Mensch von Gott geschaffen wurde, wie es in der Bibel steht, und sich nicht aus anderen Lebensformen entwickelt hat«[29]. Der einzige Unterschied: In den USA stehen die Aussagen des Kreationismus in verschiedenen Parteiprogrammen, in Deutschland ist das (bis jetzt) nicht der Fall.

Kaum ein vernünftiger, aufgeklärter Mensch zweifelt an der Evolution. In den 160 Jahren, seit Charles Darwin seine Theorie formulierte, haben Wissenschaftler aus unzähligen Mosaiksteinchen ein konsistentes Bild von der Entstehung der Arten zusammengesetzt. Und trotzdem basteln sich nicht wenige Menschen ihre eigenen Wahrheiten zurecht – und werden dann auch noch in Positionen mit enormer Machtfülle gewählt. Und der Unsinn hört auch nicht bei Adam und Eva auf.

28 Religious Landscape Study, Umfrage vom 4. Juni bis 30. September 2014 mit über 35.000 Befragten in allen Staaten der USA.

29 Institut für Demoskopie in Allensbach, 2009.

Besonders vehement wird auch der Klimawandel geleugnet. Die Webseiten »LifeZette« oder die deutschsprachige »eike-klima-energie.eu« zum Beispiel sammeln unermüdlich angebliche Indizien für die Behauptung, dass der Klimawandel gar nicht stattfindet und eine Erfindung geldgieriger Wissenschaftler sei. Solche Fundgruben für Verschwörungstheoretiker kann eine Gesellschaft aushalten. Dass dieses Medium aber im *Briefing Room* des Weißen Hauses als Informationsquelle herangezogen wird, ist überaus bedenklich. Trotz immer heißerer Sommer in Europa, dem Abschmelzen der Gletscher in den Alpen, auf Island und in Grönland, den besonders heftigen Monsunregenfällen in Indien, zerstörerischen Hurrikans in Nordamerika und Taifunen in Asien und nicht zuletzt hinsichtlich der immensen Kostenabschätzungen von Wirtschaftsfachleuten lautet der Kanon so mancher reaktionärer politischen Akteure: »Wir lehnen den Klimawandel ab.« Vielleicht wollen sie auch die Gravitationskraft »ablehnen«?

Erkenntnisse, die weltweit wissenschaftlich abgesichert sind, werden von bestimmten Bevölkerungsgruppen ignoriert.

Wie kann das sein? Um diese Frage beantworten zu können, müssen wir verstehen, wie Wissen und Wahrheit zusammenhängen.

Das Streben nach Wahrheit

Die Sehnsucht und Suche nach einer absoluten, nicht mehr anzweifelbaren letzten Wahrheit ist eine zutiefst menschliche Eigenschaft. Sie besitzt in der Geschichte des Denkens eine lange Tradition.

- Bereits bei den Vorsokratikern und spätestens mit Platon und Aristoteles waren die Grundlagen einer Metaphysik entstanden, die nach den absoluten Gründen und Zusammenhängen sucht. Für dieses Letzte, Unveränderliche, Absolute haben die Philosophen einen eigenen Begriff entwickelt: »Substanz« (griech. οὐσία, lat. substantia).
- Der im Mittelalter von Autoritäten vorgegebene Werte- und Wahrheitskanon beruhte auf einem Glauben an von Gott vorgegebene absolute Wahrheiten und Regeln.
- Erst im 17. Jahrhundert war Naturforschern wie Galilei, Kepler und Newton der vorgegebene Glaube nicht mehr genug, und sie suchten nach einer absoluten und letzten Wahrheit in Form von ewig geltenden Naturgesetzen. Statt auf Glauben wollten sie sich auf wissenschaftliche, durch Experimente bestätigte Wahrheit stützen.
- Auch Descartes und Leibniz, die sowohl Naturforscher als auch Philosophen waren, hatten die Sehnsucht, die Mannigfaltigkeit der Erscheinungen auf die Einheitlichkeit eines all-begründenden Prinzips reduzieren zu können (und fanden dieses zuletzt wieder nur in Gott).
- Ausgelöst durch die wissenschaftliche Revolution des frühen 17. Jahrhunderts begann etwa hundert Jahre später die geistige Epoche der Aufklärung. Gott verlor seine Stellung als letzte und absolute Instanz der Wahrheit. Von nun an bemühten sich auch Nicht-Wissenschaftler, das kritische Denken und den Respekt vor Fakten höher zu achten

als Meinungen, Vorurteile, Traditionen, Gefühle oder Dogmen. Mit anderen Worten: Die Aufklärung war ein Bekenntnis zum wissenschaftlichen Denken.
- Bis ans Ende des 19. Jahrhunderts ging es darum, mit immer präziseren wissenschaftlichen Methoden die Welt immer genauer zu ergründen und die weißen Flecken von der Landkarte des Wissens zu tilgen. Der Traum war es, irgendwann alles wissen und erklären zu können.

Doch mit den Fortschritten der modernen Physik Anfang des 20. Jahrhunderts wurde der Glaube an die Möglichkeit *absoluter* Gewissheit systematisch zurückgedrängt. So musste beispielsweise Newtons Vorstellung eines absoluten Raums bzw. einer absoluten Zeit durch die relationale Raum-Zeit von Einsteins Relativitätstheorie ersetzt werden, die Nicht-Physiker kaum noch verstehen können. Noch einschneidender war die Erkenntnis, dass ein Quantenobjekt gleichzeitig Welle und Teilchen ist und dass im Mikrokosmos ganz andere Gesetze als in unserem Makrokosmos gelten. Die Wissenschaftler mussten lernen, mit komplementären Wahrheiten zu leben, also: nicht A oder B ist wahr, sondern A *und* B können beide wahr sein. Der endgültige Todesstoß für den philosophischen Anspruch nach letzten und begründenden Wahrheiten war der neue Objektbegriff in der Quantenphysik: Es gibt kein real und unabhängig existierendes Objekt an sich, keine objektive Realität und damit auch keine absolute Wahrheit.[30]

Es ist paradox: Je mehr Wissen wir erlangten, desto weniger durften wir darauf hoffen, dass es eine letzte

30 Für weitere Details siehe L. Jaeger, *Die zweite Quantenrevolution – Vom Spuk im Mikrokosmos zu neuen Supertechnologien*, Springer Nature, Heidelberg 2018.

Wahrheit gibt. Der Preis für unseren Wissenszuwachs ist also hoch – wir haben nun nichts mehr, woran wir uns festhalten können.

Die Loslösung von der Idee einer existierenden absoluten und letzten Objektivität und Wahrheit in der Quantentheorie ist eine der größten philosophischen Einsichten des letzten Jahrhunderts.

In einem über drei Jahrhunderte laufenden Prozess hat sich die Menschheit Schritt für Schritt all ihrer mühsam aufgebauten Gewissheiten beraubt.

- Mit Kopernikus verloren wir unsere Zentralstellung im Universum.
- Darwin zeigte uns, dass wir auch nicht im Zentrum der Schöpfung stehen, sondern vielmehr Ergebnis eines Prozesses sind, den Tiere und Pflanzen gleichermaßen durchlaufen.
- Freud zufolge sind wir noch nicht einmal Herr im eigenen Haus unseres Geistes, dem Raum unserer subjektiven Empfindungen und Gedanken.
- Zuletzt sagten uns Relativitäts- und Quantentheorie, dass kein Standpunkt wichtiger und »richtiger« ist als alle anderen und es auch keinerlei reale und unabhängig existierende (»substanzielle«) Objekte gibt.

All diese Verluste haben natürlich Auswirkungen auf die menschliche Psyche. Eindeutige Wahrheiten, klare spirituelle Grundlagen und unverrückbare Prinzipien sind offenbar wichtig für uns, damit wir uns in der Welt zurechtfinden. Das Vakuum, das der Verlust alter Gewissheiten hinterlässt, erzeugt in uns eine tiefe Verunsicherung. So kommt es, dass angesichts der Komplexität gesellschaftlicher, politischer, wirtschaftlicher und wissenschaftlicher Fragen für so manchen ein Fluchtweg in die Vergangenheit führt, in der vermeintlich alles einfacher und besser war. Slogans wie »*Make America Great Again*« sind attraktiver als die Diskussion über komplexe internationale Handelsbeziehungen oder globale meteorologische Effekte durch die Erwärmung unserer Atmosphäre.

Wissenszuwachs führt uns nicht zu einer letzten absoluten Wahrheit hin, sondern oft von ihr fort. Umso größer ist für uns Menschen die Versuchung, Zusammenhänge grob zu vereinfachen, um in der Komfortzone der Gewissheiten bleiben zu können.

Vom Glauben zum Wissen und wieder zurück

Genau diese Weltflucht spielt heutigen Populisten und Vereinfachern in die Hände. Ihr Erfolg liegt in der verzerrenden Simplifizierung intellektuell fordernder gesellschaftlicher und wissenschaftlicher Zusammenhänge. Dies ist die Erklärung für:

- die absurden Lügen Donald Trumps und das neofaschistische Gebrüll der europäischen Rechtspopulisten italienischer, ungarischer, polnischer oder deutscher Prägung,
- die pseudoreligiösen Machtlegitimationen à la Erdogan oder Putin,

- die New-Age-Bewegung, die philosophische Grundfragen mit einem vereinfachenden »Alles hängt mit allem zusammen« beantwortet und ein neues Zeitalter (»New Age«) vorhersagt, in dem Vollendung und Wahrheit herrschen – allein aus dem Glauben heraus, dass wir mit unserem Geist jegliche Realität selbst erzeugen können,
- die Bekenntnisse libertärer Prägung, nach der sich alleine auf der Basis absoluter persönlicher Freiheiten eine optimale Gesellschaft entwickeln wird und alle Bemühungen, über eine gerechte Gesellschaft nachzudenken, uns nur von diesem Ziel der optimalen Gesellschaft wegführen,
- die fundamentalistischen Bekenntnisse von Ökonomen, die den Markt als letztlich alles regulierende Instanz sehen, die niemals irrt.

Weil in unserer komplexen Welt das stützende Korsett absoluter Wahrheiten fehlt, haben politische, soziale, religiöse und philosophische Populisten, Fundamentalisten und andere Vereinfacher Oberwasser.

Uns ist die absolute und ewige Wahrheit abhandengekommen. Das ist auch gut so, denn so funktioniert die Welt nun mal nicht. Umso wichtiger sind die wissenschaftlichen Wahrheiten, sie helfen uns, uns in unserer Welt zurechtzufinden. Diese Wahrheiten sind keine Dogmen, denn sie stehen ständig auf dem Prüfstand, zum Beispiel durch Experimente und den rationalen Diskurs mit Kollegen; jederzeit können sie – je nach Faktenlage – verworfen und neu formuliert werden.

Doch wer sagt uns eigentlich, dass Populisten nicht mit dem gleichen Anspruch »wissen« dürfen, was sie wollen? Was ist der Unterschied zwischen wissenschaftlicher Wahrheit und populistischer Wahrheit? Der Unterschied liegt in der *Motivation* der Beteiligten. Wissenschaftler wollen in einer Welt voller Unsicherheiten ihr *Wissen vergrößern* – uneingeschränkt, aufrichtig, rational und methodisch. Dazu stehen ihnen einige »heilige« Wesensmerkmale zur Verfügung:

- klare Kriterien, um Hypothesen bestätigen oder verwerfen zu können,
- das ehrliche Bekenntnis zu Fakten,
- eine kompromisslos reflexive Einstellung in einem offenen und transparenten Diskurs,
- das Bekenntnis dazu, dass unser Wissen nicht absolut und letztendlich ist,
- eine entsprechende Demut angesichts komplexer Zusammenhänge und des zuweilen Unerklärlichen in der Welt.

Wissenschaftliches Wissen steht unter ständigem Revisionsvorbehalt, so erlangen wir mit der Zeit ein immer verlässlicheres Wissen über die Welt und wie wir am besten in ihr leben können.

Den Populisten dagegen geht es nicht um Wissensvermehrung, sondern um Glaubensbestätigung. Sie setzen klare unumstößliche Wahrheiten voraus; was nicht »ihrer Wahrheit« entspricht, wird mit Mitteln der Macht bekämpft, nicht mit denen des Argumentes oder der Faktenlage. Dies ist buchstäblich ein Rückschritt ins frühe Mittelalter, als es eine solche Selbstreferenzialität des Wissens nicht gab. Wissen diente damals einem fremden Zweck, zumeist dem, einen bestimmten Glauben zu bestätigen. Erst ab dem 12. Jahrhundert begann Wissen langsam, »eigensinnig« zu werden.[31] Und das ist es genau, was Populisten heute noch verabscheuen: eine kritische Distanz zum eigenen Wissen. Das ist der Grund, warum sie mit allen Mitteln versuchen, Wissenschaftler zu verunglimpfen. Eine bewährte Methode ist dabei, den Wissenschaftlern ihrerseits zu unterstellen, dass sie nur eigene (also wissensfremde) Interessen verfolgen. Die »Wissenschaftler sind bezahlt«, heißt es dann beispielsweise, nicht selten mit dem Anhängsel »und zwar vom Staat«. Das soll suggerieren: Wissenschaftler sind käuflich. Doch was sich skandalträchtig anhören soll, erweist sich bei näherer Betrachtung als eine Banalität: Sollen die Forscher vielleicht umsonst arbeiten? Und dass die meisten Forschungsbetriebe und damit Geldgeber staatliche Einrichtungen sind, hat sich für unsere Gesellschaft als sehr hilfreich erwiesen. Oder wollen wir, dass Ölfirmen die Klimaforscher, Tabakfirmen die Krebsforscher und Banken die Ökonomen bezahlen?

Team Trump

Kanarienvögel hatten früher im Bergbau eine wichtige Funktion. Die Bergleute nahmen sie in kleinen Käfigen mit unter Tage, denn sie zeigten ihnen an, wenn dort das gefährliche, aber geruchslose Kohlenmonoxid die Gänge vergiftete. Kippte der Vogel von der Stange, waren die Bergleute gewarnt und hatten noch ausreichend Zeit, sich in Sicherheit zu bringen.

Die Wissenschaften sind die Kanarienvögel offener Gesellschaften. Wo sie verachtet oder ignoriert werden

31 Siehe dazu: F. Rexroth, *Fröhliche Scholastik . Die wissenschaftliche Revolution des Mittelalters*, Verlag C.H. Beck, München 2018.

und ihre Protagonisten in ihrer Arbeit eingeschränkt oder gar persönlich verfolgt werden, dort ist die offene Gesellschaft mitsamt ihren sozialen, humanistischen und ökonomischen Errungenschaften in akuter Gefahr. Das hat Auswirkungen auf jeden, denn akademische Freiheit und Kreativität sind seit der Aufklärung sowohl Stütze als auch Motor nachhaltig prosperierender Gesellschaften.

Umgekehrt gilt, dass die erfolgreichste und originellste wissenschaftliche Forschung in offenen Gesellschaften stattfindet. Die Anzahl der Nobelpreise für wissenschaftliche Arbeiten aus Ländern wie dem heutigen Russland, der Türkei, Ungarn, Polen und China lassen sich an weniger als fünf Fingern abzählen.

Unabhängige Forschung, angstfreies Lehren und Lernen, der offene Dialog und der freie Fluss der Ideen dienen nicht nur der Vertiefung unsres Wissens, sondern auch der gesellschaftlichen Entwicklung und dem allgemeinen Wohlstand.

Für Populisten sind die Wissenschaften der Feind schlechthin, denn allein die Wissenschaft kann den Lügen und Zynismen, dem Machtkalkül und der verantwortungslosen, bis in den Wahn reichenden Vereinfachung die Stirn bieten. Deshalb bringen Populisten, sobald sie das Sagen haben, nach Möglichkeit jene zum Schweigen, die ihre Vereinfachungen und Glaubenssätze widerlegen. Wissenschaftlern wird systematisch das Misstrauen ausgesprochen, Forschungsgelder werden entzogen, im Extremfall werden sie verhaftet und eingesperrt.

Der Chef der Russischen Akademie der Wissenschaften, Alexander Sergejew, beschreibt die heutige Lage der

Wissenschaft in seinem Land als »Tal des Todes«. Anfang der 1990er-Jahre gab es noch fast dreimal so viele Wissenschaftler in Russland wie heute. Aufgrund der Repressionen des Putin-Regimes gegen politisch Andersdenkende wandern viele der gescheitesten russischen Geister in den Westen ab.

Auch der türkische Kanarienvogel ist längst von der Stange gefallen. Seit Sommer 2016 und dem angeblichen Putsch der Bewegung des islamischen Predigers Fethullah Gülen wurden dort Tausende Professoren und Dozenten suspendiert, Hochschulen geschlossen, Dekane abgesetzt und Wissenschaftler auf vielfältige Art und Weise in ihrer Arbeit behindert, zum Beispiel durch Entzug der Reiseerlaubnis.

In Ungarn haben viele Wissenschaftler, Künstler und Intellektuelle das Land verlassen. Victor Orbans Kampf gegen die Central European University in Budapest ist nur ein Beispiel für die repressive Politik seiner Regierung gegen unabhängige Wissenschaften und akademische Ausbildungsstätten. Exemplarisch ist auch der Kampf des Regimes gegen George Soros, einen lautstarken Verfechter der offenen Gesellschaft. Diesem unsäglichen Pfad folgt unterdessen leider auch Polen. Ein Beispiel der Beschränkung der freien akademischen Meinungsäußerung im Geburtsland des Nikolaus Kopernikus ist der Entwurf eines neuen Holocaustgesetzes, das für jeden, der die Dinge beim Namen nennt und zum Beispiel von »polnischen Todeslagern« spricht, neben deftigen Geldstrafen auch Haftstrafen von bis zu drei Jahren vorsah. Diese Bemühung, ein verbindliches Geschichtsbild zu schaffen, ging dem polnischen Parlament dann doch zu weit: Ende Juli 2018 brachte es im Eilverfahren eine Gesetzesänderung durch, nach der es nun doch keine Haftstrafen geben soll.

Der Westen hat keinen Grund, sich zurückzulehnen. US-Präsident Trump steht in einem starken Gegensatz zum Wertekanon der Wissenschaftler. Sein Wunschkandidat für den Posten des Chairmans der Regierungskommission zur Impfsicherheit und wissenschaftlicher Integrität war der erklärte Impf-Skeptiker Robert F. Kennedy Jr. Kennedy steht für Ideologie statt ergebnisoffenes Forschen. Auch dass Trump die Ergebnisse der Klimaforschung ignoriert, inklusive jener in der eigenen Behörde[32], macht seine Einstellung den Wissenschaften gegenüber deutlich.

Wissenschaft ist die effektivste Methode gegen alternative Fakten. Deshalb diskreditieren und bekämpfen Populisten wissenschaftliche Erkenntnisse, um ihre ideologischen, kommerziellen oder politischen Ziele zu verfolgen.

Der Kampf von Trump, Erdogan, Putin, Orban und Co. gegen wissenschaftliche Wahrheiten bzw. ihre gewaltsame Unterdrückung sind keine neuen Phänomene, sondern stehen in einer langen Tradition. Galilei wurde gezwungen, über seine wissenschaftlichen Erkenntnisse zu schweigen. »Nichts in der Welt wird so gefürchtet wie der Einfluss von Menschen, die geistig unabhängig sind«, sagte Albert Einstein, der guten Grund hatte, unmittelbar nach der Machtergreifung Hitlers aus Deutschland zu fliehen. Und Richard Feynman, ein weiterer Physik-Nobelpreisträger, der wie Einstein in besonderem Maße etwas gegen autoritäre Machtstrukturen hatte, sagte:

32 Trump ließ bewusst den *Fourth National Climate Assessment Report* von 2018 am Thanksgiving-Freitag publizieren, damit er weniger Aufmerksamkeit bei seinen Landsleuten findet.

»Ich hätte lieber Fragen, die nicht beantwortet werden können, als Antworten, die nicht in Frage gestellt werden dürfen.«[33]

Die gute Nachricht: Bisher konnten wir uns darauf verlassen, dass religiöser oder populistischer Glaube wissenschaftliche Wahrheiten nicht auf Dauer unterdrücken kann. Hundert Jahre lang dauerte es, bis die Erkenntnis, dass sich die Erde um die Sonne dreht, gegen den Widerstand der Kirche in die Köpfe der Menschen gelangte. Heute kann sich wissenschaftliche Wahrheit dank digitaler Medien viel schneller durchsetzen. Trotzdem – und das ist die schlechte Nachricht – können wir uns heute nicht mehr sicher sein, dass die Demaskierung von Populisten durch die Wissenschaft auch in Zukunft noch funktionieren wird. Denn die uns bereits aus Kapitel 3 bekannte Schlüsseltechnologie »Digitale Algorithmen und Big Data« wirkt dem entgegen.

Angriff auf das Immunsystem unserer Demokratie

»Wissen ist Macht!« wusste schon der englische Philosoph Francis Bacon im 16. Jahrhundert. Heute kennen die Internetgiganten Google, Facebook und Co. jedes Detail unserer Aktivitäten im digitalen Raum, und zunehmend verfolgen sie auch unsere Bewegungen im physikalischen Raum. Der Gedanke, dass wir dank dieser gesammelten Daten nur noch als Marionetten agieren, die sich von der Bannerwerbung auf den von uns aufgerufenen Internetseiten zu einem Kurzurlaub in Barcelona inspirieren lassen, weil es der Reiseveranstalter so

33 »I would rather have questions that can't be answered than answers that can't be questioned.«

will, oder denen der Fitness-Tracker sagt, was sie essen und wie sie sich bewegen sollen, ist nicht sehr schön. Doch unsere Daten werden seit einigen Jahren auch noch zu etwas viel Gefährlicherem verwendet: Über sie besitzen Manipulatoren den direkten Zugriff auf unsere Meinungsbildung. Denn anhand unserer im Internet gesammelten Daten ist bekannt, in welche Verpackung bestimmte Informationen gewickelt werden müssen, damit wir sie annehmen. »Microtargeting« nennt sich diese Methode.

Die Datensammler – vor allem Facebook und Google – sind einfach »nur« Unternehmen mit teilweise Multimilliarden-Gewinnen; ihr Ziel ist es nicht in erster Linie, ihre Kunden zu eigenen Zwecken zu manipulieren. Sie wollen »nur« so viel Geld wie möglich für ihre Aktionäre verdienen. Trotzdem tragen sie in zweierlei Hinsicht zur Desinformation und politischen Extremisierung bei.

- Sie bestimmen mit ihren nach nicht bekannten Kriterien entstandenen Benutzerprofilen, was wir im Internet zu sehen bekommen. Jeder wird mit den Informationen und Meinungen versorgt, die zu seinem Profil passen. Das bedeutet auch: Was jemand nicht weiß, wird er nicht erfahren. Er bleibt in seiner eigenen Informationsblase gefangen. Weil es kaum noch einen Diskurs zwischen verschiedenen Perspektiven und Interpretationen gibt, werden Meinungen mehr und mehr gefestigt; die Abstände zwischen den Informationsinseln werden unüberbrückbar. Der für eine Demokratie so wichtige Austausch der Argumente findet kaum mehr statt. So verursacht das Internet unterm Strich Wissenseingrenzung statt Wissensvermehrung und trägt somit zunehmend totalitäre Züge, die sehr an das von

George Orwell in seinem Buch »1984« gezeichnete dystopische Szenario einer vollständig manipulierten Gesellschaft erinnert, die selektiv mit geeigneter Information abgefüllt und gesteuert wird.

- Sie verkaufen die Daten an politische Propagandaunternehmen, die daraufhin gezielt bestimmte Bevölkerungs- und Wählersegmente auswählen und diese mit genau den Transport-Botschaften versorgen, die die Adressaten für die eigentliche Botschaft empfänglich macht. So gibt nach EU-Aussagen alleine Russland mehr als eine Milliarde Euro pro Jahr aus, um Kreml-freundliche und EU-feindliche Lügen und Propaganda zu verbreiten. Unter anderem geschieht dies in sogenannten »Troll-Fabriken« wie die in St. Petersburg ansässige *Internet Research Agency*, die mit dem Kreml in Verbindung steht. Rechtsextreme Verschwörungstheoretiker, islamophobe, frauenfeindliche und homophobe Gruppierungen und andere extremistische politische Kreise bringen so ihre politische Propaganda an den Mann und erzeugen massive Desinformationskampagnen. Internet-Propaganda und der Eingriff in Wahlen anderer Nationen ist eine neue Art der politischen Aktivität geworden, der sich insbesondere autoritäre Regimes ausgiebig bedienen.[34]

Dort, wo Fakten, wissenschaftliche Erkenntnisse und Expertenwissen grundsätzlich in Frage gestellt werden, sind Tür und Tor für Propaganda geöffnet. Weil viele Bürger sich nicht die Mühe machen, die Quelle einer

34 Der US-Historiker Timothy Snyder gibt eine detaillierte Beschreibung der russischen Propaganda-Aktivitäten im Internet in den letzten Jahren in seinem Buch: *Der Weg in die Unfreiheit: Russland, Europa, Amerika*, Beck, München 2018.

Botschaft herauszufinden und ihre Argumente kritisch zu hinterfragen, leben wir zunehmend in einer postfaktischen Gesellschaft, in der es keinen rationalen, faktenbasierten Dialog mehr gibt.

Wir glauben, was wir glauben wollen. Und was wir glauben wollen, zeigen unsere Daten im Internet. Es sind rechtskonservative und extremistische Parteien, die in sozialen Medien am stärksten manipulativ aktiv sind.

Nach der historischen Schlammschlacht zwischen Clinton und Trump im US-Wahlkampf und dem Brexit 2016 wurde endlich auch einer breiten Öffentlichkeit klar, welche Macht die digitalen Manipulationsmechanismen besitzen. Neben den klassischen unermüdlichen, freiwilligen Wahlhelfern und professionellen Spin-Doktoren kamen hier auch computergenerierte automatisierte Skripte zum Einsatz, sogenannte »Bots«. Bots generieren künstliche Nachrichten und veröffentlichten sie in sozialen Medien wie Twitter und Facebook. Nur so konnte zum Beispiel der Hashtag #TrumpWon (»Trump siegte«) nach dem ersten TV-Duell zwischen Donald Trump und Hillary Clinton zum *trending topic* auf Twitter avancieren. Dabei hatte selbst nach Meinung republikanischer Beobachter Hillary Clinton die Diskussion klar für sich entschieden. Später wurden *hispanic bots* eingesetzt, die vorspiegelten, für die Mehrheit der Latinos zu sprechen und Trump zu unterstützen. Dabei war allseits bekannt, dass sich Latinos in großer Mehrheit gegen den republikanischen Kandidaten aussprachen. Am Ende wählten gegen jede Erwartung ein Drittel der Latinos Trump. Noch heute sind Untersuchungen im Gange, inwieweit ausländische (insbesondere russische) Propaganda hinter großen Teilen dieser Desinformationskampagnen steckt.

Traurige Berühmtheit erlangte die Firma *Cambridge Analytica*, die 2016 Trumps Onlinewahlkampf organisierte. Ihr Portfolio geht aber noch viel weiter:

- Sie hatte ihre Finger bei den Wahlen 2010 in Indien im Spiel,
- ebenfalls in Kenia in den Jahren 2013 und 2017.
- 2014 war sie in den USA in 44 Wahlkämpfe auf Ebene der Bundesstaaten involviert.
- 2016 mischte sie bei der Brexit-Kampagne auf Seiten der Brexit-Befürworter mit; in der Abstimmung sprachen sich 51,89 Prozent der Wähler für den Austritt Großbritanniens aus der Europäischen Union aus. Für die vormals in politischer Hinsicht so pragmatische und besonnene britische Gesellschaft ist der Brexit mit verheerenden Auswirkungen verbunden; seine Folgen werden die Briten noch Jahre oder sogar Jahrzehnte beschäftigen.
- Im Vorlauf zu den Wahlen in Mexico 2018 bezahlte die bis dahin regierende Partei PRI *Cambridge Analytica* dafür, dass sie ihre gegnerischen Parteien nicht unterstützt.
- Im Frühjahr 2018 behauptete das Unternehmen, dass es insgesamt bei mehr als 200 Wahlen in der ganzen Welt mitgewirkt habe.

Die mittlerweile aufgrund ihrer umstrittenen Methoden in Konkurs gegangene Firma verfügte nach eigenen Angaben über Daten von ca. 220 Millionen Amerikanern (Gesamtbevölkerung: 327 Millionen) mit »vier- bis fünftausend Datenpunkten für jeden Einzelnen von ihnen«.

Diese Profile machen es möglich, jedem Wähler seine eigene, auf ihn gemünzte Botschaft zukommen zu lassen. Allzu oft handelt es sich dabei um schamlose Lügen (im neueren Jargon: »alternative Fakten«), zum Beispiel, dass der Papst Trump unterstütze oder dass Hillary Clinton einem Ring von Kinderpornografen vorstehe.

Unsere Daten werden nicht nur verwendet, um uns zum Konsum zu verführen, sondern auch, um uns in unseren politischen Meinungen zu beeinflussen. Dies bedeutet eine große Gefahr für unsere Demokratie.

Der Feind im eigenen Haus

Das Bollwerk gegen Lügen und alternative Fakten sind die Wissenschaften; doch auch sie beginnen, von innen heraus zu schwächeln. Früher wurden wissenschaftliche Artikel erst nach ausgiebiger Begutachtung durch Experten (das sogenannte »Peer Review«) in einem Journal abgedruckt und damit der breiten Gemeinschaft als Ergebnisse ausführlicher und sorgfältiger wissenschaftlicher Arbeit präsentiert. Heute gibt es einen großen Online-Publishing Markt, meist betrieben von Anbietern in Entwicklungsländern, die gegen Bezahlung so gut wie jeden Artikel ohne das gängige Peer Review publizieren. Damit wird ein glänzendes Geschäft gemacht.

Die pseudowissenschaftlichen Publikationsorgane werden zumeist von Wissenschaftlern benutzt, deren Artikel von seriösen Zeitschriften abgelehnt wurden. Darin geht es oft auch um politisch und gesellschaftlich heikle Themen wie Skepsis gegenüber dem Klimawandel, alternative Krebstherapien oder die Hetze gegen Impfungen. Für den wissenschaftlichen Betrieb stellen diese Zeitschriften eine echte Bedrohung dar, denn sie verbreiten nicht ausreichend abgestützte Ergebnisse und stellen sie dennoch als wissenschaftlich etabliert dar. Skrupellose Politiker bedienen sich gerne aus diesem Fundus, um ihre Lügen auf ein pseudo-wissenschaftliches Fundament zu stellen. Weil Laien nicht zwischen seriöser wissenschaftlicher Arbeit in etablierten Journalen und den qualitativ zumeist sehr viel minderwertigeren Publikationen in diesen Online-Magazinen unterscheiden können, gehen sie ihnen auf den Leim. Die Regierung Trump macht von dieser Art der Desinformation ausgiebig Gebrauch.

Mit Online-Fachjournalen ohne eingehendes Peer Review dringen Fake News auch in den wissenschaftlichen Betrieb ein. Damit steht die Glaubwürdigkeit des bedeutendsten Widersachers gegen die Populisten auf dem Spiel.

Dass solche Kampagnen auch in Deutschland die öffentliche Debatte maßgeblich prägen können, verdeutlichte im Januar 2019 ein gerade einmal zweiseitiges Papier, in dem die Autoren, ein Lungenarzt im Ruhestand und ein ehemaliger Automobilingenieur, keck und ohne jegliche weitere Beweisführung zum Thema Dieselskandal leugneten, dass Feinstaub und Stickoxide zu Gesundheitsgefährdungen führen. Umgehend begrüßte eine unheilige Allianz aus Politikern von CSU, FDP und AfD sowie dem Zentralverband Deutsches Kraftfahrzeuggewerbe diese Aussagen und forderte entsprechende Gesetzesänderungen.[35] Peinlich für sie: Neben falschen Argumenten

35 Eine umfassendere Stellungnahme des Autors ist unter http://larsjaeger.ch/?p=1784&lang=de nachzulesen.

hatten sich die Autoren an entscheidender Stelle um Größenordnungen verrechnet.

Inversion des politischen Willens

Nicht nur wenn Wahlen bevorstehen, wird unsere politische Willensbildung auf breiter Front manipuliert; das zeigt das Beispiel der ultrakonservativen Multi-Milliardärsbrüder Charles und David Koch. Mit ihren fragwürdigen Spenden- und Finanzierungskanälen haben sie die mächtigste Propaganda-Maschine der USA geschaffen. Ihr Lobby-Institut *Americans for Prosperity* legt systematisch Profile breiter Bevölkerungsgruppen an, um Menschen mit den bereits beschriebenen Methoden zu manipulieren. Mit gewaltigem Erfolg: So hat sich die Wahrnehmung des Klimawandels bei den Amerikanern in den letzten Jahren stark verändert. Noch im Jahr 2003 setzten sich drei Viertel der Republikaner für strikte Umweltgesetze ein. Heute ist es nur noch ein Drittel. An diesem Bewusstseinswandel haben die Kochs ein starkes materielles Interesse, denn ihre Unternehmen gehören zu den zehn schlimmsten Luftverschmutzern der USA. Zurzeit hetzen die Koch-Brüder in ihrer Eigenschaft als Automobilzulieferer in vielen Gegenden der USA mit Erfolg gegen das öffentliche Transportsystem.

Die Politik hat noch kein Mittel gefunden, mit dem sie der Wucht der Informationsverzerrung durch den skrupellosen Einsatz der neuen digitalen Medien und ihren »Big Data«-Möglichkeiten etwas entgegensetzen könnte. Ganz im Gegenteil: Teile westlicher Demokratien springen auf den Zug auf und experimentieren mit gefälschten Konten, Bots und anderen koordinierten

Desinformationskampagnen, wie eine Untersuchung des *Institute for the Future* im Jahr 2018 zeigte.[36]

Die digitale Revolution greift das Immunsystem unserer Demokratie an und hat ihr Ortungssystem für Fakten und Fiktion durcheinandergebracht.

Lügen sind natürlich keine Erfindung des Internetzeitalters. Schon immer haben Unternehmen zu diesem Mittel gegriffen, wenn es darum ging, ihre (kurzfristigen) finanziellen Interessen zu verteidigen. So wussten die Wissenschaftler der Ölfirma Exxon bereits in den 1970er-Jahren, dass das Produkt ihrer Firma zum globalen Klimawandel beiträgt: Im Juli 1977 sprach James F. Black, einer der führenden Wissenschaftler von Exxon, mit den Führungskräften des Unternehmens in New York und erklärte ihnen seine Untersuchungen zum Treibhauseffekt. »Es besteht allgemeines wissenschaftliches Einvernehmen, dass die wahrscheinlichste Art und Weise, in der die Menschheit das Weltklima beeinflusst, die Kohlendioxidfreisetzung aus der Verbrennung fossiler Brennstoffe ist«, lautete seine unmissverständliche Botschaft.[37] Er schätzte, dass die Verdoppelung der Kohlendioxidkonzentration in der Atmosphäre die globalen Durchschnittstemperaturen um zwei bis drei Grad, an den Polen um bis zu zehn Grad Celsius erhöhen würde.

36 C. Nyst. N. Monaco, Institute for the Future, *State Sponsored Trolling – How Governments Are Deploying Disinformation as Part of Broader Digital Harassment Campaigns*, Paolo Alto 2018, verfügbar unter: http://www.iftf.org/fileadmin/user_upload/images/DigIntel/IFTF_State_sponsored_trolling_report.pdf

37 Das war das Ergebnis einer umfassenden Untersuchung des US-Fachblatts »InsideClimate News«, die sich auch auf Blacks eigene Aufzeichnungen stützt, siehe: https://insideclimatenews.org/news/15092015/Exxons-own-research-confirmed-fossil-fuels-role-in-global-warming , sowie https://www.scientificamerican.com/article/exxon-knew-about-climate-change-almost-40-years-ago/

Statt nach energietechnologischen Alternativen zu suchen, verwendet Exxon bis heute Abermillionen von Dollars für aufwendige PR-Kampagnen, die die Aussagekraft klimawissenschaftlicher Studien in Frage stellen. Und dies mit Erfolg: 2018 stellte die alljährlich durchgeführte Gallup-Umfrage zu Umweltfragen fest, dass mehr als 50 Prozent republikanischer Wähler in den USA davon ausgehen, dass es keinen wissenschaftlichen Konsens über die globale Erwärmung gibt![38]

Dies alles findet innerhalb demokratischer Strukturen statt. Was uns blüht, wenn es keine demokratische Kontrolle des Staates gibt, und wie weit vollständig unkontrollierte manipulative Datenverwendung gehen kann, zeigt das Beispiel China. Dort hat die Regierung den sogenannten *Citizen Score* eingeführt, der konforme Bürger belohnt und Abweichler isoliert. So sinkt der Score derjenigen, die unliebsame Websites besuchen oder auf Facebook die falschen Freunde haben, während er für diejenigen, die sich nach den Vorgaben der Regierung richten, steigt. Auch Informationen über Steuerehrlichkeit, Verkehrsverhalten, Einkommen, politische Meinungsäußerungen, Konformität mit den Richtlinien der kommunistischen Partei, Hobbies und Konsum gehen in das Punktesystem jedes Bürgers ein. Die einen dürfen ihre Kinder auf eine gute Schule schicken und reisen, die anderen werden aus bestimmten Berufen ausgeschlossen und in ihrem Bewegungsradius eingeschränkt. Besonders effektiv ist, dass in die Bewertung eines Menschen auch die Punktzahl seiner Freunde in den sozialen Medien eingehen. Ist ein Dis-

38 Tatsächlich geht der wissenschaftliche Konsens sogar so weit, dass 99.94 Prozent aller wissenschaftlichen Arbeiten zwischen 1991 und 2015 von einem menschengemachten Klimawandel ausgehen. Siehe: J. L. Powell, *The Consensus on Anthropogenic Global Warming Matters*. Bulletin of Science, Technology & Society, 2017-05-24, 36 (3): 157–163.

sident darunter, rutscht sofort die eigene Punktzahl. Westliche Internetfirmen fügen sich dem chinesischen Druck und unterstützen die strengen Zensurvorgaben des kommunistischen Regimes, um am lukrativen chinesischen Markt mit seinen 1,3 Milliarden Einwohnern weiter teilnehmen zu dürfen. Ein Beispiel ist das Projekt *Dragonfly* von Google, eine Smartphone-App, die Internet-(Google-)Suchanfragen mit der Telefonnummer des Benutzers verknüpft, damit das chinesische Regime die Aktivitäten seiner Nutzer leichter verfolgen kann. Andere autoritär regierten Länder wie beispielsweise Vietnam folgen unterdessen dem chinesischen Vorbild.

Die Aussichten sind düster: Wenn nicht demnächst eine Superintelligenz das Ruder übernimmt, werden wir in Zukunft von einer Populisten-Techno-Elite kontrolliert und regiert, die Wahrheiten nach Gusto manipuliert. Und wir werden es noch nicht einmal merken, weil wir ja immer genau das erfahren, was wir sowieso schon zu wissen glauben.

Damit wir uns der Human-Krise und ihrer Komplexität stellen können, müssen wir wieder zurück zu einem rationalen, kritischen und den Fakten verbundenen Denken finden.

5 – LANGSAMES DENKEN, SCHNELLES DENKEN
EINSICHTEN ÜBER UNSERE WAHRNEHMUNG UND UNSER DENKEN

Fakt ist: Wenn wir die Human-Krise als Menschen überstehen wollen, müssen wir entscheiden, was Menschsein in Zukunft ausmachen soll – erst dann können wir die Weiterentwicklung der technischen Möglichkeiten sinnvoll steuern. Um diese Entscheidungen treffen zu können, dürfen wir uns nicht manipulieren lassen und müssen einen rationalen und klaren Kopf behalten. Das klingt reichlich banal und auf den ersten Blick wenig hilfreich. Wie lässt sich das konkret in die Praxis umsetzen? Um diese Frage beantworten zu können, sollten wir erst einmal den »Feind« besser kennenlernen. Das vierte Kapitel zeigte, warum wir uns so gerne an einfache Wahrheiten hängen, was eine tiefgründige Diskussion darüber, wie wir das Menschsein definieren und welche Facetten erhalten bleiben sollen, sehr schwierig macht. Tatsächlich hat die moderne psychologische Forschung neben der Unlust, sich mit komplexen Zusammenhängen auseinanderzusetzen, viele kognitive Verzerrungen (*cognitive biases*) aufgezeigt, die uns davon abhalten, rational und klar zu entscheiden.

Der französische Sozialpsychologe Serge Moscovici wollte im Jahr 1969 den Einfluss von Minderheiten in einer Gruppe herausfinden. Der Versuchsaufbau seines Experimentes, das heute zu den klassischen Experimenten der Sozialpsychologie gehört, war denkbar einfach[39]: Die Versuchspersonen sahen eine Abfolge von Dias in unterschiedlichen Blautönen, bei jedem Dia sollten sie laut die Farbe benennen. In eine der Testgruppen plat-

39 S. Moscovici, E. Lage and M. Naffrechoux, *Influence of a Consistent Minority on the Responses of a Majority in a Color Perception Task, Sociometry*, Vol. 32, No. 4 (Dez. 1969), pp. 365.

zierten Moscovici und seine Kollegen jeweils zwei Personen, die statt »Blau« immer »Grün« sagten. Tatsächlich bezeichneten über alle Versuchsreihen hinweg nun mehr als acht Prozent der nicht eingeweihten Versuchspersonen dieser Gruppe die blauen Dias als grün. 32 Prozent der Teilnehmer bezeichneten die blauen Dias mindestens einmal als grün.

Wesentliche Treiber dieser Manipulation waren die Unbeirrbarkeit und damit die Überzeugungsfähigkeit der lügenden Minderheiten. Das Ergebnis dieses Experiments zeigt: Wenn eine Minderheit sich nur selbstsicher verhält und nie von ihrer den beobachtbaren Fakten widersprechenden Position abweicht, hat sie die Macht, einen bestimmten Prozentsatz der Mehrheit davon zu überzeugen, dass das Falsche wahr ist. Dieses Phänomen des *Minderheiteneinflusses* (*minority influence*) ist seither in vielen weiteren Versuchsanordnungen belegt worden. Ein ähnlicher Effekt ist es, wenn Menschen aus grundlegenden sozialen Erwägungen – etwa aus dem Wunsch heraus, innerhalb der Gruppe akzeptiert zu werden – sich *bewusst* auch dann für eine Mehrheitsmeinung aussprechen, wenn sie diese eigentlich für falsch halten. Psychologen sprechen hier von **Gruppenzwang** oder auch **Konformitätsdruck**.

Minderheiteneinfluss und Gruppenzwang sind nur zwei Beispiele der zahlreichen kognitiven Verzerrungen, die uns für unzulässige Vereinfachungen, Lügen und Fake News so empfänglich machen.

Ein weiteres Beispiel ist die **Kausalitätsverzerrung** (auch Illusorische Korrelation genannt): Menschen sehen häufig auch dann kausale Zusammenhänge zwischen zwei

Ereignissen, wenn sie gar nicht existieren. Diese Verzerrung ist auch in der Philosophie wohlbekannt: *Cum hoc ergo propter hoc*, sagen die Philosophen, lateinisch für »mit diesem, folglich wegen diesem«. Das soll heißen: Wenn Dies mit Jenem zusammenfällt, dann muss es dafür einen Grund geben.

Jahrhundertelang wurde zum Beispiel das Auftreten eines Kometen mit einer kommenden schlechten Ernte kausal verknüpft. Noch im Jahr 1910 galt die Wiederkehr des Kometen Halley bei vielen Menschen als Ankündigung des nahenden Weltuntergangs. Und siehe da: Nur vier Jahre später begann der erste Weltkrieg. Heute lachen wir über solche Verknüpfungen. Aber auch wir lassen uns aufgrund der Kausalitätsverzerrung zu unlogischem Handeln und irrationalen Erwartungen hinreißen. So interpretieren manche Menschen zum Beispiel Autismus als Folge von Impfungen.

Es fällt schwer zu glauben, dass in einem hochentwickelten Land wie Deutschland Menschen an Masern sterben, obwohl es für diese Krankheit, die gerade für Erwachsene sehr gefährlich werden kann, seit Jahrzehnten eine wirksame und nahezu risikolose Impfung gibt. Doch gerade in vermeintlich bildungsnahen Schichten grassiert eine ausgeprägte Impfskepsis. In unzähligen Internetforen finden sich sehr persönliche und emotionale Berichte darüber, was einzelnen Kindern nach der Immunisierung passiert ist.

- Ein Arzt in England behauptete in einer längst widerlegten Studie, die sich auf nur zwölf Kinder bezog, die Masern-Impfung verursache Autismus. Später wurde bekannt, dass die Anwaltskanzlei, die die Eltern vermeintlich geschädigter Kinder vertrat, ihm 3,5 Millionen Pfund gezahlt hatte.

- Es wird auch immer wieder von Fällen berichtet, dass Hepatitis-B-Impfungen Fälle von Multipler Sklerose ausgelöst hätten. Wird dieser Behauptung wissenschaftlich auf den Grund gegangen, bleibt von der Verknüpfung nichts übrig. In keiner von zahlreichen Studien konnte belegt werden, dass zwischen beidem ein Zusammenhang besteht.[40]
- Auch einige Ärzte und Naturheilpraktiker sind nicht vor der Kausalitätsverzerrung gefeit. Sie beobachten:
  1. Einige der Kinder, die zu mir kommen, haben Allergien.
  2. Fast alle diese Kinder waren geimpft.

  Ihre von Impfskeptikern mit Genugtuung aufgenommene Schlussfolgerung lautet: Impfungen lösen Allergien aus. Es handelt sich jedoch um einen klaren Fall von Kausalitätsverzerrung: Wenn mehr als 90 Prozent der Menschen geimpft sind, ist zu erwarten, dass auch der allergrößte Teil der Allergiker in diese Gruppe fällt.

Wissenschaftlich anerkannte Impfschäden treten nur sehr selten auf; Impfskeptiker stützen sich in den allermeisten Fällen auf vermeintliche Zusammenhänge.

Am Beispiel der Impfskeptiker lassen sich auch weitere kognitive Verzerrungen zeigen. Leider führen auch sie dazu, dass manche Eltern ihren Kindern die Impfung vorenthalten.

40 Nur eine einzige Studie (Hernán et al., *Recombinant Hepatitis B Vaccine and the Risk of Multiple Sclerosis*, Neurology 2004, 63,838-842) benennt einen leichten statistischen Effekt, doch ist diese wegen der geringen Fallzahl und der Auswahl der Kontrollgruppe umstritten.

- Die **Konformitätsverzerrung** (auch Affirmationsbias oder Bestätigungsfehler genannt) lässt uns nur das glauben, was in unser Weltbild passt. Schon kleine Anzeichen dafür, dass eine von uns bevorzugte Theorie richtig ist, bestätigen unsere Meinung. Ein einziger Bericht im Internet über eine unglückliche Familie, deren Kind durch die Impfung geschädigt wurde, genügt, um die eigene Impfskepsis zu rechtfertigen. Auch Klimaskeptiker verfallen gerne der Konformitätsverzerrung: Ihnen reicht ein einzelner kalter Winter, um an der Erderwärmung zu zweifeln (hier wird auch Wetter und Klima verwechselt).
  Die Konformitätsverzerrung lässt uns in Blasen leben. Das können Klassen oder Kasten, Nationen, Zünfte, Familien etc. sein. Besonders gefährlich ist heute, dass das Internet diese Blasen-Bildung noch verstärkt. Wie wir im vierten Kapitel sahen, können wir genau mit den Informationen gefüttert werden, die zu unserer Lebenswelt passen – als blinde Passagiere mit dabei sind dann die Informationen, die den Zwecken bestimmter Populisten und Vereinfacher dienen. Gerade das Medium, von dem wir uns Freiheit und Objektivität versprechen, engt uns also noch mehr ein.
- Umgekehrt wirkt der **Backfire-Effekt**: Realitäten, die keinen Platz in unserem Weltbild haben, wollen wir nicht wahrhaben. Wir blenden sie einfach aus. Für Impfgegner bedeutet das: Sie ignorieren die zahlreichen seriösen wissenschaftlichen Studien, die keinerlei Zusammenhang zwischen Impfungen und Allergien bzw. zu Autismus gefunden haben. Und auch davon, dass gefährliche Krankheiten wie Pocken, Polio und Masern, die über

Jahrtausende viel Unglück über die Menschheit gebracht haben, dank der entsprechenden Impfungen in unseren Breiten nahezu ausgestorben sind, wollen sie nichts wissen.

- Dass Impfgegner mit ihren Argumenten so viel Erfolg haben, liegt auch daran, dass Geschichten über Einzelschicksale unsere Emotionen stärker ansprechen als Statistiken und wissenschaftliche Studien. So gewinnt anekdotische Evidenz die Oberhand über wissenschaftliche Evidenz. Wissenschaftler sprechen in diesem Zusammenhang auch von der **Verfügbarkeitsheuristik** (*availability heuristic*). Diese Verzerrung wirkt oft zusammen mit der Kausalitätsverzerrung. Wenn jemand die Erfahrung macht, dass er just an dem Tag, an dem sein Horoskop ihm gute Sterne für die Liebe vorhersagt, eine neue Herzensflamme kennenlernt, so erscheinen ihm Horoskope auf einmal glaubwürdig. Dass er regelmäßig Horoskope in Zeitungen liest und dass ihm schon oft »Glück in der Liebe« versprochen wurde, vergisst er.

Die selektive Aufnahme und Verarbeitung von Informationen erklärt, warum viele Menschen trotz belastbarer wissenschaftlicher Erkenntnisse an ihre eigenen, den Fakten widersprechende Wahrheiten glauben.

- Dazu kommt der **Pop-out-Effekt**: Wir wenden unsere Aufmerksamkeit den Dingen zu, die »herausstechen«. Der Vorteil: In einem Korb voller Pfifferlinge fällt uns sofort der giftige Knollenblätterpilz auf. Dass ein durch die Impfung erkranktes Kind sofort unsere Aufmerksamkeit hat, ist, sozial ge-

sehen, ein Gewinn. Wenn aber die Wahrnehmung des einen kranken Kindes bedeutet, dass die durch Impfung geretteten Kinder übersehen werden, führt das zu dem unlogischen Effekt, dass manche Ärzte und Eltern Angst davor haben, Kinder zu impfen. Die Meldung der Weltgesundheitshörde (WHO), dass der Masernimpfschutz von 2000 bis 2012 weltweit etwa 13,8 Millionen Menschen das Leben gerettet hat, die meisten davon Kinder, wird nicht mehr zur Kenntnis genommen.
Der Pop-out-Effekt ist auch verantwortlich dafür, dass in öffentlichen Diskussionen überproportional über diejenigen berichtet wird, die abstruse Meinungen vertreten oder Tabus brechen. Kein Wunder, dass radikale Provokationen oder absurde Lügen weit mehr öffentliche und mediale Aufmerksamkeit erhalten, als ihnen gemäß der tatsächlichen Gefolgschaft in der Bevölkerung zusteht.

- Die **Seltenes-Ereignis-Verzerrung** sorgt dafür, dass wir Möglichkeiten im Promille-Bereich zu hohe oder gar keine Wahrscheinlichkeiten zusprechen. Die Wahrscheinlichkeit, in New York Opfer eines Raubüberfalls zu werden, wird von den meisten Touristen massiv überschätzt. Gleichzeitig ignorieren Anleger gerne das Risiko eines globalen Finanzcrashs.

Wir tun uns schwer, Wahrscheinlichkeiten kognitiv einzuordnen. Was stark vom Mittelwert abweicht, halten wir für repräsentativ, während alles »Normale« vernachlässigt wird.

Es geht hier natürlich nicht darum, Impfskeptiker lächerlich zu machen – es gibt immer Gründe dafür, dass Menschen Ängste haben. Niemandem ist damit geholfen, ihre Sorgen abzutun. Kinderärzte sind aufgerufen, empathisch zu sein und sich genug Zeit zu nehmen, um die Sorgen der Eltern nach Möglichkeit zu entkräften.

Wenn es darum geht, dass Menschen irrational und oft auch gegen die eigenen Interessen agieren, darf sich jeder mit gutem Grund an die eigene Nase fassen. Hier sind noch einige weitere kognitive Verzerrungen in unserem Denken und Handeln:

- **Kontrollillusion**: Dies ist die Vorstellung, dass wir zufällige oder sehr komplexe Prozesse kontrollieren können. Verwandt damit ist auch die kognitive Verzerrung der Selbstüberschätzung. Bevor wir Vulkane und Erdbeben wissenschaftlich mit tektonischen Verschiebungen erklären konnten, wurden sie mit dem Willen Gottes erklärt, unser Fehlverhalten zu bestrafen. Entsprechend dienten regelkonformes Verhalten, Opfergaben und bei vielen Naturvölkern auch Tänze dazu, die Götter milde zu stimmen und solche Katastrophen zu verhindern. Ein moderneres Beispiel ist der Spieler, der dazu neigt, Würfel stärker zu werfen, wenn er hohe Zahlen erzielen will, und sanfter für niedrige Zahlen.
- **Attributionsverzerrung**: Ein beobachtetes Verhalten oder Phänomen wird auf feststehende Charaktereigenschaften der involvierten Personen zurückgeführt und nicht auf die spezifischen Umstände der jeweiligen Situation. So schreiben Manager wirtschaftliche Erfolge gerne zu hundert Prozent ihrer eigenen Leistung zu (für schlechte Bilanz-

zahlen ist dann das schwierige Marktumfeld verantwortlich).

- Die **Truthahn-Illusion**: Wir extrapolieren einfache Trends in die Zukunft. Je länger der Trend bereits anhält, desto zuversichtlicher sind wir, dass es genauso weitergeht. Benannt ist diese Illusion nach der in Amerika traditionellen Erntedank-Festspeise. Würde ein Truthahn wie ein Mensch denken, würde er zu Lebzeiten glauben, dass er *immer* umsorgt und gefüttert wird – er kennt es ja nicht anders. Diese Annahme erweist sich als wahr, bis dann der vierte Donnerstag im November kommt und er geschlachtet wird.

Die Wissenschaft kennt mehr als einhundert kognitive Verzerrungen, die das rationale Denken und Handeln von uns allen einschränken. Wollen wir einen klaren und rationalen Kopf behalten, müssen wir also sehr viele Gegner in unserer eigenen mentalen Welt im Auge behalten.

Um in der Krisensituation, in der wir uns befinden, klug handeln zu können, müssen wir unsere Neigung zu Wahrnehmungs- und Denkverzerrungen erkennen und verstehen. Nur dann können wir sie umgehen. Gut, dass die psychologische Forschung in den letzten Jahren und Jahrzehnten unglaublich viel über unser Wahrnehmen, Erinnern, Denken, Urteilen und Handeln herausgefunden hat.

Hase und Igel

Als Ursache für unsere kognitiven Verzerrungen führt der US-amerikanische Wirtschaftsnobelpreisträger Daniel Kahneman einen Teil unseres kognitiven Apparates an, den er plakativ als *schnelles Denken* (oder auch »System I«-Denkweise) bezeichnet.[41] Dieses Denken geschieht sozusagen aus dem Bauch heraus:

- Es ist instinktiv, stereotypisierend und emotional,
- es assoziiert, statt zu reflektieren,
- es folgt unserer Intuition statt unserem Verstand,
- es kommt zu schnellen Schlüssen.

In unserem alltäglichen Wahrnehmen, Denken und Handeln spielt das schnelle Denken eine essenzielle Rolle; dank ihm erfassen wir rasch eine Situation und kommen blitzschnell zu Schlüssen und Handlungen. Sein Vorteil liegt darin, dass vereinfachende Entscheidungsalgorithmen unter Risiko- und Kostenbetrachtungen oft günstiger sind als reflektiertes Denken.

- **Risiko**: Wer das Rascheln von Blättern kausal mit einer Giftschlange in Verbindung brachte, anstatt lange darüber nachzudenken, dass der Wind als Ursache doch viel wahrscheinlicher ist, hatte mehr Chancen, unser Vorfahr zu werden. Ein Fehlalarm kostete nicht viel, eine Schlange hingegen oft das Leben.
- **Kosten**: Ob wir Auto fahren, Nahrung zu uns nehmen, Gesichter von anderen Menschen und ihre Emotionen erkennen oder einfache Sätze erfassen – es handelt sich um eingeübte, nicht mehr reflektiere Automatismen. Weil wir auf all das keine bewusste Aufmerksamkeit lenken müssen, sparen wir Energie.

41 D. Kahneman, *Schnelles Denken, langsames Denken*, Verlag Siedler, München 2017.

Der Nachteil des schnellen Denkens: Wir achten nicht drauf, *wie* wir zu einer Schlussfolgerung kommen. Das System I findet auf die Schnelle eine plausible Begründung für das Wahrgenommene und Erlebte. Dabei verlässt es sich auf Assoziationen und Erinnerungen, Vergleiche und Annahmen – Menge und Qualität der Daten, auf denen die Begründung basiert, sind weitgehend irrelevant (Kahneman spricht auch von dem WYSIATI-Phänomen: »*What you see is all there is*« – »Was man sieht, ist alles, was da ist«). Wenn Informationen knapp sind – was häufig vorkommt –, funktioniert System I als eine Maschine, die voreilige Schlüsse zieht. Daher liegen wir in vielen Fällen mit unseren instinkt- und gefühlsgetriebenen Schlüssen falsch.

Am 11. November 2000 kamen bei einem Brand eines in einem bergauf führenden Tunnel befindlichen Zuges der Gletscherbahn Kaprun in Österreich 155 Menschen durch Rauchgasvergiftung ums Leben. Die meisten Opfer waren im Tunnel vom Feuer weg und bergauf gelaufen – beides scheint uns die sicherere Fluchtrichtung zu sein als zum Feuer hin und bergab. Doch aufgrund der Kaminwirkung zog der tödliche Rauch im Tunnel nach oben ab. Ihr intuitives, reflexartiges, schnelles Denken führte die Opfer von Kaprun geradewegs in den Tod. Diejenigen, die überlebten, waren ihrem ersten Impuls nicht gefolgt und stattdessen entgegen der Kaminwirkung nach *unten* gelaufen.

Indem wir intuitiv und reflexartig agieren, haben wir in Krisensituationen die Chance, Leib und Leben zu retten – ein beherzter Sprung hat schon manchen vor nahender Gefahr gerettet. Andererseits kann das schnelle Denken im Krisenfall auch in die Katastrohe führen, das zeigt das Unglück von Kaprun. Und was ist mit der Human-Krise? Hilft uns hier schnelles Denken oder schadet es uns eher? Angesichts der Komplexität der Human-Krise wäre schnelles Denken definitiv der falsche Weg. Ganz im Gegenteil: Wir müssen den Reflex des schnellen Urteils ablegen und Situation und Umstände tiefer ergründen und genauer analysieren.

Das schnelle Denken ermöglicht uns unbewusste, schnelle Reaktionen. Um die Human-Krise zu lösen, ist es mit Sicherheit nicht der richtige Weg.

Doch können wir den kognitiven Verzerrungen des uns angeborenen schnellen Denkens überhaupt entkommen? Lässt sich diesem evolutionären Erbe etwas entgegensetzen? Kahneman sagt: Ja, und zwar durch intellektuelles Engagement. Denn er beschreibt auch eine zweite Art des Denkens. Es geht den Dingen auf den Grund, lässt sich Zeit, reflektiert und analysiert; es ist logisch, berechnend und skeptisch. Um so denken zu können, brauchen wir Konzentration und nicht zuletzt das Bewusstsein dafür, *dass* wir denken. Kahneman bezeichnet diese zweite Art des Denkens als *langsames Denken* oder auch als »System II«-Denkweise. Ich will es alternativ auch als »redliches Denken« bezeichnen. Denn die zentralen Merkmale dieses Denkens sind

- die detaillierte Auseinandersetzung mit dem Unbekannten,
- das Wahrnehmen und die Akzeptanz offener Probleme,
- das unablässige Ringen um Erklärungen,
- die ständige Reflexion des eigenen Wissens,
- die unnachgiebige Suche nach Wahrheit.

Langsames Denken ist das Erfolgsrezept der bisher effizientesten und erfolgreichsten Methode, unsere Welt zu verstehen: der Wissenschaft. Diese folgt eindeutigen Regeln, die auf objektiver, rationaler und für alle einseh- und nachvollziehbarer Schlussfolgerung beruhen. Das mühsame Erforschen der Phänomene, das Erfassen vieler Einzelheiten, die vielen Irrwege und Korrekturen, die Achtsamkeit gegenüber allzu schnellen Schlussfolgerungen, dies alles zeichnet die wissenschaftliche Methode aus.

- Johannes Kepler musste monate- und jahrelang den Sternenhimmel beobachten und seine Hypothesen immer wieder anpassen, bis er seine Planetengesetze gefunden hatte. Dass er das ursprüngliche Dogma perfekt kreisförmiger Planetenbahnen über Bord werfen musste, war für ihn sehr schmerzhaft; unvollkommene Ellipsen als Planetenbahnen passten nicht in sein Weltbild. Dass er die Ergebnisse seiner Forschungen akzeptierte, statt sie (wie es viele Menschen vor und nach ihm getan haben) seinen Erwartungen bzw. dem herrschenden Dogma entsprechend zurechtzubiegen, gehört zu seinen größten Leistungen.
- Es dauerte fast hundert Jahre von Benjamin Franklins Blitzversuchen bis zur endgültigen Erfassung elektromagnetischer Phänomene durch die Gleichungen James Clerk Maxwells. Generationen von Physikern bereiteten in mühsamer Kleinarbeit den Weg dorthin.
- Einstein verbrachte zehn Jahre damit, immer wieder Hypothesen zu erstellen, nur um sie nach genauester Reflexion wieder zu verwerfen, bis er schließlich die Gesetze der Allgemeinen Relativitätstheorie erfasst hatte.

- Die Beschreibung von James Watson und Francis Crick, wie sie der biochemischen Grundlage unserer Vererbung (der DNA) auf die Spur kamen, liest sich wie ein Krimi, bei dem der Verdacht immer wieder auf eine andere Person fällt. Erst im März 1953 wurde klar, dass das Erbgut in Form von Desoxyribonukleinsäure vorliegt, die sich zu einer Doppelhelix verschraubt hat.

Wissenschaft ist langsames Denken im Kahneman'schen Sinne: empirisch, faktenbezogen, rational und überprüfend.

Die wissenschaftliche Methode des langsamen Denkens ist mühsam und in unserem Lebensalltag alles andere als einfach anzuwenden. Es fällt den Menschen viel leichter, instinktiv einfache kausale Zusammenhänge zu formulieren oder von einem einzelnen Geschehen auf eine allgemeine Gesetzmäßigkeit zu schließen, als eingehend über Phänomene, Erfahrungen und Zusammenhänge nachzudenken und diese zu reflektieren. Doch sollten wir diese mächtigste Methode zum Erkenntnisgewinn in hohem Maße wertschätzen. Wissenschaftliches und kontemplatives Denken macht uns auf Fehler aufmerksam, spornt uns an und ermöglicht echten intellektuellen Fortschritt, auch wenn dies oft eher langsam geschieht und immer wieder mit schmerzhaften Einsichten in Irrtümer verbunden ist. Zugleich lässt es uns in Anbetracht der Komplexität der Natur und unseres eigenen Geistes bescheiden und intellektuell redlich bleiben.

In Vorzeiten hat das schnelle Denken uns überleben lassen; doch richtig erfolgreich hat uns erst der Siegeszug des langsamen Denkens in den Wissenschaften gemacht.

Drei Kinder derselben Mutter

Wissenschaft ist nicht die einzige Domäne des langsamen Denkens; es gibt noch eine weitere Denktradition, die sich dem langsamen Denken verschrieben hat: die Philosophie. In vielen philosophischen Traditionen geht es um die Suche nach der Wahrheit, um das Wissen-Wollen, um die Auseinandersetzung mit dem Unbekannten, das unnachgiebige Ringen um Erklärungen. Dies gilt leider nicht für Religionen; sie sind eher das Gegenteil von Philosophie, weil sie sich nicht der Suche nach Wahrheit, sondern der Verteidigung *ihrer eigenen, ganz speziellen Wahrheit* verschrieben haben.

Was viele überraschen wird: Eine dritte Domäne des langsamen Denkens stellen zahlreiche kontemplative spirituelle Traditionen des Fernen Ostens dar, insbesondere jene des Buddhismus. Sie beschreiben meditative Techniken, mit denen wir die Mechanismen unseres eigenen Geistes zu erkennen vermögen. So wie die Wissenschaft ist auch die Meditation eine Form des Forschens – in diesem Fall über die Natur unseres eigenen Geistes. Hier schließt sich ein Kreis zu den Ausführungen des letzten Abschnitts bezüglich der *Bewusstheit* im langsamen Denken. Denn ein zentrales methodisches Element der Meditationspraxis ist Achtsamkeit. Gemäß Jon Kabat-Zinn, dem bedeutendsten Vertreter der neuen, buddhistisch geprägten Achtsamkeitsbewegung, ist Achtsamkeit in diesem Kontext eine bestimmte Form der bewussten Aufmerksamkeit, die

- absichtsvoll ist,
- sich auf den gegenwärtigen Moment bezieht und
- nicht wertend ist.[42]

Das wesentliche Merkmal dabei ist, dass wir unsere Aufmerksamkeit gezielt (bewusst) auf diesen Prozess richten, anstatt wie in einem Autopiloten (unbewusst) zu fahren. Genau dies ist der Knackpunkt: Voraussetzung für alle Formen des langsamen Denkens *ist Achtsamkeit im Denken und Wahrnehmen*.

Auch wenn philosophische und spirituelle Antworten nicht immer wissenschaftlichen Untersuchungen standhalten (und umgekehrt), besitzen alle Spielarten des langsamen Denkens, also

- Wissenschaft,
- Philosophie und
- spirituelle Traditionen, wie beispielsweise die Achtsamkeitsmeditation

einen vergleichbaren Motivationsrahmen (eine »epistemische Einstellung«, wie die Philosophen es nennen): Alle drei sind geprägt vom unbedingten und kompromisslosen Willen nach Wissen und zweifeln an den »schnellen« Zusammenhängen, die uns unser Denken nur allzu oft vorzugeben versucht. Sie reflektieren und kontemplieren, untersuchen im Detail und sind skeptisch gegenüber vorgegebenen Wahrheiten.

42 Siehe J. Kabat-Zinn, *Gesund durch Meditation: Das große Buch der Selbstheilung*, Weltbild, Augsburg 2013.

Neben der wissenschaftlichen Methode stehen auch die kontemplativen spirituellen Traditionen und das philosophische Denken im Geiste des langsamen Denkens.

Philosophie und so manche spirituelle Tradition besitzen in der Geistes- und Kulturgeschichte des Menschen sogar eine weitaus längere Tradition des langsamen Denkens als die Wissenschaft. Ein erstes prominentes Beispiel ausgeprägten langsamen Denkens stellen die frühen Philosophen der griechischen Antike dar. Anstatt wie ihre Vorgänger in Mythen die Ursachen für das Weltgeschehen zu suchen, verschrieben sie sich dem Dialog, der Kritik und dem Gedankenaustausch. Mit den griechischen Denkern trat zugleich eine neue Form der intellektuellen Bescheidenheit zutage, die das wissenschaftliche Denken stark prägen sollte: die Akzeptanz des eigenen Nichtwissens. Seinen bis heute wohl berühmtesten Ausdruck fand diese in der Aussage des Sokrates: »Ich weiß, dass ich nicht weiß.«[43] Dieses Thema wird im 9. Kapitel vertieft.

Der Durchbruch des langsamen Denkens in die breite Gesellschaft geschah jedoch erst im Zuge der wissenschaftlichen Revolution. Die Zeit zwischen 1650 und 1800 – also von den Anfängen der wissenschaftlichen Revolution bis zur europäischen Aufklärung – stellt den historischen Scheidepunkt zwischen dem von Dogmen geprägten Denk- und Wertekanon des Mittelalters und der modernen freiheitlichen westlichen Kultur dar (das 8. Kapitel beschäftigt sich eingehend mit dieser entscheidenden Epoche). Zuvor waren zwar immer wieder

43 Dieser Ausdruck wird oft falsch übersetzt als »Ich weiß, dass ich nichts weiß« (mit dem »s« bei »nicht«). Im griechischen Original heißt es οἶδα οὐκ εἰδώς, wörtlich »Ich weiß als Nicht-Wissender« bzw. »Ich weiß, dass ich *nicht* weiß«.

vereinzelte Lichter systematischen wissenschaftlichen Denkens aufgeleuchtet (Vorsokratiker, Hellenismus, arabische Blütezeit, vereinzelte Bewegungen im lateinischen Mittelalter), doch schon bald waren sie alle wieder erloschen. Erst ab ca. 1600 entstand ein dauerhafteres Licht. Es leuchtet uns bis heute in hellem Schein den Weg des technologischen und gesellschaftlichen Wandels. Dabei gingen wissenschaftliches und philosophisches Denken Hand in Hand: Ohne wissenschaftliche Revolution wäre keine Aufklärung denkbar gewesen und ohne die Vorarbeit unermüdlich nach tieferer Wahrheit suchender Philosophen keine wissenschaftliche Revolution.

Das langsame Denken ist seit Langem im Aufschwung, mit der Verbreitung der wissenschaftlichen Methode seit der Aufklärung hat diese Aufwärtsbewegung aber noch einmal einen Turbo zugeschaltet.

Ein Stolperer im Aufwärtstrend?

Und wie sieht es heute aus? Man könnte meinen, dass die Manipulationsapparate im Internet, die neue Populismus-Bewegungen in westlichen Demokratien oder die New-Age-Esoterik nach einem Zeitalter der Vernunft und Rationalität eine neue Wende zurück zur Dominanz des irrationalen schnellen Denkens darstellen. Doch dies wäre selbst zu schnell gedacht.

Unser Glaube an wissenschaftliche Wahrheiten ist nicht geringer geworden. Auch für Klimaskeptiker, Impfgegner, Trump- oder AfD-Anhänger und andere erklärte Gegner der wissenschaftlichen Methode ist es selbstverständlich, mit Blitzableitern ihre Häuser vor Gewittern zu schützen, statt durch Opfergaben an Götter. Und auch niemand von ihnen widerspricht den Gesetzen der Quantenphysik, die das Funktionieren von Transistoren in ihren Handys und Computern garantieren, auch wenn sich diese um vieles bizarrer und unglaubwürdiger anhören als die Gesetze der Atmosphärenphysik, die für den Treibhauseffekt verantwortlich sind. Es kann nicht die Rede davon sein, dass das wissenschaftliche, langsame Denken in den letzten Jahren weniger geworden wäre. Die wissenschaftliche und wissenschaftsmethodische Ausbildung an Schulen und Universitäten ist umfangreicher als je zuvor, Tendenz – wie seit dreihundert Jahren – weiter steigend. In der Behandlung vieler politischer und gesellschaftlicher Fragen ist allerdings noch viel Luft nach oben.

Das Problem ist nicht, dass das langsame Denken abnimmt, sondern dass das schnelle Denken wieder an Durchschlagskraft gewinnt. Im digitalen Raum findet es die besten Bedingungen vor. Es entbehrt nicht der Ironie, dass die Wissenschaft, also der Inbegriff des langsamen Denkens, Technologien hervorgebracht hat, die uns in vielen Fragen des Lebens zu unwissenschaftlichem schnellem Denken verführen.

In Anbetracht der Human-Krise können wir uns jedoch unreflektiertes schnelles Denken immer weniger leisten. Müssen wir uns also einfach nur ein bisschen mehr anstrengen und lieber langsam als schnell denken? Kahneman ist Realist. Trotz seines Plädoyers für den Gebrauch des langsamen Denkens erkennt er, dass wir ganz ohne das schnelle Denken nicht auskommen. Wir brauchen zweifellos *beide* Arten des Denkens. Wer hat beispielsweise nicht schon einmal erlebt, dass, rational gesehen, eine Entscheidung richtig erscheint und man doch spürt, dass die Situation ein anderes Vorgehen erfordert?

Dafür, das schnelle Denken nicht einfach ersatzlos streichen zu wollen, spricht auch noch ein weiteres Argument: Intuition und Emotionen der Menschen spielen auf gesellschaftlicher Ebene eine bedeutende Rolle. Mit rationalen Überlegungen können wir keine zwischenmenschlichen Schwingungen zergliedern und erklären. Menschen nehmen sich untereinander nun einmal eher mit Hilfe des schnellen Denkens wahr. Wer kennt das nicht, dass einem jemand »auf den ersten Blick« sympathisch oder unsympathisch ist?

Um die Human-Krise und andere Herausforderungen zu meistern, müssen wir also unseren Fokus gezielt auf das langsame Denken, d.h. auf rationale Argumente und achtsames Wahrnehmen und Denken lenken – ohne auf die Vorteile des schnellen Denkens zu verzichten.

Für sich allein kann weder das schnelle noch das langsame Denken die Human-Krise lösen. Wir brauchen eine bewusste und achtsame Wechselwirkung von schnellem und langsamem Denken.

TEIL 2: UTOPISCHES DENKEN – WIE WIR UNSERE ZUKUNFT GESTALTEN

6 – UM WAS ES GEHT
VON DEN POTENTIALEN ZUKÜNFTIGER SCHLÜSSELTECHNOLOGIEN

Bisher unterlag der Transfer von wissenschaftlichen Erkenntnissen zu Technologien entweder einer kapitalistischen oder einer militärischen Verwertungslogik. Von aktiver Gestaltung oder gar demokratischer Legitimierung fehlte jede Spur. Haben wir je über Internet, Quantentechnologien, Atombombe oder Drohnen abgestimmt? Staatlich eingegriffen wurde bisher immer erst dann, wenn die Technologie schon in der Welt war und ihre Gefahren offensichtlich geworden waren.

Die technologischen Entwicklungen sind heute so komplex und sie finden mit einer derart rasanten Geschwindigkeit statt, dass wir uns diese passive Haltung nicht mehr leisten können. Wir müssen unsere Zukunft viel bewusster gestalten, indem wir die positiven Aspekte neuer Technologien entwickeln und die negativen eindämmen. Dazu müssen wir nicht nur die Schlüsseltechnologien aus dem dritten Kapitel verstehen, die uns in eine Human-Krise führen. Auch all die anderen neuen Technologien, die das Gesicht der Welt verändern, spielen eine Rolle. Sie sind Herausforderungen und zugleich mögliche Werkzeuge, mit denen wir die Human-Krise abwenden und die Welt zu einem Paradies für alle machen können.

Neun weitere Schlüsseltechnologien

Fünf Schlüsseltechnologien, die unser Leben bereits massiv beeinflussen und dabei den Menschen selbst verändern, wurden im dritten Kapitel vorgestellt. Hier noch einmal eine kurze Übersicht:

1. *Gentechnologie* führt uns zu Designerbabys, aber auch zum Sieg über den Krebs und der Ausmerzung vieler anderer tödlicher Krankheiten wie zum Beispiel Mukoviszidose, Amyotrophe Lateralsklerose (ALS), Chorea Huntington und AIDS, sowie der erfolgreichen Behandlung von Multipler Sklerose, Diabetes und anderen altersbedingten Krankheiten.
2. *Künstliche Intelligenz* kann totale Kontrolle über unser Leben gewinnen und ökonomische Strukturen schaffen, die bestehende soziale Ungleichheiten noch verstärken. Doch sie kann uns auch von vielen lästigen Aufgaben des Alltags und Berufs befreien und komplexe, bisher unlösbare Probleme lösen. Auch stellt sie ein sehr mächtiges Tool zur Verbesserung und Effizienzsteigerung auf solch verschiedenen Gebieten wie Verkehrsinfrastruktur, Medizin und dem Rechtwesen dar.
3. *Datentechnologien* lassen unsere Privatsphäre verschwinden und untergraben die Demokratie. Doch sie sorgen auch dafür, dass jedem von uns jedwede Information direkt zur Verfügung steht.
4. *Neuro-Enhancement* ermöglicht anderen die Kontrolle über unser Denken, Fühlen und Erleben. Es eröffnet aber zugleich neue Wege zur Behandlung geistiger Krankheiten und schaltet unseren geistigen Fähigkeiten einen Turbo dazu. *Bewusstseins-*

technologien wie Virtual Reality (VR) verändern unser Selbstmodell und verschaffen uns zugleich Zugang zu ganz neuen Dimensionen phänomenaler Erfahrungen.

5. *Biotechnologien* erlauben Genmanipulationen und Stammzellentherapien und könnten zu einer drastischen Verlängerung des menschlichen Lebens führen. Die gewaltigen sozialen Verwerfungen, die das mit sich bringt, lassen die Ein-Kind-Politik Chinas als einen harmlosen Vorreiter aussehen. Zugleich ermöglichen sie massive Verbesserungen der individuellen menschlichen Lebensqualität.

Die folgenden neun Schlüsseltechnologien befeuern zwar nicht direkt die Human-Krise, jede einzelne bedeutet jedoch ein gewaltiges Veränderungspotential für unsere Gesellschaft und ist daher indirekt ebenso von großer Bedeutung für die Human-Krise. Sie sind nicht weniger faszinierend und brandgefährlich – wir entscheiden, ob wir sie zu unserem allgemeinen Nutzen anwenden, oder ob sie für die Mehrzahl der Menschen zu einer Gefahr werden.

Schlüsseltechnologie 6:
Die unermessliche Rechenkraft des Quantencomputers

Die einflussreichste physikalische Theorie des 20. Jahrhunderts war ohne Zweifel die Quantentheorie. Sie machte Halbleiter- und Lasertechnologien möglich. Ohne sie gäbe es keine Mikrochips, keine Computer, keine Handys, keine Satelliten-Navigation, keine Mikrowellenöfen, keine Nukleartechnologie, keine bildgebenden Verfahren in der Medizin und viele weitere

Technologien, die für unseren Lebensalltag selbstverständlich geworden sind. Schätzungen gehen davon aus, dass heute zwischen einem Viertel und der Hälfte des Bruttosozialprodukts der Industrienationen direkt oder mittelbar auf Erfindungen mit quantentheoretischer Grundlage beruht.

Dabei hat die Quantenphysik ihr technologisches Potential bei Weitem noch nicht ausgereizt. Eine aufregende Zukunftstechnologie ist ein ganz neuer Computer, der zur Datenspeicherung und -verarbeitung direkt die Quanteneigenschaften subatomarer Partikel verwendet. Anstatt wie klassische Computer Bit für Bit zu verarbeiten, rechnet ein solcher Quantencomputer parallel auf zahlreichen Quantenzuständen, sogenannten Quantenbits, zugleich. Dies ermöglicht eine im Vergleich zu gängigen Computern tausend- bis millionenfach höhere Rechengeschwindigkeit.[44] Es ergäben sich ganz neue Möglichkeiten für die Berechnung komplexer Probleme:

- der Aufbau von synthetischen Molekülverbindungen und Festkörpern, die zum Beispiel als Wirkstoffe in der Pharmazie, als effiziente Katalysatoren für chemische Reaktionen oder als Werkzeuge mit ganz neuen Materialeigenschaften eingesetzt werden können,
- die Optimierung von Verkehrsflüssen,
- die Weiterentwicklung künstlicher Intelligenz.

Lange galten 50 Qubits als magische Grenze: Ab dieser Größe macht sich die Überlegenheit der Quantencomputer gegenüber den leistungsstärksten herkömmlichen

44 Für weitere Details s. L. Jaeger, *Die zweite Quantenrevolution – Vom Spuk im Mikrokosmos zu neuen Supertechnologien*, Heidelberg 2018.

Computern bemerkbar. Google spricht in diesem Zusammenhang von *Quantum Supremacy* (Quanten-Überlegenheit). Im Frühjahr 2019 kratzten Systeme von IBM, Google, Alibaba und Co. an genau dieser Marke. Schaffen sie die 50 Qubits, wäre dies ein wortwörtlicher »Quantensprung«[45].

Schlüsseltechnologie 7:
Mit Nanotechnologie auf atomarer Ebene bauen

Die neben dem Quantencomputer bahnbrechendste Vision zukünftiger Quantentechnologien ist die Konstruktion ultrakleiner Maschinen, die Arbeiten auf der Ebene von Atomen durchführen können. Solche Nanomaschinen könnten einzelne Atome wie nach einem Baukastenprinzip zusammensetzen und damit jede chemisch mögliche (d.h. energetisch stabile) Verbindung synthetisch herstellen. Sie könnten sich sogar selbst herstellen bzw. replizieren. Dass dies möglich ist, hat uns die Natur längst gezeigt: Die DNA ist nichts anderes als eine sich selbst vervielfältigende Nanomaschine, die die erstaunlichsten Strukturen – man denke nur an die vielgestaltige Synthese von Proteinen – herzustellen vermag. So gesehen beruht alles Leben auf unserem Planenten auf Nanotechnologie.

Tatsächlich gelingt es Forschern bereits, gezielt Strukturen auf atomarer Skala zu manipulieren und sogar Grundbausteine für Nanomaschinen herzustellen: rollende Nanoräder, Nanozahnräder, die sich entlang einer gezackten Kante aus Atomen drehen, Propeller, Scharniere, Greifer, Schalter und vieles mehr. Bereits

45 Der Begriff »Quantensprung« wird in der Alltagssprache gerne für einen großen Sprung zu etwas Neuem verwendet. Tatsächlich bedeutet ein »Quantensprung« in der Physik des Mikrokosmos aber den kleinstmöglichen Sprung eines Quantenteilchens.

lassen sich kleine Motoren und Fahrzeuge entwickeln – und alle sind sie ungefähr einen zehntausendstel Millimeter groß.

Vor allem in der Medizin wird den Nanomaschinen eine große Zukunft vorausgesagt. Sie könnten zum Beispiel in den menschlichen Körper eingeschleust werden, mit der Aufgabe, sich eigenständig auf die Suche nach Krebszellen zu machen und diese zu vernichten.

Die zweite Generation von Quantentechnologien wird unser Leben mindestens genauso stark verändern wie die erste Generation mit Computer, Laser, Atomenergie und bildgebenden Verfahren in der Medizin.

Schlüsseltechnologie 8:
Schlaue Fabriken und das Internet der Dinge

Wir haben uns bereits an zahlreiche digitale Alltagshelfer gewöhnt, von der App, die uns in Echtzeit über Zugverspätungen informiert, über die elektronische Vermessung der gelaufenen Schritte, bis zu Tinder, die paarungsbereite Zeitgenossen in der unmittelbaren Umgebung anzeigt. Auch den Kühlschrank, der selbsttätig Lebensmittel nachbestellt, kennt man schon. Doch wie wäre es mit

... einem Regenschirm, der bei aufkommendem Regen blinkt, und so die Aufmerksamkeit desjenigen auf sich zieht, der aus dem Haus gehen will.
... einem Portemonnaie, das sich immer schwerer öffnen lässt, je geringer das Guthaben auf der Kreditkarte ist.

Auch diese Helfer sind heute technologisch kein Problem mehr. Mit steigender Rechenkapazität, schnellerer Vernetzung durch ein ultraschnelles mobiles Internet und immer intelligenterer Datenverarbeitung wird sich die Entwicklung solcher »intelligenten Dinge« rasant fortsetzen. Um das Gewünschte zu erreichen, müssen wir auch nicht mehr einen Computer benutzen; die Dinge des Alltags regeln das ohne unser direktes Zutun untereinander.

Seit dem Jahr 2012 sind mehr Maschinen, Spielzeuge, Alarmmelder etc. mit dem Internet verbunden, als es Menschen auf der Erde gibt. Im Jahr 2020 sollen es schon fast zehnmal so viele sein.

Die Objekte unseres alltäglichen Lebens werden im Internet der Dinge vernetzt. Sie nehmen uns immer mehr die lästigen Dinge des Alltags ab und machen unser Leben angenehmer – und uns selbst abhängiger.

Schlüsseltechnologie 9:
3D-Drucker – Alles sofort verfügbar

Nicht nur Alltagsgegenstände kommunizieren miteinander. Zunehmend werden auch Fertigungstechnik, Warenproduktion und Logistik automatisiert. Maschinen und Werkstücke sind im Produktionsprozess über das Internet vernetzt und Produkte deshalb sofort abruf- und herstellbar. Der 3D-Drucker bringt industrielle Fertigungsprozesse ins heimische Wohnzimmer.

Das Grundprinzip des 3D-Drucks ist einfach: Beliebige dreidimensionale Gegenstände werden digital gesteuert Schicht für Schicht aufgebaut. Von ganzen Häusern, die innerhalb von 24 Stunden »gedruckt« werden, bis zu Medikamenten, die Atom für Atom zusammengesetzt werden. Mit der geeigneten Software und dem benötigten Material kann jedes gewünschte Produkt einfach und sehr kostengünstig hergestellt werden.

Noch wird unsere Wirtschaft vom Wettkampf um begrenzte Güter gekennzeichnet. Doch es ist absehbar, dass wir mit der 3D-Drucktechnologie über nahezu unbegrenzte Güterressourcen verfügen werden. Einige Wirtschaftswissenschaftler sehen sie bereits als Initialzündung für die nächste industrielle und gesellschaftliche Revolution.[46] Dies wird im 12. Kapitel eingehender diskutiert.

Mit 3D-Druckern wird sich unsere Wirtschaft fundamental ändern, denn materielle Güter wären keine beschränkten Ressourcen mehr – sie stehen jedermann direkt und preisgünstig zur Verfügung.

Schlüsseltechnologie 10:
Nahrung aus dem Labor statt vom Feld

Seit es den Menschen gibt, sammelt oder jagt er seine Nahrung, oder er erzeugt sie im Stall und auf dem Feld. Daran hat auch der Einsatz modernster landwirtschaftlicher Methoden und auch der Gentechnik nichts geändert. Doch in Zukunft wird ein großer Teil unserer Nahrung künstlich erzeugt werden. Auch bei dieser Entwicklung spielt der 3D-Druck eine große Rolle. Mit

46 Einen guten und lesbaren Überblick bietet der Artikel: *A third industrial revolution*. In: The Economist, 21. April 2012.

ihm lassen sich aus einer »Handvoll« Atome beliebige Materialien zusammenstellen – auch Essbares.

- 2018 gründete die Firma »byflow« in Kooperation mit dem 3-Sterne-Koch Jan Smink in der holländischen Stadt Wolvega das erste 3D-Druck-Restaurant.
- Das Designstudio »Dovetailed« entwickelte einen 3D-Drucker für Obst, der jeden Fruchttyp in jeder Form und Größe sekundenschnell drucken kann. Die jeweiligen Aromen erzeugen die Forscher mit Fruchtsaft, die Textur aus pulverisiertem Natriumalginat.

Aber auch andere Technologien kommen bei der Herstellung von Lebensmitteln im Labor zum Einsatz: Wissenschaftler der Universität Maastricht stellten schon 2013 eine künstliche Frikadelle her. Dafür entnahmen sie Muskelstammzellen von Rindern, vermehrten diese im Labor und ließen aus ihnen mehrere Zentimeter lange Muskelstränge wachsen. Rund 20.000 dieser Stränge waren für eine 140-Gramm-Frikadelle nötig. »Fast wie Fleisch, nicht ganz so saftig, aber die Konsistenz ist perfekt«, meinten Testesser dazu. Der Aufwand für diesen Prototyp war immens, die Frikadelle kostete 250.000 Euro.

Die niederländischen Forscher gründeten die Firma »Mosa Meat«, die das Projekt »Zuchtfleisch« vorantreibt. Zu den Investoren gehören unter anderem Bill Gates, Kimbal Musk (der Bruder des Tesla- und SpaceX-Chefs Elon Musk), Google-Mitgründer Sergey Brin und Richard Branson. Im Januar 2017 gingen die Forscher davon aus, dass 2020 der Preis für einen künstlichen Fleisch-Hamburger bei rund 10 bis 11 Dollar liegen wird. Ein Jahr später soll das künstliche Fleisch marktreif sein. Der Populärphilosoph Richard David Precht zeichnet bereits das Bild einer Gesellschaft ohne Nutztierhaltung, aber mit Fleisch, das aus dem Labor und nicht von der Weide kommt.[47]

Wir werden unser Essen selbst ausdrucken und künstliches Fleisch essen – so stellen wir die Ernährung der wachsenden Weltbevölkerung sicher.

Schlüsseltechnologie 11:
Vertrauen durch dezentrale Daten

Wirtschaft beruht auf Vertrauen. Vertrauen darauf, dass sich der Geldschein wirklich in den ihm aufgedruckten Gegenwert eintauschen lässt, dass die Aktie im Wertpapierdepot in der realen Welt einem Wert entspricht, dass der Eintrag ins Grundbuch tatsächlich den Besitz des Hauses garantiert usw. Institutionen wie Banken, Börsen, Notare und weitere staatliche Institutionen sorgen für Rechtssicherheit. Doch all diese »Agenten des Vertrauens« sind fehlbar. Geld kann seinen Wert verlieren, Banken können pleitegehen, Börsen crashen, Staaten ihre Bürger durch Korruption betrügen.

Eine neue Technik macht es möglich, dass diese Intermediäre für Geschäftstransaktionen umgangen werden können: die Blockchain. Vermittler zwischen Käufer und Verkäufer sowie Geld als zentrale und staatlich kontrollierte Einheit braucht es mit ihr nicht mehr. Block-

 47 R.D. Precht, *Tiere denken*, Goldmann, München 2016.

chains verwalten wirtschaftliche Prozesse in dezentral verwalteten Netzwerken (sogenannten »Peer-to-peer-Netzwerken«): Eine große Gruppe Menschen, die sich nicht kennen (und sich gegenseitig noch nicht einmal vertrauen müssen), führen eine Aufzeichnung darüber, was wem gehört und was wahr ist. Dies bedeutet eine sehr viel zuverlässigere Vertrauensgrundlage als die bisherigen Institutionen.[48]

Konkret sind Blockchains elektronisch gespeicherte Blöcke (»Journale«), die – daher der Name – kettenförmig zusammenhängen und für jedermann einsehbar auf vielen Computern zugleich gespeichert sind. Das Eigentum von Geld (zum Beispiel Bitcoins) oder Grundwerten entspricht dabei dem Besitz eines kryptologischen Schlüssels, der das jeweilige Guthaben repräsentiert. Die Instanz, die die Sicherheit der Transaktion garantiert, ist keine Institution mehr, sondern die Gemeinschaft aller Beteiligten. Sie alle besitzen die Information, dass Herr Müller der Besitzer des Hauses in der Zürcher Innenstadt ist. Denn nur er besitzt den korrekten Schlüssel. Wollte jemand diese Information manipulieren, müsste eine Mehrheit der Beteiligten der Änderung zustimmen (was bei ausreichend hoher Teilnehmerzahl praktisch unmöglich ist). Mit Blockchains würde also beispielsweise das Grundbuch, wie wir es kennen, überflüssig werden.

Die potentiellen Anwendungen von Blockchains gehen weit über Geldgeschäfte hinaus. Ganz allgemein ermöglichen sie das Aufzeichnen und Bewahren von »Wahrheiten«, die weder von einem korrupten Staat noch von anderen privaten Interessen zentral manipu-

48 Für mehr Details siehe: J. Hosp, *Blockchain 2.0 – einfach erklärt – mehr als nur Bitcoin: Gefahren und Möglichkeiten aller 100 innovativsten Anwendungen durch Dezentralisierung, Smart Contracts, Tokenisierung und Co. einfach erklärt*, FinanzBuch, München 2018.

liert werden können, da sie stets von einer Mehrheit dezentral bestätigt werden müssen.

Die Teilnehmer einer Blockchain sind ihrer Werte sicher. Sie können Geschäfte abwickeln, ohne dass es einer intermediären Bank oder zentral regulierter Währungen bedarf. Auch Wahrheiten sind vor Manipulation sicher.

Schlüsseltechnologie 12:
Neue Energietechnologien

Ein Heilsversprechen der Physiker für unsere zukünftige Energieversorgung ist die Kernfusion. Anders als bei herkömmlichen Kernkraftwerken, bei der schwere Atomkerne *gespalten* werden (und radioaktiver Abfall übrigbleibt), *fusionieren* hier zwei leichte Atomkerne. Auch bei diesem Prozess entsteht radioaktiver Abfall, aber in weit geringerem Ausmaß und mit sehr viel kürzeren Zerfallszeiten. Kernfusion ist die bedeutendste Form der Energieerzeugung in unserem Universum.[49] Auch unsere Sonne erzeugt auf diese Weise ihre schier unendliche Energieleistung.

Tatsächlich hoffen die Plasmaphysiker, dass in der Zukunft mittels der gleichen Prozesse wie im Inneren der Sonne nahezu beliebig viel billige, saubere und umweltschonende Energie auf der Erde zur Verfügung stehen wird. So soll der von einem internationalen Konsortium gebaute Versuchsreaktor »Iter« im französischen

49 Strenggenommen müsste man von »Energieumwandlung« sprechen. Denn Energie unterliegt einem Erhaltungssatz, nach dem neue Energie nicht einfach so entstehen kann. Physikalisch findet bei der Kernfusion (wie auch bei der Kernspaltung) eine Umwandlung von Masse in Energie statt, nach der Einstein'schen Formel $E=mc^2$.

Cadarache ab 2030 mit ersten Ergebnissen aufwarten. Mit einem nennenswerten Netto-Strom-Output wird allerdings frühestens 2040 gerechnet.

Auch die technologischen Möglichkeiten, aus Sonne, Wasser, Wind, Biomasse und Erdwärme Energie zu gewinnen, machen enorme Fortschritte bei Wirkungsgrad und Effizienz. So arbeiten Tausende von Wissenschaftlern und Ingenieuren daran, den Wirkungsgrad von Solarzellen zu erhöhen. Heute besitzen Solarpanels einen Wirkungsgrad von um die 20 Prozent; denkbar sind Panels, die 75 oder sogar 90 Prozent der eingestrahlten Sonnenenergie verfügbar machen. Aber auch noch futuristischere Ideen existieren bereits. Ingenieure denken beispielsweise darüber nach, Solarenergie per Satellit einzufangen und auf die Erde zu leiten. Wird es uns so gelingen, den Klimawandel aufzuhalten? Auf der anderen Seite steht die Frage: Wie wird eine Gesellschaft aussehen, in der Energieverbrauch kaum noch Kosten verursacht?

Technologische Innovationen in der Energieproduktion schaffen den Zugang zu sauberer und klimaneutraler Energie.

Schlüsseltechnologie 13:
Biosensoren und Nano-Roboter in unserem Körper

Wofür früher koffer- bis schrankgroße Analyse-Geräte in Laboratorien benötigt wurden, werden heute winzige (Nano-)Biomarker-Systeme eingesetzt – jeder Schwangerschaftstest und jedes Alkoholröhrchen, in das ein Autofahrer pusten muss, ist ein Beispiel für diese Miniaturisierung. Biomarker benötigen nur extrem kleine Flüssigkeitsmengen, um durch chemische Vorgänge Farbreaktionen hervorzurufen. Auch auf elektronischem Wege können Biosensoren funktionieren: Es gibt bereits Mikroprozessor-Chips, sogenannte »Labs-on-a-Chip« (LOC), die in wenigen Minuten eine Diagnose für zahlreiche Krankheitssymptome ermitteln können. Ein besonders aktiver Bereich der LOC-Forschung umfasst die Diagnose und Behandlung von HIV-Infektionen. Es gibt 40 Millionen Menschen mit HIV auf der Welt, etwa 90 Prozent von ihnen wurden nie auf diese Krankheit getestet, und nur 1,3 Millionen erhalten eine antiretrovirale Behandlung. HIV-LOCs könnten entscheidend zur globalen Gesundheitsverbesserung beitragen.

Nano-Partikel übernehmen aber nicht nur die Analyse, sie transportieren heute schon im menschlichen Körper Medikamente zielgenau zum kranken Gewebe, so dass Krankheitserreger oder mutierte Zellen mit Wirkstoffen attackiert werden.

Die Zukunftsversprechen der Medizin sind allerdings noch aufregender. Hier einige davon:

- ultrakleine Nano-Roboter, die sich permanent durch unseren Körper bewegen und nach Krankheitserregern suchen,
- automatische, allmorgendliche Nano-Checks beim Zähneputzen durch Biomarker, die schwere Krankheiten in ihrem Frühstadium anzeigen,
- Austausch defekter Körperteile durch Implantate aus entsprechenden Nano-Teilchen.

Die Möglichkeiten der Medizin der Zukunft stehen zu denen der heutigen in einem ähnlichen Verhältnis wie die heutige zur mittelalterlichen Medizin.

Maschinen in Molekül-Größe ersetzen die Chirurgie und werden Teil unseres Körpers. Sie bewegen sich durch den Blutstrom zu erkrankten Organen und setzen dort Medikamente frei oder führen direkt operative Eingriffe durch.

Schlüsseltechnologie 14:
Synthetisches Leben – Wenn der Mensch Gott spielt

Neben Genoptimierung, Lebensverlängerung, Nutzpflanzenzüchtung und Stammzellentherapie eröffnet die Gentechnologie noch eine weitere aufregende Möglichkeit des Eingriffs in die Schöpfung: die Erschaffung komplett künstlichen Lebens, das auf bestimmte Zwecke maßgeschneidert ist. *Life from scratch* (Leben aus dem Nichts) nennen die Genforscher dieses neue Forschungsfeld der Biologie.

Im Frühjahr 2010 gab der Genpionier Craig Venter bekannt, dass es seinem Team gelungen war, ein künstliches Genom im Labor zu bauen und in eine zuvor von ihrer natürlichen DNA befreite Zelle des Bakteriums *Mycoplasma capricolum* zu implantieren. Das künstliche Bakterium war nicht nur lebensfähig, es konnte sich sogar vermehren! Im März 2014 folgte die Nachricht, dass es dem Team um den Biologen Jef Boeke gelungen war, eines der insgesamt sechzehn Chromosomen der Backhefe (*Saccharomyces cerevisiae*) komplett im Reagenzglas nachzubauen, und das zudem mit einigen erwünschten Modifikationen. Bei Hefen handelt es sich um sogenannte Eukaryoten. Deren Erbgut ist wesentlich umfangreicher und komplizierter aufgebaut als das der Bakterien und Viren in den Studien Venters. Auch

Menschen sind Eukaryoten; im Grunde ist der Sprung von Bakteriengenom zum Backhefegenom größer als der vom Backhefegenom zum Genom der Menschen. Die ersten Schritte zur künstlichen Herstellung komplexerer Lebensformen sind also getan. Boeke und sein Team sind dabei, im sogenannten *The Synthetic Yeast Genome Project – Sc2.0* das *gesamte* Genom der Hefe zu synthetisieren. Im Mai 2019 gelang ein weiterer Meilenstein in der künstlichen DNA-Synthese: Wissenschaftler um Jason Chin ist es gelungen, Bakterien des Typs Escherichia coli, also Kolibakterien, wie sie in unserem Darm vorkommen, mit einem komplett synthetischen Erbgut auszustatten. Das Außergewöhnliche an dieser Arbeit ist: Der neue Organismus kommt mit weniger genetischen Informationen aus als natürliche Organismen. Die Gentechniker sprechen von einer »Neu-Kodierung« (recoding) des Genoms. Das synthetische Erbgut des neuen künstlichen Bakteriums haben die Forscher um Chin konkret so verändert, dass es mit nur 61 Codons (statt derer 64) alle nötigen Aminosäuren produziert. Damit bleibt im Genom Platz für die Kodierung von drei weiteren Aminosäuren, die natürliche Zellen nicht herzustellen vermögen. Mit solchen künstlichen Aminosäuren ließen sich Proteine herstellen, die vollkommen neue Eigenschaften haben.

Genpioniere wie Venter und Boeke sprechen bereits von einer neuen Ära in der Biologie, in der synthetische Lebensformen zum Beispiel für industrielle oder medizinische Zwecke hergestellt werden. So könnten künstlich hergestellte Bakterien Ölteppiche auf den Weltmeeren abbauen und Plastik zersetzen und CO_2-»fressende« Mikroben aus dem Labor sogar den Klimawandel stoppen.

Die neue Disziplin der synthetischen Biologie schafft Lebensformen, die es auf unserem Planeten nie zuvor gab und die für sehr spezifische Zwecke eingesetzt werden können.

Die Kombination macht es

All diese Schlüsseltechnologien werden unser Leben in Zukunft revolutionieren. In gegenseitiger Wechselwirkung entwickeln sie sogar eine noch viel dramatischere Potenz. Hier einige Beispiele:

- Die Kombination aus KI, Robotik und virtueller Realität wird das Selbstbild des Menschen und seine Fähigkeiten dramatisch verändern – weit stärker, als es Religionen oder die Aufklärung bisher getan haben.
- Die Rechenkraft von Quantencomputern wird sich voraussichtlich dazu einsetzen lassen, die Lern-und Optimierungsalgorithmen künstlicher neuronaler Netze um Größenordnungen schneller und effizienter zu machen. So würde die Entwicklung von KI dramatisch beschleunigt werden.
- Geningenieure simulieren heute anhand einer Datenbank von vielen Millionen einzelner Gene, wie diese kombiniert werden müssten, um synthetische Lebewesen mit gewünschten Eigenschaften zu erhalten. Eine immer bessere KI oder Quantencomputer könnten die Identifizierung nützlicher Gensequenzen gewaltig beschleunigen.
- Die Verbindung von Gentechnik, Künstlicher Intelligenz und Datenanalyse ermöglicht eine personalisierte, auf den jeweiligen einzelnen Patienten

abgestimmte Medizin, die weitaus effizienter diagnostiziert ist und wirkt als bei herkömmlichen Untersuchungen und Behandlungen. Dies lässt den US-Kardiologen und Genetiker Eric Topol behaupten, dass »Künstliche Intelligenz die größte Transformation der Medizin in der Geschichte ist«.[50]

- Auch in der Medikamentenforschung haben die neuronalen Optimierungsalgorithmen der Künstlichen Intelligenz längst Einzug gehalten. Das Ziel einer neuen Disziplin namens »komputationaler Biotechnologie« ist es, Designermoleküle mit spezifischen Eigenschaften zu schaffen, wie beispielsweise hohe Wirksamkeit in Medikamenten. Hier geht es insbesondere um die Gestaltung von spezifischen, sehr komplexen Proteinstrukturen. Genau diese sehr komplizierten Strukturen und Muster können die KI-Algorithmen immer besser auffinden. Zudem könnten zukünftige Quantencomputer die Eigenschaften solcher Molekülstrukturen direkt berechnen.
- KI-Algorithmen und anorganische Chemie sind ebenfalls ein vielversprechendes Gespann: Riesige Datenbanken werden nach möglichen Kristallstrukturen mit aussichtsreichen Eigenschaften durchforstet.[51]
- Wenn Quanten-3D-Drucker und Nanotechnologie zusammenfinden, kann Materie – zum Beispiel aus einer Handvoll Staub – gezielt (gegebenenfalls sogar Atom für Atom) angeordnet und in nahezu beliebige Formen und Funktionen gebracht wer-

50 E. Topol. *Deep Medicine: How Artificial Intelligence Can Make Healthcare Human Again*, Basic Books, New York 2019.

51 K. Butler et al., *Machine Learning for Molecular and Materials Science*, Nature 559, S. 547-555 (2018)

den. Eine nächste Stufe wäre es, einen Nano-3D-Drucker in die Materialen selbst zu integrieren. Dann könnten sich die Gegenstände bei Bedarf selbsttätig erneuern oder vervielfältigen.

- Die Kombination aus Gentechnologie, Stammzellenforschung und Nanotechnologie wird unser physisches und psychisches Wohlergehen sowie unsere Lebenserwartung in zuvor nicht für möglich gehaltene Dimensionen steigern. Eine konkrete Vision der Mediziner geht dahin, dass viele kleine Nano-Roboter, Biomarker, DNA-Chips und andere telemedizinische Geräte sich permanent in unserem Körper bewegen, die präventiv unsere Körperfunktionen untersuchen, Krankheitserreger, Genmutationen und gefährliche Einlagerungen in den Blutbahnen erkennen, Viren bekämpfen, Entzündungen hemmen, Zysten und zelluläre Verwachsungen entfernen und Schlaganfälle verhindern, indem sie blockierte Arterien öffnen.
- Digitale Technologien wie KI und Blockchains können die Karten der globalen Wirtschaft neu mischen. Die meisten Banker, Anwälte und Notare müssten sich nach einem neuen Beruf umsehen.

Die Kombination von Schlüsseltechnologien potenziert ihre Wirkung – sowohl ihre Nutzen als auch ihre Gefahren.

Jetzt wissen wir, wie immens die Möglichkeiten und Herausforderungen sind, die uns bei der Gestaltung unserer Zukunft erwarten. Als Nächstes schauen wir, wie wir unseren Hang zur Manipulierbarkeit überwinden können, damit wir all die genannten Technologien zu unserem besten Nutzen entwickeln.

7 – WER SOLL ES RICHTEN?
VON DER MACHTLOSIGKEIT DER GESELLSCHAFTLICHEN INSTITUTIONEN

Im vorletzten Kapitel haben wir festgestellt, dass wir uns nicht dem schnellen Denken überlassen dürfen, das von Populisten sowie mächtigen Interessengruppen so einfach ausgenutzt werden kann. Um die bevorstehende Human-Krise zu bewältigen, müssen wir uns stattdessen bewusst wieder mehr dem langsamen Denken, also dem wissenschaftlich-rationalen Denken sowie dem kontemplativen Betrachten zuwenden. Aber wer ist dieses »Wir«? Welchen Teil der Gesellschaft können wir mit der Aufgabe beauftragen, die Human-Krise zu einer guten Entscheidung zu bringen? Verschiedene Anwärter stehen zur Disposition:

- die Gemeinschaft der Wissenschaftler
- die politische Führung
- Angehörige der Kirchen und anderer Glaubensgemeinschaften
- Kulturschaffende/Intellektuelle
- Journalisten
- Vertreter der Wirtschaft/des freien Marktes

Wer wird in dreihundert Jahren wohl als der einflussreichste und bedeutendste Akteur des 20. Jahrhunderts angesehen werden? Winston Churchill, Franklin D. Roosevelt, Michail Gorbatschow oder gar Adolf Hitler? Wohl kaum. Die beiden Weltkriege wären so weit weg wie der Dreißigjährige Krieg für uns heute. Der Zerfall der Sowjetunion: ein fast vergessenes Ereignis, so wie es für uns heute die Zweite Belagerung Wiens durch die Türken

1683 ist. Mit weit höherer Wahrscheinlichkeit würde der Name Albert Einstein fallen. Die Aufhebung der absoluten Raum-Zeit-Vorstellungen, die Energie-Masse-Äquivalenz, die Entwicklung der Quantenphysik und die durch diese Entdeckungen möglich gewordene Atombombe – all diese Ereignisse sind verbunden mit dem Namen Einstein. Er wird den Menschen im 24. Jahrhundert noch so präsent sein wie der Isaac Newtons für uns heute.

Nicht nur als Wissenschaftler, auch als ausgewiesener Exponent des langsamen und redlichen Denkens, das sich mit gesellschaftlichen Fragen auseinandersetzt, betrat Einstein immer wieder die öffentliche Bühne. Als politisch bewusster und aktiver Wissenschaftler nutzte er seinen wissenschaftlichen Ruhm, um für seine pazifistischen Ideen zu werben, mit mutiger und lauter Stimme gegen den Ersten Weltkrieg zu wettern und vor dem Faschismus in Europa zu warnen. Einstein war sich im Klaren darüber, dass neue Technologien mit großen Gefahren verbunden sind, die politischer Reaktionen bedürfen.

So veröffentlichte er bereits 1916 ein leidenschaftliches Plädoyer für Frieden und ein geeintes Europa und drückte sein Entsetzen über den Ersten Weltkrieg aus. Inmitten der allgemeinen Kriegsbegeisterung, die auch viele seiner Forscherkollegen ergriffen hatte, war dies eine sehr mutige Tat. Und noch eine Woche vor seinem Tod 1955 setzte er seinen Namenszug unter sein politisches Testament. Gemeinsam mit dem Philosophen Bertrand Russell warnte er die Regierungen und Völker der Welt eindringlich vor der Mega-Katastrophe eines Atomkrieges. Es sei nicht auszuschließen, »dass ein Wasserstoffbombenkrieg das Ende der menschlichen Rasse bedeuten könnte«, heißt es im Russell-Einstein-Manifest. Und dieser Aufruf wurde gehört: Er begründete die bedeutendste Friedensinitiative der vergangenen 50 Jahre, die nach ihrem Gründungsort in Kanada benannte Pugwash-Bewegung. In ihr setzen sich Wissenschaftler gegen atomare Bedrohung und bewaffnete Konflikte ein und fordern globale Sicherheit. Sie erhielt für ihren Einsatz 1995 den Friedensnobelpreis.

Albert Einstein ist der Idealtypus des Wissenschaftlers. Er hat nicht nur auf dem Gebiet der Physik Großes geleistet, sein Anspruch war es auch, zu gesellschaftlichen und politischen Fragen klar Stellung zu beziehen.

Albert Einstein ist aber auch ein Beispiel für die *Ohnmacht* des einzelnen Wissenschaftlers gegenüber Politik und gesellschaftlichen Befindlichkeiten. Die Entwicklung der Atombombe konnte er nicht verhindern. Er sah sich sogar gezwungen, aktiv zu ihrer Entwicklung beizutragen. Aus Angst, Hitler würde Zugang zu einer solch schrecklichen Waffe erhalten, forderte er 1939 den amerikanischen Präsidenten Roosevelt in einem persönlichen Brief dazu auf, sich der Möglichkeit des Baus einer Atombombe zu widmen. Dieser Beitrag zur Entwicklung der Bombe erfüllte ihn mit tiefem Bedauern und zeit seines restlichen Lebens warnte er vor den Konsequenzen dieser Erfindung.

In einem politischen Aufruf 1946 schrieb er:

> *»Wir Wissenschaftler, die wir diese ungeheuerliche Kraft entfesselt haben, tragen eine außerordentlich große Verantwortung in diesem weltweiten Kampf um Leben und Tod, einem Kampf, der darauf abzielt, das Atom zum Segen und nicht zum Ruin der Menschheit zu nutzen.«*[52]

52 Albert Einstein in einem Telegramm an potentielle Spender in Amerika (Princeton, New Jersey: Emergency Committee of Atomic Scientists, May 24, 1946).

Mit diesen und anderen Beiträgen hat er wohl entscheidend dazu beigetragen, dass seit der Atombombe auf Nagasaki am 9. August 1945 keine einzige nukleare Waffe mehr militärisch eingesetzt wurde. Doch dass jahrzehntelang die beiden Machtblöcke USA und UdSSR die ganze Welt mit ihrem Gleichgewicht des Schreckens in Atem hielten, konnte er nicht verhindern. Albert Einstein war ein Popstar unter den Wissenschaftlern und erfreute sich eines fast uneingeschränkten Respekts. Dass selbst er nicht eine technologische Entwicklung steuern konnte, die doch auf seinem ureigensten Gebiet, der Physik, stattfand, gibt zu denken. Militär, Politik und Gesellschaft hatten sich längst der Atombombe »bemächtigt«, die Physiker wurden kaum mehr gefragt.

Wenn wir also überlegen, welche der gesellschaftlichen Kräfte in der Lage sind, sich den Herausforderungen und der Gestaltung zukünftiger Super-Technologien zu stellen, dann mutet die Vorstellung, einzelne Wissenschaftler könnten als Vertreter des langsamen, reflektierten, redlichen Denkens den technologischen Fortschritt human-verträglich gestalten, reichlich naiv an.

Selbst ein Wissenschaftler vom Schlage eines Albert Einstein sah sich Kräften ausgesetzt, gegen die er nichts auszurichten vermochte. Heute ist genauso wenig zu erwarten, dass einzelne Wissenschaftler die Human-Krise zu lösen vermögen.

Fukushima? Kein Problem!

Wenn der einzelne Wissenschaftler machtlos ist, wie sieht es mit der Wissenschaft insgesamt aus? Gemeinsam sind sie stark, oder? Doch zunächst sind auch Wissenschaftler Menschen und somit nicht frei von persönlichen Interessen, kognitiven Verzerrungen und Beharrlichkeit im Irrtum. Neben hehren Beispielen redlichen Denkens wie Albert Einstein, Nils Bohr oder Richard Feynman kennt die Wissenschaftsgeschichte auch jene, die sich durch intellektuelle Faulheit auszeichnen oder sogar bewusst täuschen und betrügen.

In den 1930er-Jahren »bewies« der sowjetische Biologe Trofim Denissowitsch Lyssenko in Experimenten, die jeder wissenschaftlichen Grundlage entbehrten, dass Evolutionstheorie und klassische Genetik eine Verirrung des Westens seien. Angetrieben und unterstützt wurde er von Stalin persönlich, denn die Existenz von Genen passte nicht in das ideologische Schema des Sowjetkommunismus. In der marxistischen Philosophie sind allein die Einflüsse der Umwelt die entscheidenden Bestimmungsfaktoren des Menschen und der Gesellschaft. Die ideologisch geprägte »Wissenschaft« Lyssenkos hatte weitreichende Auswirkungen. Auf Lyssenkos Anweisung hin wurden große Flächen der UdSSR, die klimatisch dafür gar nicht geeignet waren, mit Weizen bepflanzt. Denn der sollte sich der Ideologie der Anpassungsfähigkeit schnell an das Klima Sibiriens anpassen. Das Ergebnis waren katastrophale Missernten und Hungersnöte.

Heute sind es Karrieredruck im akademischen Betrieb, Kampf um Projektfinanzierungen und lukrative finanzielle Anreize in der Industrieforschung, die in Konkurrenz mit den Idealen wissenschaftlicher Redlichkeit stehen. Manchmal ist es aber auch einfach Betriebsblindheit, die einen Wissenschaftler das Offensichtliche nicht sehen lässt.

Wissenschaftliches Denken ist ein Ideal. Auch Wissenschaftler wollen Recht haben, Karriere machen, Ruhm erlangen und Geld verdienen. Wie alle Menschen sind auch sie Interessenkonflikten und kognitiven Verzerrungen ausgesetzt.

Wäre es nicht so, hätte es 2011 keine Fukushima-Katastrophe gegeben. Der Gedanke, dass in einem ausgewiesenen Erdbebengebiet durch ein Seebeben ein zerstörerischer Tsunami ausgelöst werden könnte, der wiederum die stromgetriebenen Kühlsysteme eines AKW zerstört und so eine Kernschmelze in Gang setzt, war nicht abwegig. Trotz dieser recht einfachen Kausalkette hatten die Nuklear-Experten – Physiker und Ingenieure – weltweit Entwarnung für die Wahrscheinlichkeit eines solchen Ereignisses gegeben. Und dies, obwohl schon Tschernobyl im Jahr 1986 gezeigt hatte, dass das »Undenkbare« sehr wohl geschehen kann.

Auch die Challenger-Katastrophe von Januar 1986 ist ein Beispiel für das Versagen einer größeren Gruppe von Wissenschaftlern und Ingenieuren. Viele Millionen Zuschauer mussten live im Fernsehen miterleben, wie kurz nach dem Start die Raumfähre in rund 15 Kilometern Höhe Feuer fing und zerbrach. Nicht nur *vor* diesem Unglück hatten die verantwortlichen Wissenschaftler versagt, auch *danach* haben sie sich nicht mit Ruhm bedeckt. Sie wollten die Ursache für die Explosion im Dunkeln lassen und sich mit schnellen Erklärungen aus der Schussbahn bringen. Als Richard Feynman gebeten wurde, als Mitglied der präsidialen Untersuchungskommission die Ursachen für dieses Unglück zu erforschen, akzeptierte er nur widerwillig. Doch dann wollte er es genauer wissen als die anderen Kommissionsmitglieder.

Er tat das, was keiner sonst tat: Um herauszufinden, was mit dem Shuttle passiert war, ging er direkt zu den Ingenieuren, die am Bau des Shuttles beteiligt waren. In diesen Gesprächen wurde ihm entgegen der Beteuerungen der NASA-Führung klar, was für ein riskantes Unternehmen ein solcher Shuttleflug wirklich ist. Während die NASA-Führung behauptete, dass die Wahrscheinlichkeit eines Versagens des Shuttles ungefähr bei 1 zu 100.000 läge, ergaben Feynmans Fragen an die Menschen, die nah am Geschehen dran waren, dass diese Zahl wohl eher 1 zu 100 betrug. Als er noch tiefer grub, fand er den wahrscheinlichen Grund der Katastrophe: Die Dichtungsringe, die die Verbindungen der Raketen mit dem Treibstoffbehältern abdichten und das unkontrollierte Auslaufen des Treibstoffs verhindern sollten, hatten versagt. Denn wenn die Temperatur um die null Grad Celsius liegt, lässt ihre Elastizität nach. Zum Zeitpunkt des Starts der Challenger herrschte in Kap Canaveral eine ungewöhnliche Kälte. Roger Boisjoly, ein Ingenieur von Morton Thiokol, der Herstellerfirma der Feststoffraketen, erkannte die Gefahr und warnte noch am Vorabend des Startes vor möglichen Konsequenzen. Doch die Führungsriegen von Thiokol und NASA wollten sich durch eine Verschiebung des Starttermins keine Blöße geben. Und alle Verantwortlichen der unteren Ränge sagten: »Wenn die da oben es so wollen, dann machen wir es eben.«

Es kam, wie Boisjoly es vorhergesagt hatte und Feynman später rekonstruierte: An der durch die Kälte unelastisch gewordenen Gummidichtung vorbei fand das Treibstoffgas einen Weg nach draußen, wo es mit Hitze und Sauerstoff in Berührung kam – und schließlich explodierte. Berühmt geworden ist die Szene, in der Feynman während einer live im Fernsehen übertragenen Kommissionssitzung diesen Zusammenhang in einer

Art Schülerexperiment eindrucksvoll darlegte: Er legte einen mit einer Klammer verbogenen Dichtungsring in ein Glas eiskalten Wassers und zeigte, dass das von der Klammer wieder befreite Material nicht wieder seine alte Form annahm.

Wissenschaft wird von Menschen gemacht. Deshalb ist »Wissenschaft an sich« immer auch fehlbar. Als alleinige Institution, die den technologischen Fortschritt in gesellschaftlich verträgliche Bahnen lenken soll, ist sie ungeeignet.

Die Hilflosigkeit des gesellschaftlichen Führungspersonals

Können wir uns bei der Gestaltung des technologischen Fortschrittes wenigstens auf die anderen am Anfang dieses Kapitels genannten gesellschaftlichen Institutionen verlassen?

Dem **Staat und seiner politischen Führung** wird am ehesten eine Führungsrolle bei der Gestaltung und Regulierung neuer Technologien zugesprochen. Doch mehrere Argumente sprechen dagegen, dass die Politik den technologischen Fortschritt steuern könnte:

- Staatliche Entscheidungsträger besitzen selten die notwendigen Kenntnisse zum jeweiligen wissenschaftlichen Entwicklungsstand und sind auch der Geschwindigkeit des technologischen Wandels kaum gewachsen.
- Gesetzgebende Instanzen brauchen oft Jahre für die Gestaltung der Rahmenbedingungen für neue Tech-

nologien, die sich weit schneller entwickeln und deshalb der Justiz immer mehrere Nasenlängen voraus sind. Beim Datenschutz zum Beispiel spielen Google, Amazon und Facebook mit Politikern seit vielen Jahren Katz und Maus. So sind es ironischerweise gerade die Internetgiganten, die von der neuen europäischen Datenschutz-Grundverordnung DSGVO, die im Mai 2018 in Kraft trat, am stärksten profitieren. Denn im Gegensatz zu kleineren Konkurrenten konnten sie ausgefuchste Strategien entwickeln, wie sie die Bestimmungen optimal in ihr Geschäftsmodell integrieren können. Außerdem haben sie bereits eine Machtstellung inne, die sie nahezu unangreifbar macht. Die Nutzer der Dienstleistungen der Datenkonzerne sahen sich einer »Friss-oder-stirb«-Aufforderung ausgesetzt: Entweder sie stimmten den neuen Richtlinien bei Google oder Facebook zu oder sie wurden ausgesperrt. Das Kalkül der Konzerne ging auf. Für die meisten Menschen ist der Ausschluss keine Option mehr.
Natürlich könnte ein Staat den Fortschritt per Gesetz so lange aufhalten, bis er über Pro und Contra entschieden hat. Doch die Effekte eines zu starken Eingriffs in die Kreativität wissenschaftlichen Erkenntnisstrebens und die unternehmerische Gestaltungskraft würden die technologische Entwicklung nicht kontrollieren, sondern abwürgen.

- Staatliches Handeln ist nicht frei von Interessenskonflikten. Ein guter Teil der Entscheidungsträger sind Politiker, die wiedergewählt werden wollen. Oft bestimmen Partei-Karrieristen und nicht kreative Ideengeber das Geschehen. Dazu kommt, dass in vielen Gegenden der Welt staatliche Korruption weit verbreitet ist.

Die Regulierung des technologischen Fortschrittes durch staatliche Instanzen wäre zwar per Gesetz durchführbar, doch inhaltlich und auch von der geforderten Schnelligkeit her sind politische Akteure in der Regel überfordert.

In einzelnen Fragen des technologischen Fortschrittes könnten die **kirchlichen und religiösen Kräfte** eine ernst zu nehmende Stimme besitzen. Zum Beispiel berührt die Frage, ob und in welcher Form Eingriffe in das embryonale Erbgut erlaubt sein sollen, auch religiöse Werte und Glaubensfragen. Wenn das Leben gemäß der christlichen Lehre mit der Empfängnis beginnt, so wäre ein Eingriff in embryonale Stammzellen ein direkter Eingriff in ein menschliches Lebewesen und nicht in einen noch nicht lebenden Zellhaufen. Doch wenn kirchliche Institutionen als Mitgestalter unserer technologischen Zukunft ernst genommen werden wollen, müssen sie sich von den Dogmen religiöser Weltanschauungspolitik lösen. Es sind diese nicht verhandelbaren »Wahrheiten«, die dafür sorgen, dass religiöse Institutionen für die meisten Menschen (zumindest in Europa) keine allzu große Bedeutung mehr haben.

Bis vor wenigen Jahren war der Schweizer Schriftsteller Friedrich Dürrenmatt einer der wenigen der **Kulturschaffenden** die sich mit dem technologischen Fortschritt auseinandergesetzt haben. In seinem Theaterstück »Die Physiker« von 1961 heißt es: »Der Inhalt der Physik geht die Physiker an, die Auswirkungen alle Menschen.« Erst in neuerer Zeit haben Schriftsteller dieses Thema wieder vermehrt für sich entdeckt. Andreas Eschbach schrieb über eine Nanotechnologie, die die Welt bedroht[53], und über eine durch eine Verknüpfung

53 A. Eschbach, *Der Herr aller Dinge*, Lübbe, Bergisch-Gladbach 2011.

menschlicher Gehirne entstehende globale Intelligenz.[54] Marc Elsberg entwarf das Szenario einer alles kontrollierenden Datenkrake.[55] Erwähnenswert ist auch das »Interview Project« des Schweizer Kurators Hans-Ulrich Obrist, das aus einer umfangreichen Kollektion von Interviews mit Künstlern, Architekten, Filmemachern, Wissenschaftlern, Philosophen und Musikern besteht. Doch als aktive Gestalter eines menschenwürdigen technologischen Fortschrittes eignen sich Kulturschaffende weniger. Ihre Rolle ist eher die der Mahner.

Es ist erstaunlich, wie wenig von Physik, Chemie oder Biologie die Rede ist, wenn uns **Journalisten** die Weltzusammenhänge erklären wollen. Dabei sind zwischen unserem Alltag und dem naturwissenschaftlich-technologischen Fortschritt, der sich vor unseren Augen abspielt, weit aufregendere Verbindungen herzustellen als beispielsweise zu dem in allen Einzelheiten ausgebreiteten alljährlichen Stelldichein einer in ihrer Eitelkeit immer unerträglicher werdenden Weltelite in Davos oder der endlosen Diskussion darum, wie mit den Flüchtlingsströmen umzugehen ist. Dass es zum Beispiel die Entdeckung der Genschere CRISPR/Cas9 im Jahr 2012 (oder die im dritten Kapitel erwähnte, vielleicht noch mächtigere Version CRISPR/CasX im Februar 2019) nicht in die Tagespresse geschafft hat, ist ein Armutszeugnis. Mit Sicherheit wird sie in künftigen Geschichtsbüchern stehen.

Das gesellschaftliche Führungspersonal und die meinungsbildenden Berufe erweisen sich den Herausforderungen des technologischen Fortschritts gegenüber als erstaunlich hilflos.

54 A. Eschbach, *Black Out, Hide Out. Time Out*, Arena, Würzburg 2010, 2011, 2012.
55 M. Elsberg, *Helix – Sie werden uns ersetzen*. Blanvalet, München 2016.

Und wie steht es mit der **Wirtschaft**? Können die vielbeschworenen Kräfte des freien Marktes den technologischen Wandel gesellschaftsverträglich steuern? Welche Macht haben Unternehmer und Manager einerseits oder Käufer und Konsumenten andererseits bei der Gestaltung des technologischen Fortschritts? Diese Frage verdient einen eigenen Abschnitt.

Die Ohnmacht des Marktes

Viele Ökonomen zeichnen gerne das Bild eines Marktes, der automatisch optimale Bedingungen (zum Beispiel Wohlstand für alle) hervorbringt, wenn man ihn nur ließe. So dient Adam Smiths Metapher von der »unsichtbaren Hand« aus dem Jahr 1776 bis heute als Legitimationsprinzip für die Auffassung, dass ein Markt nur dann die Gesellschaft als Ganzes zu maximalem Wohlstand führt, wenn der Güter- und Dienstleistungsaustausch und alle anderen ökonomischen Aktivitäten sich völlig unbeschränkt entfalten können. Staatliche Einmischung wie soziale Wohlfahrtsbestrebungen oder auch ökologische Forderungen würden da nur stören.

Dass dieses Idealbild der ökonomischen Modelle nicht den realen marktwirtschaftlichen Prozessen entspricht, ist längst bekannt. Fünf Kräfte verhindern, dass das von Ökonomen propagierte »marktwirtschaftliche Gleichgewicht« ein gesellschaftlich akzeptabler Zustand ist. Für die Beurteilung der Entwicklung zukünftiger Technologien ist es von größter Bedeutung, diese Kräfte, ich nenne sie die »Schrecklichen Fünf«, zu kennen und zu berücksichtigen.

1. **Kosten werden externalisiert**: Die wirtschaftlichen Aktivitäten einer Person oder einer Personengruppe kann sich auf andere (unter Umständen sogar auf *alle* anderen) Menschen auswirken, ohne dass die handelnde Person die vollen Kosten dafür trägt. Umwelt zu verpesten kostet auch heute noch wenig bis nichts. Der klimaschädliche Ausstoß von CO_2 ist nach wie vor nicht mit größeren Kosten für die Produzenten verbunden; auch das Sicherheitsrisiko von Kernkraft oder Erdgas-Fracking trägt weitestgehend die Allgemeinheit. Ein weiteres Bespiel sind die Aktivitäten der Banken vor 2008. Sie gingen massive Risiken ein (und erzielten lange auch entsprechende Erträge), doch die Risiken wurden sozialisiert: Die Rechnung zahlte schließlich die Allgemeinheit in Form von teuren staatlichen Bankenrettungen, massiven Arbeitsplatzverlusten und sozialen Problemen, die auch zehn Jahre später, als die Banken schon wieder kräftige Gewinne erzielten, noch nicht behoben waren.
2. **Rent Seeking**: Oft gelingt es mächtigen Gruppierungen, politische und ökonomische Regeln allein zu ihrem eignen Vorteil zu gestalten, ohne dass der gesamte gesellschaftliche Wohlstand vermehrt wird. Ein Beispiel sind Unternehmen, die sich Kreditsubventionen, Zuschüsse oder Zollschutz verschaffen, was in vielen Ländern auch mit politischer Korruption verbunden ist. Lobbying in Berlin, Brüssel oder Washington ist heute sozusagen ein eigener Wirtschaftszweig geworden, der Zehntausende beschäftigt. Allein in Brüssel haben ca. 2.600 Lobbygruppen ein Büro, und ca. 30 Prozent der EU-Parlamentarier

arbeiten nach ihrer politischen Karriere in dieser Branche. Die Folge sind geringerer Wettbewerb und höhere Kosten für Konsumenten oder Steuerzahler.
Rent Seeking geschieht auf legale wie illegale Weise: Weil Autokonzerne aus Kostengründen eine bestehende Technologie (Katalysatoren) nicht effektiv anwenden wollten, entwickelten sie mit großem Aufwand eine Betrugssoftware, die vorgaukelt, dass Abgase gereinigt werden. Sie setzen also zugunsten der eigenen Gewinnmaximierung die Gesundheit und das Leben von Millionen Menschen aufs Spiel.

3. **Ungleiche Allokation von Produktionsgütern:** Produktionsgüter können in den Händen weniger angehäuft werden – diese Einsicht ist ein Kernelement der Marxistischen Wirtschaftstheorie. Die Folge sind extreme Einkommens- und Vermögensunterschiede innerhalb einer Gesellschaft, sowie zuletzt auch weniger ökonomischer Wettbewerb.
4. **Informationsasymmetrien**: Bereits 1970 hat der spätere Nobelpreisträger (2001) Georg Akerlof in seinem Aufsatz »*The Market for Lemons*« (»Der Markt für Zitronen«) gezeigt, dass freie Märkte nicht optimal funktionieren können, wenn Käufer und Verkäufer nicht den gleichen Zugang zu Informationen haben. In vielen Märkten unseres alltäglichen Lebens besteht aber eine Informationsasymmetrie. Das gilt für den Arbeitsmarkt, den Markt für Finanzprodukte, den Markt für Gesundheitsgüter und Nahrungsmittel, den Energiemarkt, sowie – besonders bedeutend in unserem Kontext – den Markt für neue Technologi-

en.[56] Akerlof nennt das Beispiel eines Verkäufers von Gebrauchtwagen: Dieser weiß weit mehr über das Produkt als der potentielle Käufer, insbesondere, ob ein angebotener Wagen eine »Zitrone« ist (im Englischen eine Metapher dafür, dass ein Produkt von schlechter Qualität ist), und ist daher diesem gegenüber im Vorteil.

5. **Kognitive Verzerrungen:** Ihnen sind wir bereits im fünften Kapitel begegnet. Die klassische ökonomische Theorie geht davon aus, dass wir wissen, was gut für uns ist, und immer entsprechend rational handeln. Doch die Verhaltensökonomie hat aufgezeigt, dass wir weit unüberlegter und weniger rational handeln, als es die Verfechter des freien Marktes annehmen.[57] Wir lassen uns oft von kurzfristigen Trieben leiten, anstatt von langfristigen, wohlüberlegten Erwägungen. Apple verdient Milliarden, indem es alle sechs Monate ein neues iPhone herausbringt und davon profitiert, dass wir uns gerne von den neusten Technologie-Gadgets verführen lassen und dabei ihren Nutzen im Vergleich zum Preis stark überschätzen.

Die freien Kräfte des Marktes unterliegen der kapitalistischen Verwertungslogik, bei der es darauf ankommt, möglichst hohe Profite zu erwirtschaften. Mit den fünf aufgeführten Wirkungskräften verhält sich der freie Markt wie ein Organismus, der schnell denkt und dem langsames, rationales und vor allem langfristiges Denken fremd ist. Auch wenn Unternehmen in die Zukunft

56 Das Buch von G. Akerlof und R. Shiller »*Phishing for Fools*«, Econ, Düsseldorf/Berlin 2016, zeigt, wie wir in unserem Wirtschaftssystem von besser informierten Teilnehmern permanent »über den Tisch gezogen werden«.

57 Akerlof und Shiller führen in ihrem Buch auch eine detaillierte Diskussion über die Mechanismen unserer Manipulierbarkeit.

planen, sind doch die Ziele, die sie mit diesen Plänen erreichen wollen, meist nur kurzfristiger Natur – unternehmerischer Erfolg misst sich in Quartalszahlen und Jahresbilanzen. Für die Bewältigung der Human-Krise kann eine solche Kurzfristigkeit keine zielführende Strategie darstellen.

Weil Wirtschaft nur sich selbst und nicht der Allgemeinheit dient, trägt die »unsichtbare Hand« des freien Marktes nicht zur Lösung unserer Probleme bei.

Utopien aus dem Silicon Valley

Bio-, Gen-, Ernährungs- oder Gesundheitstechnologien, Nano- oder Neurotechnologien, Künstliche Intelligenz, Robotik, Virtuelle Realität, soziale Medien, Automobil- und Verkehrstechnologien und natürlich digitale Technologien und das Internet – in allen diesen Bereichen ist das Silicon Valley südlich von San Francisco weltweit führend. In einer Mischung aus Wissenschaftszentrum, Attraktor für Hochbegabte, risikoaffinen Unternehmern und renditehungrigen Investoren hat es »das Valley« wie sonst keine Gegend der Welt zur Meisterschaft in technologischer Machbarkeit gebracht. Das Selbstbewusstsein einiger Silicon-Valley-Giganten geht so weit, dass sie sich mit ihren Tech-Visionen zutrauen, die Human-Krise ganz allein zu lösen. Facebook nennt es ganz offen seine Mission, »die soziale Infrastruktur zu entwickeln, die den Menschen die Macht gibt, eine globale Gemeinschaft zu bauen, die für uns alle funktioniert«.[58] Aber

58 Marc Zuckerberg zum 13. Geburtstag von Facebook in einem offenen Brief, 3. Februar 2017.

sind auch wirklich alle Menschen mit solchen Visionen gut bedient?

Einer der bedeutendsten Investoren und Firmengründer im Silicon Valley ist Peter Thiel, ein bekennender Trump-Unterstützer und Anhänger des Transhumanismus, einer Philosophie, die die Grenzen der intellektuellen, physischen und psychischen Fähigkeiten des Menschen durch Technologien erweitern will. Transhumanisten gehen davon aus, dass Menschen in Zukunft ewig leben können, zum Beispiel durch den Einsatz von Nanobots, die konstant Zellreparaturen vornehmen. Auch träumen sie davon, dass sich eines Tages der komplette »Inhalt« des Gehirns auf eine Festplatte herunterladen lässt, so dass sie, wenn ihr Körper nicht mehr mitmacht, digital weiterleben können. Bis es so weit ist, lassen sie sich vereinzelt im Todesfall sogar bei -196°C einfrieren, in der Hoffnung, in der Zukunft durch neue Technologien wieder zum Leben erweckt zu werden. Es überrascht nicht, dass Thiel auch in KI investiert. Sein Ziel ist es, dass Computer eine Künstliche Intelligenz entwickeln, die der des Menschen weit überlegen ist.

Der Traum des Silicon Valley: Der Mensch soll durch Technologien zu höheren körperlichen und kognitiven Fähigkeiten gelangen, bis hin zur Erschaffung eines unsterblichen KI-Supermenschen.

Vorreiter beider Ideen, des Uploads unseres Gehirns auf eine Festplatte und der Singularitätsutopie einer »Superintelligenz«, ist eine weitere schillernde Figur des Silicon Valley: Ray Kurzweil. Er ist Chefstratege bei Google und Mit-Initiator des Vorstoßes der Google-Mutter *Alphabet* in die Biotechnologie. Alphabets Tochterfirma *Verily* (vormals *Google Life Sciences*) entwickelt unter anderem die Baseline-Studie, ein Projekt, das über vier Jahre die genetischen, psychologischen, klinischen und familiären Daten von bisher ca. 10.000 Menschen auswertet, um einen Standard für einen gesunden Menschen zu definieren. Andere Projekte von *Verily* sind krankheitserkennende Nanopartikel und ein Gesundheits-Tracking-Armband. Kurzweils Thesen (und die vieler Silicon-Valley-Technologen) verirren sich teils in den Bereich des Religiösen. So heißt sein Hauptwerk »Die Singularität ist nahe«.[59] Es ist kein Zufall, dass dieser Titel an Matthäus 3,2 erinnert: »Denn das Himmelreich ist nahe.«

Peter Thiel und Ray Kurzweil mögen uns als Exzentriker vorkommen, aber sie besitzen große Macht. Beide investieren signifikante Geldsummen in Firmen, die sich mit Biotechnologie, Robotik, digitalen Technologien und Künstlicher Intelligenz beschäftigen, sowie in Institutionen, die den Transhumanismus oder die Erschaffung einer Superintelligenz propagieren.

Eine Allianz von Tech-Evangelisten aus Wirtschaft, Politik und Wissenschaft will eine neue Welt erschaffen. Die »normalen« Bürger werden bei dieser Entwicklung nicht gefragt.

Die High-Tech-Branche des Silicon Valley sieht im ungebremsten Fortschritt das Gute an sich, das die Gesellschaft in ein strahlendes Morgen führen wird. Sie will erreichen, dass es für den technologischen Fortschritt keine staatlichen oder ökonomischen Schranken mehr gibt. Unser Leben soll innerhalb weniger Jahre, maxi-

59 »The Singularity is near«, Penguin Books, New York 2005; (deutsch: *Menschheit 2.0: Die Singularität naht*, Lola Books, Berlin 2014).

mal Jahrzehnte, umgestürzt werden. Doch die oben angeführten »Schrecklichen Fünf« wirken auch hier und machen eine für die *gesamte* Gesellschaft akzeptable Entwicklung nach Silicon-Valley-Manier unmöglich.

1. Private Unternehmer und Investoren profitieren im Erfolgsfall in unvorstellbaren Ausmaßen von neuen Technologien, während die Gesellschaft die Risiken trägt (**Externalitäten**).
2. Internetgiganten gestalten durch Lobbying politische und ökonomische Regeln ganz nach ihren Vorstellungen (**Rent Seeking**). So ist zum Beispiel in Amerika die Netzneutralität in Gefahr, da einige Anbieter von Internetdienstleistungen einen privilegierten Zugang ihrer Kunden zum Internet wollen.
3. Besonders dramatisch sieht es bei der **Allokation** der Produktionsgüter aus: Die neue Wettbewerbsrealität der Plattform-Ökonomie im Internet heißt »*The winner takes it all*« und erzeugt eine wirtschaftliche Machtkonzentration in bisher unbekanntem Ausmaß. Besitzt ein Unternehmen erst einmal eine Vormachtstellung (soziale Medien: Facebook, Internetsuche: Google, Bürosoftware: Microsoft), so entsteht daraus schnell ein kaum mehr zu brechendes Monopol.
4. Welcher Nicht-Fachmann kann heute schon die Vor- und Nachteile von KI oder der Gen-Schere CRISPR genau einschätzen (**Informationsasymmetrien**)? Selbst so mancher Experte kommt da ins Stolpern.
5. Den meisten von uns ist es ziemlich egal, wie viele Spuren sie im globalen Datenraum hinterlassen, obwohl sie sehr wohl wissen, dass Google, Facebook und Microsoft unsere Daten für alle Zeit

speichern und uns in unserem Verhalten steuern. Doch wir wollen es oft aus Bequemlichkeit nicht wahrhaben (**kognitive Verzerrung**).

Global sind die Hotspots des technologischen Fortschritts heute neben dem Silicon Valley Paris-Saclay in Frankreich und der Shenzhen Hi-Tech Industrial Park in China. In Deutschland findet sich zurzeit in Berlin die dynamischste Szene. Doch ganz gleich, wo man auch hinschaut: Es sind immer Konzerne mit einseitigen Profitinteressen, die die Prinzipien entwerfen, nach denen unsere Gesellschaft funktionieren soll. Die demokratische Mehrheit ist nicht gefragt.

Würden wir kapitalistische Verwertungslogik, das Renditestreben der Investoren oder die Ideologie der Transhumanisten über unser aller Zukunft entscheiden lassen, ständen wir der Human-Krise völlig hilflos gegenüber.

Mehr Einstein, weniger Lyssenko

Die Macht des marktwirtschaftlichen Wettbewerbs, die Abhängigkeit unseres Wirtschaftssystems von fortdauerndem Wachstum, unsere Gier nach immer mehr Komfort, Wohlstand und Lebensqualität und vor allem die nicht zu bändigende menschliche Kreativität – all diese Kräfte sind zu stark, als dass wir den technologischen Fortschritt als Ganzes stoppen könnten. Und das wäre auch nicht erstrebenswert, zu viel Positives kann er uns bieten. Doch wir müssen dafür sorgen, dass er allen Menschen zugutekommt. Dies kann bedeuten, bestimmte Technologien zu bremsen oder zu stoppen, andere wiederum in eine bestimmte Richtung zu lenken.

Im Alleingang werden die verschiedenen gesellschaftlichen Akteure den technologischen Fortschritts nicht gestalten können. Wissenschaftler können den technologischen Fortschritt kaum selber steuern, die Politik ist zu langsam, die Kirchen sind zu dogmatisch, Journalisten überfordert, Kulturschaffende mahnen eher, als dass sie gestalten, Unternehmer preschen zwar vor, handeln aber zu opportunistisch nur nach ihrem eigenen Vorteil.

Wir müssen erkennen: Es gibt keine einzelne Kraft, der wir zu unser aller Vorteil die Gestaltung des technologischen Fortschritts anvertrauen könnten.

Es führt kein Weg an einer Allianz *aller* gesellschaftlichen Kräfte vorbei. Die gesellschaftliche Gesamtheit muss entscheiden, was wir wollen und wohin es gehen soll, nicht einzelne Institutionen, Interessenvertreter, Experten oder Wortführer.

Wir brauchen den Austausch der Interessen, den konstruktiven Dialog der Argumente und den Einbezug vieler verschiedener Meinungen. Mit anderen Worten: Wir brauchen eine Besinnung auf eine **gemeinsame demokratische Kultur**. Dass diese eine starke Gestaltungskraft besitzt, lässt sich an zwei historischen Beispielen belegen:

1. Mit seiner Offenheit für Veränderungen und dem kritischen Diskurs in nahezu allen Fragen von Staatsführung, Außenpolitik, Philosophie und Wissenschaft prägte das antike demokratische Athen über viele hundert Jahre die Welt vom Atlantik bis nach Indien. Ohne sie wären die bis

heute prägenden Philosophien des Sokrates, Platon oder Aristoteles, die der Epikureer und der Stoa, die Tragödiendichtung des Aischylos, Sophokles und Euripides oder das Geschichtswerk eines Thukydides kaum vorstellbar gewesen.

2. Der Aufstieg einer lockeren Verbindung von dreizehn kleinen englischen Kolonien zum Anziehungspunkt für Unternehmer und Intellektuelle aus aller Welt hätte ohne die Idee der Demokratie und einer offenen, liberalen Gesellschaftsordnung niemals stattgefunden. Der Ideenreichtum und die Gestaltungskraft der Einwanderer machten die USA zur wirtschaftlichen, politischen und intellektuellen Supermacht des 20. und des beginnenden 21. Jahrhunderts.

Das größtmögliche Glück aller Menschen wird dann erreicht, wenn sich so viele unterschiedliche Gestaltungskräfte wie möglich um den Ausgleich der Interessen, um Stabilität und Nachhaltigkeit bemühen. Dies ist nur in einer offenen, demokratischen Gesellschaft möglich.

Wir befinden uns in einem ständigen Wettkampf der Ideen und Vorstellungen darüber, wie wir in Zukunft leben wollen. An diesem Wettkampf ist die Kreativität von Universitäten, Forschungseinrichtungen und Unternehmen beteiligt sowie die verschiedensten politischen, ökonomischen, sozialen und philosophischen Positionen. Am Ende müssen sich die besten Ideen und kreativsten Lebensmodelle durchsetzen.

Damit genau dies in einem demokratischen Konsens geschehen kann, müssen wir, anstatt nach einer allmächtigen Instanz zu fragen, die alles richten soll, bei *uns selbst* anfangen. Ein jeder von uns muss seine kognitiven Verzerrungen, seine alltäglichen Selbsttäuschungen und seine eigene intellektuelle Unredlichkeit soweit irgend möglich erkennen und versuchen, sie zu minimieren. Wir alle haben den Auftrag, uns selbstbestimmt zu informieren, auszutauschen, zu engagieren und achtsam und aktiv zu werden. Die Frage lautet: »Was und wohin wollen wir?« Auf der Suche nach der Antwort sind uns Persönlichkeiten wie Albert Einstein ein Vorbild, denn sie zeigen uns, dass es möglich ist,

- sich für aktuelle Geschehnisse auch jenseits der eigenen Expertise und Betroffenheit zu interessieren,
- sich uneingeschränkt für Lösungen gesellschaftlicher Probleme zu engagieren,
- uns und andere immer wieder zu hinterfragen,
- permanent aufs Neue einen Konsens zu finden,
- den demokratischen und offenen Weg des Diskurses zu gehen.

Eine Haltung des »Auf mich kommt es ja sowieso nicht an« ist fatal und führt in Summe zu gesellschaftlichen Entscheidungen, die am Willen und am Nutzen der Mehrheit vorbeiführen. Auch die Vielfalt der Herausforderungen darf uns nicht zurückschrecken lassen. Der Einzelne weiß nicht alles, aber er kann sich für das interessieren und engagieren, was ihn persönlich angeht und interessiert. Nur so kann die Zukunft in einer für alle Beteiligten wünschenswerten Weise gestaltet werden.

Die Gestaltung zukünftiger Technologien erfordert das Engagement eines jeden von uns als Akteure eines gesamt-gesellschaftlichen, demokratischen Prozesses.

8 – SAPERE AUDE
DER MUT UND DER WILLE, SICH SEINES EIGENEN VERSTANDES ZU BEDIENEN

Wenn wir die Human-Krise zum Nutzen des Menschen lösen wollen, sind das Engagement und das redliche, langsame Denken eines jeden Einzelnen von uns gefragt – das ist das Ergebnis der vorangegangenen Kapitel. Doch wie schaffen wir das? Wie schützen wir uns vor kognitiven Verzerrungen, impulsivem Handeln, politischem Populismus und den Manipulationen in der neuen digitalen Welt? Die Antwort gibt uns eine historische Epoche, die die westliche Welt von etwa 1650 bis 1800 prägte: die europäische Aufklärung.

Die Aufklärung stellt den eigentlichen historischen Scheidepunkt zwischen den mittelalterlichen Glaubens- und Gesellschaftsformen und dem modernen menschlichen Zusammenleben mit seinen rechtsstaatlichen und freiheitlich-individualistischen Wertenormen dar. Sie legte die Grundlage für unsere modernen Ideale der Vernunft, des wissenschaftlichen Denkens, des Humanismus und des Glaubens an den Fortschritt und an die kreative Kraft des menschlichen Geistes.

Die Aufklärung begründete den Glauben an die Vernunft, die Freiheit und Gestaltungskraft jedes Menschen.

Viele beanspruchen den Erfolg der Aufklärung für sich. Das geht sogar so weit, dass einige kirchliche Kreise das Bekenntnis zum Christentum als grundlegenden Bestandteil der Aufklärungsepoche deklarieren. Dabei war es erst die explizite *Abwendung* vom religiösen Fundamentalismus jener Zeit, die die Aufklärungsepoche und schließlich unsere moderne Zivilgesellschaft hervorbrachte. Genau diese Abwendung hat übrigens in der islamischen Welt nicht stattgefunden.

Der erste »Held der Aufklärung« war nicht Jesus Christus, sondern der Physiker Isaac Newton. Ihn und damit die wissenschaftliche Revolution des frühen 17. Jahrhunderts erklärte der französische Aufklärungsphilosoph Voltaire zum Leitbild der Aufklärung. Ihre Prinzipien basieren auf dem Wissen- und Verstehen-Wollen, der menschlichen Vernunft und der Freiheit, diese auch zu verwenden.

In unserem Selbstbild verstehen wir uns als vernünftige Wesen. Die Frage »Bist du vernünftig?« würde heute wohl jeder mit einem empörten »Natürlich!« beantworten. Aber was heißt es eigentlich, »vernünftig« zu sein? Es bedeutet,

- rational und reflektiert zu denken und zu handeln,
- aufgrund von Beobachtung und Erfahrung zu kohärenten Schlussfolgerungen zu gelangen,
- die Phänomene der Natur und auch des Menschseins auf der Basis direkter Erfahrungen zu beschreiben,
- auf der Basis von objektiv nachvollziehbaren Prinzipien und Wertenormen zu handeln.

Natürlich können unterschiedliche Menschen unterschiedliche Schlüsse aus ihren Beobachtungen und Erfahrungen ziehen. Deshalb können sich vernünftige Menschen durchaus streiten, aber sie tun es auf der Basis objektiv nachvollziehbarer Argumente.

Heute erscheint uns die Vernunft als Leitprinzip selbstverständlich. Wir können uns kaum vorstellen, dass man sich früher einmal auf »unvernünftige« Dogmen berief, wie beispielsweise, dass Menschen mit großem Leberfleck (ein sogenanntes Hexenmal) mit dem Teufel verbunden seien und daher verbrannt werden müssen. Statt auf das zu vertrauen, was seh-, hör- und spürbar war, stützten sich die Menschen früher ausschließlich auf die Erklärungen von Autoritäten. So konnten beispielsweise im Mittelalter Gelehrte sich mit Büchern in der Hand und alte Texte zitierend erbittert darüber streiten, wie viele Zähne ein Pferd besitzt, anstatt einfach mal in dessen Maul nachzuschauen.

Das Denken und Handeln aufgeklärter Menschen ist logisch objektiv nachvollziehbar, sie argumentieren rational und orientieren sich an empirisch überprüfbaren Aussagen.

Die offene Gesellschaft

Neben der Existenz des eigenen Verstandes und einer universellen menschlichen Vernunft gibt es eine weitere zentrale Idee der Aufklärung: den selbstbestimmten Menschen, der sich von aller geistigen Fremdbestimmung gelöst hat und der die gleichen universellen Rechte besitzt wie alle anderen auch. Diese humanistische Dimension der Aufklärung führte zur Abschaffung solch barbarischer Einrichtungen wie Sklaverei, Folterkammern und grausamen Hinrichtungen. Der Glaube an die Universalität der menschlichen Eigenschaften bedeutet in der heutigen Zeit: Es gibt keine ausgezeichnete Nation, keinen Teil der Menschheit, der mehr Rechte für sich beanspruchen darf als ein anderer. Das passt zu unseren Problemen: Human-Krise, Migration und Klimawandel bedrohen nicht nur *ein* Land oder *einen* Kontinent; Krankheiten und soziale Probleme machen vor keinen Grenzen halt. Wir erleben all die Probleme zunehmend in einem einzigen gemeinsamen Raum. Sie sind geistige Herausforderungen für die Menschheit *als Ganzes*.

Die Aufklärung stand auch noch bei einer dritten zentralen Idee Pate: dem Optimismus. Auch wenn die großen Denker der Aufklärung noch keine globalisierte Welt kannten, so wäre ihre Antwort auf die Human-Krise klar: Wir sind zur Vernunft fähig – sowohl individuell wie kollektiv – und deshalb in der Lage, diese Herausforderung (und auch alle anderen) zu meistern. Vernunft schlägt eine Brücke zwischen der Ebene des richtigen gemeinschaftlichen Handelns und den persönlichen geistigen und ethischen Ausrichtungen eines jeden Einzelnen. Kant bezeichnete diese Aufgabe als »die in die gesellschaftliche Praxis übersetzte Vernunft«, da »der aufgeklärte Geist nicht anders als gesellig zu sein und redlich zu handeln vermag«.[60]

Seit der Aufklärung ist klar, dass alle Menschen gleich sind. Heute bedeutet das: Wir leben in einer einzigen Zivilisation. Unsere Probleme sind global und auf globaler Ebene werden wir sie dank unserer Vernunft, der individuellen wie kollektiven, lösen.

Die Ideen der Aufklärung hatten es nicht einfach, sich durchzusetzen, denn sie stehen in Konkurrenz zu anderen Prinzipien, die das alltägliche Leben zuvor bestimmten (und dies teils bis heute tun):

60 I. Kant, *Grundlegung zur Metaphysik der Sitten*, Verlag J. F. Hartknoch, Riga 1785.

1. unbedingte Loyalität zu einer bestimmten Gruppe, Glaubensgemeinschaft oder Nation,
2. Autoritätsgläubigkeit,
3. Akzeptanz vorgegebener Lehrmeinungen und Dogmen,
4. Glaube an Magie und böse Kräfte.

Gegen genau diese Prinzipien muss sich die Aufklärung auch heute noch immer wieder neu beweisen. Zurzeit erleben wir die rasante Zunahme von Anhängern populistischer reaktionärer Bewegungen, die

1. sich ausschließlich über die eigene geschlossene Gemeinschaft, sei es eine ethnische Gruppe oder eine Nation, definieren wollen,
2. auf einen starken Führer hoffen, der ohne Rücksicht auf Menschenrechte, die Umwelt und die Freiheit der Bürger ihr Land »wieder groß macht«,
3. Parolen nachbeten und damit zufrieden sind, dass sie komplexe Zusammenhänge nicht verstehen müssen,
4. glauben, dass sie durch bösartige internationale Kräfte benachteiligt werden, die es zu überwältigen gilt.

Vor allem in den traditionell als politische Ultra-Linke und -Rechte bezeichneten Lagern lassen sich diese Denkschemata beobachten. Sie sind es auch, die technologische Errungenschaften ausschließlich als Gefahr ansehen. So gesehen, gibt es in der politischen Landschaft kein »Links« und kein »Rechts« mehr, sondern nur ein mutiges »Vorwärts« derer, die auf die Vernunft setzen und sich kritisch und reflektiert mit den Entwicklungen beschäftigen, und ein ängstliches »Rückwärts« derer, die ihren

Dogmen verhaftet bleiben, sich in eine scheinbar bessere Vergangenheit zurückwünschen und pauschal alles Neue ablehnen. (Als dritte Gruppe kommen die naiv-gläubigen Techno-Apologeten hinzu, die glauben, alle neuen Technologien dienten automatisch dem menschlichen Wohl.)

Die Aufklärung und ihre Errungenschaften erscheinen uns heute selbstverständlich; doch genau die Prinzipien, die sie überwunden hat, gewinnen gegenwärtig wieder an Kraft.

Rational irrational

Bereits die Aufklärer des 18. Jahrhunderts erkannten, dass sich Menschen nicht vollständig aus dem Korsett von Dogmen und Irrationalität befreien können. Ganz im Gegenteil: Sie hingen teils selbst noch zahlreichen Ideen an, die uns heute absurd und irrational erscheinen. So glaubte Newton an die Alchemie und die Möglichkeit, aus Blei Gold herzustellen, und Franz Mesmer bot einem begeisterten Publikum magnetische Kuren zur Auflösung von Blockaden von im Körper zirkulierenden Energien an.

Kant, Montesquieu, Voltaire, Spinoza, Hobbes, Hume und Adam Smith machten es sich zur Aufgabe, die »universelle menschliche Natur« mitsamt ihrer Unvernunft und Irrationalität rational und wissenschaftlich zu erfassen. Als Philosophen, Kognitions- und Neuroforscher, Psychologen, Soziologen, Anthropologen und Humanmediziner zugleich erkannten sie, dass, gerade weil die menschliche Psyche so viele irrationale Neigungen in sich trägt, die Prinzipien der Vernunft umso stärker hochgehalten werden müssen.

Dazu kommt, dass unsere Irrationalitäten durchaus einen Nutzen haben können. So muss es zunächst als sehr irrational erscheinen, ungeheure Ressourcen darauf zu verwenden, einen Menschen für ein paar Stunden auf dem Mond laufen zu lassen, um damit der eigenen Nation einen enormen Prestigegewinn zu verschaffen. Doch der Gewinn technologischer Fähigkeiten, die sich aus den Weltraumprogrammen in Ost und West ergaben, lassen diese durchaus rational erscheinen. Die Landung auf dem Mond diente als mächtige Vision, die Kräfte auf ein solches Ziel zu bündeln.

Scheinbare Irrationalitäten können uns also zu Höchstleistungen inspirieren. Kepler und Newton glaubten vehement an göttliche Prinzipien; ohne diese »unvernünftige« Überzeugung hätten sie kaum die geistige Kraft gehabt, auf ihre bahnbrechenden Einsichten zu kommen. Der indische Mathematiker Srinivasa Ramanujan behauptete, dass ihm die Hindu-Göttin Namagiri in Visionen seine genialen analytischen und zahlentheoretischen Erkenntnisse nahegebracht hätte.

Doch die Irrationalität und Unvernunft der Menschen kann auch destruktiv sein. Sie bringt uns dazu, unsere Umwelt zu zerstören, als hätten wir noch eine zweite, oder Menschen mit anderer Hautfarbe oder anderer Religion zu verachten oder gar umzubringen. Diese Unvernunft kommt dort am stärksten zum Tragen, wo sich Menschen gegenseitig in ihren Überzeugungen bestärken.

Kein Mensch kann zu 100 Prozent rational sein. Unsere persönliche irrationale Seite kann uns inspirieren. Doch wenn Irrationalität in kollektiver Form auftritt, ist sie für viel Unglück auf der Welt verantwortlich.

Der amerikanische Psychologe Steven Pinker hat eine Erklärung für diese kollektive Unvernunft; er spricht in Abwandlung des bekannten Prinzips der »Tragik der Allmende« (*tragedy of the commons*) von der »Tragik der Überzeugungs-Allmende« (*tragedy of the belief commons*).[61] Die »Tragik der Allmende« beschreibt den Effekt, dass in einer Situation mit gemeinsam genutzten Ressourcen die einzelnen Nutzer sich gemäß ihrem Eigeninteresse und wider das allgemeine Wohl aller Nutzer verhalten, indem sie diese Ressource aus Eigennutz verderben oder vernichten. Ein Fischer, der aus einem See, der der Allgemeinheit gehört, so viele Fische wie möglich fängt, bis keine mehr da sind, handelt durchaus rational, denn er sagt sich: »Wenn *ich* die Fische nicht fange, dann machen es die anderen, und ich gehe leer aus.« Insgesamt aber kommt etwas Irrationales heraus: Der See wird in kürzester Zeit leergefischt und niemand kann mehr Fische fangen.

Pinker überträgt diese »Tragik der Allmende« auf gesellschaftliches Denken: Es ist für einen Menschen sehr nützlich (und somit rational), einer offensichtlich falschen Überzeugung anzuhängen, wenn das Umfeld dies ebenso tut und er bei Unangepasstheit mit sozialen Sanktionen zu rechnen hat. Das führt zu einem Widerspruch, der es in sich hat: Es kann für einen Menschen rational sein, irrational zu sein.

Wer zum Beispiel gegen Ausländer und Flüchtlinge wettert, könnte dies nach Pinkers These aus einem rationalen Kalkül heraus tun. Er weiß sehr gut, dass seine eigenen Probleme ganz woanders liegen als bei den Flüchtlingen, die ihm weder Arbeitsstelle noch bezahl-

61 Siehe S. Pinker, *Aufklärung jetzt: Für Vernunft, Wissenschaft, Humanismus und Fortschritt*, Fischer, Berlin 2018, engl. Original: *Enlightenment Now: The Case for Reason, Science, Humanism, and Progress* (2018).

baren Wohnraum wegnehmen. Vielmehr genießt er den Vorteil, sich als Teil einer Gruppe fühlen zu dürfen, die ihn und seine Ängste assimiliert. Auch umgekehrt gilt das. In einem anderen Umfeld wäre es von Vorteil, sehenden Auges die (oft lösbaren) Probleme zu leugnen, die Migration und Zuwanderung real erzeugen. Was in beiden Fällen auf der Strecke bleibt, ist eine fruchtbare Diskussion über Fakten.

Rationalität ist dadurch begrenzt, dass wir gerne einer Gruppe angehören wollen und dafür bereit sind, unsere Identität an das Weltbild und die Meinungen der Gruppe zu koppeln.

Wenn es um Identität geht und nicht um Wahrheit, sind rationale Argumente nicht gefragt. Denn wer seine Identität an das Weltbild seiner Gruppe koppelt, kann es sich nicht leisten, über die Argumente Andersdenkender nachzudenken. Er müsste dann ja nicht nur seine Stellung in der Gemeinschaft, sondern auch seine Identität in Frage stellen. Also stellt er sich besser blind gegenüber anderen Perspektiven, die seine festgefahrenen Meinungen erschüttern würden.

Rational denkende und handelnde Menschen sind nicht ganz unschuldig daran, wenn ihre offene Art der Diskussion nicht erfolgreich ist. Sie setzen bei ihrem unvernünftigen Gegenüber vollständige Rationalität voraus und meinen, ihn mit vernünftigen Argumenten überzeugen zu können. Doch je logischer die Argumentation ist, umso stärker hält der Unvernünftige an seiner Auffassung fest. Klimagegner interessieren sich weit mehr für ihre Identität als Mitglieder einer bestimmten Gruppe als für den neuesten, viele hundert Seiten langen Report des Weltklimarates.

Zum Glück hat die Aufklärung einen mächtigen Gegenspieler der kollektiven Irrationalität erschaffen. Diese kollektive Rationalität ist die Wissenschaft. Sie definiert sich geradezu dadurch, dass der Wahrheitsgehalt von Aussagen eben *nicht* an die Person gebunden ist. Der Wert einer wissenschaftlichen Erkenntnis ist immer unabhängig davon, wer sie formuliert. Große Wissenschaftler von Galilei über Einstein bis Feynman erschufen Weltbilder, ohne dass ihre eigene Person oder Identität daran gekoppelt war. Sie wollten »nur« wissen, wie es wirklich ist. Dieser Mut zur Abkopplung unserer Welterkenntnis von unserer Identität ist die *wahre* Freiheit des Menschen.

Damit eine möglichst große Anzahl an Menschen sich an der Lösung von Krisen und Problemen beteiligt, kommt es darauf an, die Argumentation und Meinungen der Menschen von ihrer Identität zu lösen.

Mut zur Rationalität

Neben der Entkopplung von Meinung und Identität gibt es noch weitere Voraussetzungen für eine aufgeklärte Diskussion unter freien Menschen. Der große Aufklärungsphilosoph Immanuel Kant bringt uns in seiner Schrift »Beantwortung der Frage: Was ist Aufklärung?« auf die Spur:

> *»Aufklärung ist der Ausgang des Menschen aus seiner selbstverschuldeten Unmündigkeit. Unmündigkeit ist das Unvermögen, sich seines Verstandes ohne Leitung*

eines anderen zu bedienen. Selbstverschuldet ist diese Unmündigkeit, wenn die Ursache derselben nicht am Mangel des Verstandes, sondern der Entschließung und des Muthes liegt, sich seiner ohne Leitung eines anderen zu bedienen. Sapere aude! Habe Muth, dich deines eigenen Verstandes zu bedienen! ist also der Wahlspruch der Aufklärung.«

Kant nennt hier eine wesentliche Eigenschaft, die es für ein aufgeklärtes Dasein braucht: Mut. Wer in einer Welt aufgewachsen ist, in der die Erde im Zentrum des Universums stand, der brauchte neben hervorragenden wissenschaftlichen Befähigungen auch den Mut auszusprechen, dass es anders ist, als alle glauben.

Der Gebrauch der Vernunft ist eine aktive Entscheidung. Dazu braucht es Mut und Entschlossenheit.

Für Kant stand fest, was die Gründe für mangelnde Rationalität sind. Gleich im nächsten Absatz seiner Schrift erklärte er:

»Faulheit und Feigheit sind die Ursachen, warum ein so großer Teil der Menschen, nachdem sie die Natur längst von fremder Leitung freigesprochen, dennoch gern zeitlebens unmündig bleiben.«

Es ist allerdings ein großer Fehler zu glauben, irrationales Handeln und Denken, die sich um Fakten nicht scheren, seien ausschließlich das Ergebnis von fehlendem Mut und fehlender Entschlossenheit. Die psychologische Forschung ist heute sehr viel weiter als zu Zeiten Kants. Neben dem Mut müssen wir auch den *Willen* haben, rational zu handeln. So wie Mut und Entschlossenheit die Gegenspieler von Faulheit und Feigheit sind, ist der Wille der Gegenspieler des Fatalismus. Wir müssen davon überzeugt sein, dass eine Wendung zum Besseren, eine Verbesserung der Welt möglich sind. Hier begegnen wir wieder der dritten Idee der Aufklärung: dem Optimismus, dass sich die Welt mit beständigem Fortschritt ständig verbessern lässt, dass sich also die Zukunft gestalten lässt.

Wir sahen bereits im ersten Teil des Buches, dass der Endlichkeit unserer Ressourcen auf unserem Planeten die Endlosigkeit der menschlichen Kreativität und unseres technologischen Erfindungsreichtums entgegensteht. Mit Kreativität und Ideenreichtum können und werden wir ernsthafte Utopien für die Gestaltung unserer Zukunft entwickeln. Das ist der Optimismus, den es braucht, statt des Fatalismus der mutlosen Pessimisten, die meinen, dass alles sowieso nur immer schlimmer wird und die nur die Gefahren, nicht aber die Chancen des technologischen Wandels sehen.

Philosophen wie Friedrich Nietzsche, Arthur Schopenhauer, Oswald Spengler, Julius Langbehn, Martin Heidegger, Theodor W. Adorno, Herbert Marcuse, Max Horkheimer und Günther Anders predigten die philosophische Auffassung, nach der die bestehende Welt schlecht und eine Entwicklung zum Besseren nicht zu erwarten sei. Doch Pessimisten haben über längere Zeit nur selten Recht. So war Anfang des 20. Jahrhunderts der Schriftsteller Karl Kraus überzeugt davon, dass die europäischen Monarchien die modernen Technologien absorbieren und so ihre Macht nur noch stärken würden – »Allianz von Thron und Telefon« nannte er seine These. Allerdings wurde er eines Besseren belehrt: Fünfzehn Jahre später gab es die Mehrheit der Monarchien nicht mehr. Und ist der Kapitalismus tatsächlich im Massenelend der Arbeiter gescheitert oder das Abendland untergegangen?

Der unter Intellektuellen weit verbreitete Kulturpessimismus ist oft ausdrücklich gegen den Optimismus der Aufklärung gerichtet. Selbst die verwendete Sprache unterscheidet sich von der wissenschaftlichen Form der Darstellung wie Tag und Nacht. So schreiben Adorno und Horkheimer in ihrem Buch »Dialektik der Aufklärung« zum Beispiel davon, dass die »Vernunft eine Rückkehr der aufgeklärten Zivilisation zur Barbarei in der Wirklichkeit sei« oder dass »die falsche Projektion [des Antisemitismus] das Widerspiel zur echten Mimesis sei, der verdrängten zutiefst verwandt, ja vielleicht der pathetische Charakterzug, in dem diese sich niederschlägt«.[62] Man muss solche Sätze ein paar Mal lesen, um zu erahnen, was überhaupt gemeint ist. Solche Formulierungen setzen sich deutlich gegen die logische Klarheit der wissenschaftlichen Sprache ab (auch wenn man für ihr Verständnis zuweilen einige Jahre Mathematik studiert haben muss).

Dieser Pessimismus beeinflusst unsere Gesellschaft bis heute. Abgesehen davon, dass er fast immer durch die Realität Lügen gestraft wird, bringt er uns bei der Lösung von Problemen kein Stück weiter. Wir können den »Untergang des Abendlandes« (Oswald Spengler), die »Dialektik der Aufklärung« (Adorno, Horkheimer) oder »Die Antiquiertheit des Menschen« (Günther Anders) bejammern, aber helfen tut uns das nicht. Vielmehr sollten wir der menschlichen Kreativität bei der Lösung von Problemen vertrauen und pragmatisch auch die Chancen des technologischen Fortschritts erkennen

62 M. Horkheimer, T. W. Adorno *Dialektik der Aufklärung. Philosophische Fragmente*. In: Max Horkheimer: Gesammelte Schriften. Band 5. Fischer, Frankfurt/M. 1987, 6.

und nutzen. Auch hier gilt: Es kommt auf unseren Mut und unseren Willen an, dies zu tun.

Der Mut und der Wille, ein aufgeklärtes Leben zu führen, sind immer auch der Mut zum Optimismus.

»Wissen ist Macht« – Die Idee des Fortschritts

Ich fasse noch einmal zusammen: Um rational und vernünftig unsere Zukunft zu gestalten, müssen wir

- uns unserer kognitiven Verzerrungen bewusst werden,
- unsere Meinungen von unserer Identität entkoppeln,
- den Mut haben, eigene Meinungen entsprechend der Faktenlage zu ändern,
- den Willen zur aktiven Gestaltung aufbringen,
- dank unseres Wissens den Fatalismus überwinden und zu einer optimistischen Weltsicht gelangen.

Die ersten vier dieser Punkte wurden bereits diskutiert. Doch woher sollen wir die Kraft für den geforderten Optimismus nehmen? Wie gelangen wir vom Wissen zum Optimismus? Auch bei der Beantwortung dieser Frage hilft uns das historische Vorbild der Aufklärung.

Über die längste Zeit seiner Geschichte verfügte der Mensch nur über wenig Macht über die Natur. Vielmehr zwang die Natur den Menschen ihre Bedingungen auf: die Helligkeit des Tages und die Dunkelheit der Nacht, das Wetter und die Jahreszeiten, Gebirge und Ozeane als Hindernisse bei ihren Wanderungen. Erst in der Neuzeit drehten wir den Spieß um und erweitern zunehmend unsere Macht über die Natur. Wie ist uns das gelungen?

»Wissen ist Macht« (*ipsa scientia potestas est*) schrieb bereits 1597 der englische Philosoph Francis Bacon in seinem Werk »Meditationes Sacrae«[63] und legte damit den Grundstein sowohl für die Philosophie der Aufklärung als auch für die modernen Naturwissenschaften. Noch deutlicher formulierte Bacon es 1620 in seinem Hauptwerk »Novum Organum«:

> *»Wissen und Macht des Menschen fallen zusammen, weil Unkenntnis der Ursache über deren Wirkung täuscht«.* [64]

Dass hundert Jahre später der neuzeitlich-aufklärerische Fortschrittsoptimismus entstand, war kein Zufall. Denn von der Macht des Wissens führt ein direkter Weg zum Optimismus. Wird Unwissen durch Wissen ersetzt, so verschwindet auch die Ungewissheit, mit anderen Worten: die Angst vor dem Unbekannten. Der Verlust der Angst lässt Menschen optimistischer werden. Positiv stimmt auch der Gedanke, dass *wir selbst* es sind, die durch die Vermehrung und den Einsatz von Wissen die menschlichen Lebensbedingungen stetig verbessern.

Und tatsächlich: Nach Jahrtausenden der Stagnation schossen seit ca. 1850 Weltsozialprodukt, Bevölkerungszahl, Pro-Kopf-Einkommen, Lebenserwartung und viele weitere Indikatoren des zivilisatorischen Fortschrittes in schwindelerregende Höhen. Bis heute erleben wir überall Verbesserungen: Gesundheit, Frieden, Sicherheit, Demokratie, Menschenrechte, Bildung, Glücksempfinden, In-

63 F. Bacon, *Meditationes Sacrae and Human Philosophy* (1597), Kessinger Publishing, Whitefish 1996.

64 F. Bacon, *Novum Organum Scientiarum* (1620), engl. Übersetzung: T. Fowler et al. Clarendon Press, Oxford 1878.

telligenz, sogar im Bereich des Umweltschutzes und der sozialen Gerechtigkeit. Unserem Optimismus sind keine Grenzen mehr gesetzt.

Die aufklärerische Idee des Fortschritts ist bis heute intakt: Seit dem 18. Jahrhundert geht es mit der Menschheit steil bergauf.

So ist es auch nicht mehr die Idee des Fortschrittes an sich, die heute von vielen in Zweifel gezogen wird, sondern die Idee des *automatisch guten und lebensverbessernden* Fortschrittes. Die beschleunigte und enthemmte Entfaltung des technologischen Fortschrittes ist tatsächlich eine große Gefahr für die Menschheit. »Wissen ist Macht, und diese Macht droht, uns außer Kontrolle zu geraten«, würde Francis Bacon heute vielleicht sagen.

Gerade deshalb ist es so wichtig, die Gestaltungsräume aufzuzeigen, statt mit Horrorszenarien und apokalyptischen Beschwörungen Ängste zu schüren. Unser Ziel ist das Ziel der Aufklärung: die Verbesserung der menschlichen Lebensbedingungen durch Vermehrung und Einsatz von Wissen! Wissen bedeutet also nicht nur Macht, sondern verpflichtet uns auch zum Machen. Denn unser Wissen weist uns auch die Verantwortung dafür zu, was in unserer Welt geschieht.

Den technischen Fortschritt sollten wir weder fürchten noch anbeten. Es gilt, ihn zu verstehen, aktiv zu gestalten und engagiert in die richtigen Bahnen zu lenken.

Projekt Aufklärung – Der permanente Kampf um die geistige Autonomie

Das Ziel der Aufklärung ist eine Gesellschaft aus freien, autonomen und selbstbestimmten Individuen. Längst sind wir aus der Unterdrückung durch Lehnsherren, Fürsten und Könige befreit, wir dürfen uns auf Menschen- und Bürgerrechte berufen und können weitgehend über unsere eigene Lebensgestaltung selbst bestimmen – für die Menschen des 18. Jahrhunderts buchstäblich ein Traum.

Doch an die Stelle der autoritären Herrscher und der starren Strukturen und Dogmen, die früher Menschen ihrer persönlichen Freiheit beraubten, sind heute andere Faktoren getreten, die unsere Autonomie bedrohen:

- die Anforderungen der Leistungsgesellschaft,
- unsere Gier nach Anerkennung, Konsum und Geld,
- die kommerziellen Interessen globaler Unternehmen.

Der internetsurfende Konsumjunkie, der seine Daten bereitwillig Google und anderen Datenkraken zur Verfügung stellt, die mit ihrer Hilfe sein Einkaufsverhalten gezielt steuern, ist genauso wenig autonom und selbstbestimmt wie ein hessischer Soldat, der im 18. Jahrhundert von seinem Landesherrn an die britische Armee verkauft wurde, um in Amerika Krieg zu führen. Und der Investmentbanker, der 100 Stunden in der Woche arbeitet, um seinem Chef auf der anderen Seite der Weltkugel zu gefallen, ist genauso unfrei wie ein schlesischer Weber, der für sein Überleben täglich von früh bis spät am Webstuhl schuften musste.

Aufklärung ist kein Selbstläufer, und Selbstbestimmung muss immer wieder aufs Neue erkämpft werden.

Jeder Versuch, Zukunft zu gestalten, muss mit diesem Kampf beginnen. Die Aufklärer um Kant, Voltaire und Hume haben vor 250 Jahren die Tür nur aufgestoßen, hindurchgehen müssen wir selbst.

Wir müssen uns selbst immer wieder um das Ziel und das Versprechen der Aufklärung, unsere geistige Autonomie, aktiv bemühen.

Um geistige Autonomie zu erreichen, brauchen wir:

- Besinnung auf ethische und intellektuelle Redlichkeit,
- Besinnung auf unsere humanistischen Ideale,
- Spiritualität der Achtsamkeit,
- Überwindung unserer einseitigen Fokussierung auf das Ich.

Die ersten beiden Punkte gehören zweifellos zur abendländischen Kultur, insbesondere seit der Periode der Aufklärung. Sie sind Themen dieses und des folgenden Kapitels. Der dritte und vierte Punkt stellen seit mehr als zwei Jahrtausenden zentrale Elemente der spirituellen Praxis in Asien dar und werden im 10. und 11. Kapitel näher beleuchtet.

9 – INTELLEKTUELLE REDLICHKEIT
WISSEN WOLLEN, WIE ES WIRKLICH IST

Der Rationalismus der Aufklärung und das Streben nach geistiger Autonomie sind die Voraussetzungen dafür, sich den Herausforderungen der Human-Krise zu stellen. Mit ihnen gelingt es, die Realitäten klar zu erkennen, ohne Rücksicht auf soziale Konventionen und vorgegebene Wahrheiten. Dazu gehört insbesondere, sich selbst nichts vorzulügen.

Lügen sind alltägliche Phänomene, von der Notlüge, wenn uns etwas peinlich ist, bis zur bewussten Manipulation im großen Maßstab zwecks Vorteils- oder Machterwerbs. Zu Selbstlügen werden sie, wenn wir an sie glauben, obwohl wir

- intellektuelle Einsicht in ihre Falschheit haben (also wissen, dass es Lügen sind), diese Einsicht jedoch nicht wahrhaben wollen, oder
- Tatsachen oder Erinnerungen verdrängen, die darauf hinweisen, dass es sich um Lügen handelt.

Kant spricht in diesem Zusammenhang von der »inneren Lüge« und beschreibt diese als »Unredlichkeit sich selbst gegenüber«.[65] Es ist leichter, wie er schreibt, »sich blauen Dunst vorzumachen«, als den Widerspruch zwischen dem moralischen Anspruch und dem eigenen Denken und Tun zuzugeben. Diese Form der Unredlichkeit nennt Kant auch den »faulen Fleck unsrer Gattung«, in dem sich das »radikale Böse der menschlichen Natur« manifestiert. Für ihn entspricht dies zunächst einer »Er-

65 I. Kant, *Metaphysik der Sitten*, § 9: *Von der Lüge*. Kants Werke. Akademie Textausgabe, Bd. 6, de Gruyter, Berlin 1968.

mangelung an Gewissenhaftigkeit«, und er sieht darin »eine Schwachheit« des einzelnen Menschen (»so wie der Wunsch eines Liebhabers, lauter gute Eigenschaften an seiner Geliebten zu finden, ihm ihre augenscheinlichen Fehler unsichtbar macht«, wie Kant vergleicht).[66] *Redlichkeit* beschreibt er dagegen als eine Form der Unbestechlichkeit des eigenen Urteilsvermögens sich selbst gegenüber, und die Fähigkeit, nicht gegen eigene Überzeugungen zu denken und zu handeln.

Im Mittelpunkt der intellektuellen Redlichkeit steht nicht eine letzte und absolute Wahrheit (die es objektiv nicht gibt), sondern die Vermeidung von Unwahrheit.

Wer sich selbst belügt, zaubert Erklärungen und Argumente herbei, die einem gerade in den Kram passen. Jeder weiß, dass häufiges Fliegen extrem klimafeindlich ist; de facto ist es einer der größten Beiträge in unserer persönlichen Klimabilanz. Doch allzu gern beruhigt man sein ökologisches Gewissen mit dem Gedanken: »Das Flugzeug würde ja auch ohne mich fliegen.« Dabei sollte doch jedem klar sein, dass die zweite Aussage irrelevant für die erste Aussage ist, sie in ihrem Wahrheitsgehalt also nicht beeinflusst. Philosophen nennen diese Art zu denken einen Korrelationsfehler, oder allgemeiner: einen Kategorienfehler. Ganz allgemein funktionieren Kategorienfehler so: Auch wenn mehrere Aussagen, für sich genommen, zutreffen, so besteht zwischen ihnen kein logischer (oder semantischer) Zusammenhang.[67] Werden sie trotzdem miteinander verknüpft, entsteht oft eine Lüge.

66 I. Kant, *Religion innerhalb der Grenzen der blossen Vernunft*. AaO., Bd. 6, 38.

67 Ein Kategorienfehler im strengen Sinne liegt vor, wenn ein *Ausdruck* einer bestimmten Kategorie durch einen Ausdruck ersetzt wird, der nicht der gleichen Kategorie angehört.

Krisen löst man nicht, indem man sich selbst belügt. Auch hier hilft uns das wissenschaftliche Denken aus der Sackgasse. Feynman formulierte es so:

> *»Erstes Prinzip der Wissenschaft ist, sich nicht selber anzulügen (...).«*[68]

Einen wesentlichen Grund, warum wir uns selbst anlügen, kennen wir schon: Es kann sein, dass wir uns mit einer bestimmten Wahrheit identifizieren, weil sie uns in einer bestimmten Gruppe Zugehörigkeit bietet. Man kann diesen Effekt auch allgemeiner ausdrücken: Wir wollen vermeiden, dass gewisse Einsichten mit unschönen Gefühlen einhergehen.

Bequemlichkeit ist ein weiterer Grund dafür, dass wir an Überzeugungen festhalten, von denen wir eigentlich wissen, dass sie falsch sind. Kant bezeichnete die Bequemlichkeit als »Ermangelung an Gewissenhaftigkeit«, die der »generelle Quell der Unwahrhaftigkeit« ist. Für ihn gehört intellektuelle Redlichkeit zum innersten Kern des Moralischen überhaupt. Der Philosoph Karl Popper sieht es ähnlich, wenn er schreibt: »Wir müssen lernen, dass intellektuelle Redlichkeit fundamental für alles ist, was wir schätzen.«[69]

Intellektuelle Redlichkeit bedeutet, dass wir uns nicht selbst anlügen, d.h. gegen eigenes Wissen und Überzeugungen denken und handeln. Mit ihr lassen wir Ideologien, an Identitäten geknüpfte Dogmen und Selbstlügen hinter uns.

68 Im englischen Original: *The first principle is that you must not fool yourself, and you are the easiest person to fool.* Aus seinem Vortrag beim Galileo Symposium in Italien 1964: *What is and What should be the Role of Scientific Culture in Modern Society* (»Was ist die Rolle der wissenschaftlichen Kultur für die modern Gesellschaft und was soll sie sein«).

69 K. Popper, *Die offene Gesellschaft und ihre Feinde*, Bd. II, 8. Auflage, Mohr Siebeck, Tübingen 2003, 71.

In drei Schritten zur intellektuellen Redlichkeit

Was braucht es genau, um sich intellektuell redlich zu verhalten? Die Voraussetzungen dazu lassen sich in drei Punkten zusammenfassen:

1. die Unbestechlichkeit in unserem Urteil,
2. das Bekenntnis zum eigenen Nichtwissen,
3. der Wille zur Wahrheit.

Die erste Voraussetzung ist nichts anderes als die geistige Haltung der Rationalität, die uns zu geistiger Autonomie führt. Sie haben wir schon im vorangegangenen Kapitel kennengelernt. Die zweite Voraussetzung ist die gute alte philosophische Tugend der intellektuellen Bescheidenheit. Der deutsche Philosoph Ernst Tugendhat formulierte es so: »(...) nicht vorzugeben, mehr zu wissen, als man weiß (...).«[70]

Ich will dieses Bekenntnis zum Nichtwissen die »Entdeckung und Akzeptanz unserer eigenen Ignoranz« nennen. Denn die eigentliche Bedeutung des Wortes »ignorieren« ist, etwas *nicht zu wissen* und hat wenig mit Dummheit zu tun. Im Gegenteil: Im philosophischen Sinne grenzen sich Ignoranten positiv von denjenigen ab, die

- nur meinen zu wissen, es aber bei genauerer Betrachtung nicht tun,
- etwas wissen könnten, aber es aus Bequemlichkeit nicht wissen wollen.

Der Erste, der die Tugend der Ignoranz (und damit der intellektuellen Redlichkeit) in aller Deutlichkeit formu-

70 E. Tugendhat, *Egozentrizität und Mystik: Eine anthropologische Studie*, Beck, München 2003, 79.

lierte, war im 5. Jahrhundert v. Chr. Sokrates. In seiner Verteidigungsrede vor dem Volksgericht der Athener Bürger, das ihn der Gotteslästerung angeklagt hatte, sagte er:

> *»Denn es mag wohl eben keiner von uns beiden etwas Tüchtiges oder Sonderliches wissen; allein dieser doch meint zu wissen, da er nicht weiß, ich aber, wie ich eben nicht weiß, so meine ich es auch nicht. Ich scheine also um dieses wenige doch weiser zu sein als er, dass ich, was ich nicht weiß, auch nicht glaube zu wissen.«*[71]

Diese Einstellung des philosophischen Skeptikers hat über die Jahrtausende bis heute überlebt. Wie der Philosoph Thomas Metzinger schreibt, »besteht die philosophische Tugend der Skepsis in der Fähigkeit, die Möglichkeit einer gesicherten, nachweisbaren Erkenntnis der Wahrheit in produktiver Weise und immer wieder aufs Neue in Frage zu stellen – sie ist das Gegenteil von Dogmatismus.«[72]

Der Skeptizismus geht neben Sokrates und Platon (der auch die »akademische Skepsis« genannt wird, da sie in der von Platon begründeten Akademie von Athen vertreten wurde) auch auf den hellenistischen Philosophen Pyrrhon von Elias zurück. Dieser ging davon aus, dass wir generell nicht in der Lage sind, mit Hilfe unserer Sinne die Welt zu erkennen. Nach seiner Philosophie müssen wir darauf verzichten, eigene Beobachtungen als Wissen bzw. als objektive Wahrheiten auszugeben. Auch in moralischer Hinsicht sind wir aufgerufen, letzten Wahrheiten zu entsagen. Damit ist die Pyrrhonische

71 Platon, *Apologie des Sokrates*, 21d–22a, Übersetzung von Friedrich Schleiermacher, bearb. von Heinz Hofmann, 5. Aufl., WBG, Darmstadt 2005.

72 Th. Metzinger, *Der Ego-Tunnel – Eine neue Philosophie des Selbst: Von der Hirnforschung zur Bewusstseinsethik*, 2. Aufl., Piper, München 2014.

Skepsis nicht nur eine intellektuelle Haltung, sondern auch eine lebensphilosophische und ganz und gar spirituelle Praxis der skeptischen Gelassenheit. Das nächste Kapitel vertieft diese Verbindung zwischen intellektueller Redlichkeit und Spiritualität.

Der moderne Skeptizismus begann mit der Wiederentdeckung der skeptischen Philosophie während der Renaissance. So forderte bereits Nikolaus von Kues in seiner Schrift *De docta ignorantia* (»Über die belehrte Unwissenheit«, 1440) in Abkehr von der dogmatischen aristotelisch-scholastischen Philosophie des späten Mittelalters ein faktenbasiertes, empirisches Studium der Natur. Ein Jahrhundert später schlossen sich die Forschungen der naturwissenschaftlichen Philosophen wie Galileo Galilei und Johannes Kepler dieser Forderung an und begründeten damit die Methode der modernen Naturwissenschaften.

Es scheint paradox zu sein: Von dem Moment an, in dem die Gelehrten ihr Nicht-Wissen akzeptierten, potenzierte sich die Geschwindigkeit, in der sie neue Erkenntnisse gewannen. Der Grund dafür ist einfach: Wer meint, alles zu wissen und immer im Recht zu sein, gesteht niemals Irrtümer ein und läuft immer weiter in eine Sackgasse hinein. Somit sammelt er kein neues Wissen mehr an.

Die Wissenschaft ist dem Anspruch der intellektuellen Bescheidenheit allerdings selbst nicht immer gerecht geworden. Wissenschaftler mussten erst mühsam lernen, dass sie vieles niemals letztendlich wissen *können* und daher die Sehnsucht nach endgültigen Gewissheiten aufgeben müssen. Erst Mitte des 20. Jahrhunderts war, wie wir im vierten Kapitel sahen, der radikale Wandel im Erklärungsanspruch der Naturwissenschaften vollzogen. Es geht in der Wissenschaft heute nicht mehr darum, absolute Wahrheiten zu formulieren, sondern sich möglichen Wahrheiten weitestgehend zu nähern.

Der Skeptizismus gehört zu den Voraussetzungen für die Entstehung des naturwissenschaftlichen Denkens. Die bedeutendste wissenschaftliche Meta-Entdeckung des 20. Jahrhunderts ist die Entdeckung unseres Nicht-Wissens.

Nun zur dritten Voraussetzung für intellektuelle Redlichkeit: der unbedingte und nicht korrumpierbare Wille zur Wahrheit. Zu der zweiten Voraussetzung, dem Bekenntnis zu unserem Nichtwissen, scheint dies zunächst ein Widerspruch zu sein. Zwei Feststellungen lösen diesen Widerspruch auf. Erstens: Es ist klar, dass es eine einzige und für alle Menschen zugleich gültige Wahrheit nicht unbedingt gibt. Menschen können aus denselben Fakten unterschiedliche Wahrheiten für sich herausdestillieren. Solange dies auf der Basis von Fakten und rationalem Schlussfolgern geschieht, widerspricht das nicht dem Gebot intellektueller Redlichkeit. Zweitens: Der Wille zur Wahrheit möchte *eben nicht* eine einmal gefundene Wahrheit auf immer festhalten. Zu ihm gehört es, dass wir uns fortwährend selbst in Frage stellen. Die entsprechende Haltung ist nach Tugendhat, von dem weiter oben bereits die Rede war, eine »Offenheit dafür, dass die eigenen Meinungen sich als falsch, einseitig oder unklar erweisen können«. [73] Wir müssen daher immer wieder bereit sein, die eigene Meinung zu revidieren – zum Beispiel aufgrund neuer Einsichten oder besserer Argumente. Dazu braucht es einen Geist, der auf den Wunsch nach schönen Gefüh-

73 E. Tugendhat, *Anthropologie statt Metaphysik*, Beck, München 2007, 96.

len oder einer Erhöhung des Selbstbildes keine Rücksicht nimmt. Das ist für die meisten Menschen nicht einfach.

Zur intellektuellen Redlichkeit gehören die disziplinierte und rationale Suche nach Wahrheit und gleichzeitig das Wissen darüber, dass man nie zu einer absoluten Wahrheit gelangen kann.

Poppers Kritischer Rationalismus

Die intellektuelle Redlichkeit findet ihren methodischen Ausdruck insbesondere in der Philosophie Karl Poppers und seinem Kritischen Rationalismus. Er beschreibt seine Philosophie im Kern als Erkenntnistheorie (Epistemologie), doch zugleich als Lebenseinstellung, »die zugibt, dass ich mich irren kann, dass du recht haben kannst und dass wir zusammen vielleicht der Wahrheit auf die Spur kommen werden«. Und die weiter »in der Entscheidung für die Vernunft eine Entscheidung für die Entschlossenheit (sieht), da wo man kann, Probleme zu lösen«.[74]

Auch Popper geht davon aus, dass wir auf unserer Suche nach Wahrheit niemals an irgendein Ende gelangen werden. Sein Verdienst ist es, dass er die Philosophie der intellektuellen Redlichkeit in die Praxis übertragen hat. Er hat sich nicht nur damit beschäftigt, wie man herausfinden kann, ob und wo bestehende Theorien fehlerhaft sind, sondern auch damit, was man tun sollte, wenn eine Unstimmigkeit in ihr gefunden wurde. Seine Überlegun-

74 K. Popper, *Die offene Gesellschaft und ihre Feinde II.* Falsche Propheten Hegel, Marx und die Folgen, 8. Auflage, Tübingen, Mohr Siebeck 2003, 281.

gen haben eine große Bedeutung für die Politik. Für Popper ist es nicht ausschlaggebend, wie man theoretisch und a priori zur besten Politik, den besten Machthabern, zu idealen Verhältnissen oder der optimalen Lösung für offene Probleme kommt. Seiner Auffassung nach endete die Utopie einer idealen Welt schon immer im Despotischen; an den verschiedenen real existierenden Versionen des Sozialismus sowjetischer Prägung hat er dies oft genug dargelegt. Es sei für eine Gesellschaft viel wichtiger, einen Mechanismus zu erschaffen, mit dem schlechte Herrscher, schlechte Politik und Missstände schnell und unblutig beseitigt werden können.

Sein Kritischer Rationalismus spricht sich für eine Politik der kleinen Schritte aus. Es ist besser, langsam an einer Verbesserung der bestehenden Umstände und Wissensgebäude zu arbeiten, als alles in einem großen dogmatischen Wurf gestalten zu wollen. Voraussetzung für ein solches »piecemeal engineering« ist eine offene, pluralistische Gesellschaft,

- die tolerant gegenüber allen friedlichen Menschen ist,
- die Konflikte durch rationale Diskussion und mit Hilfe der aufrichtigen Wahrheitssuche löst
- und die die Zukunft als grundsätzlich offen und gestaltbar ansieht.

Wie die Wissenschaftler müssen sich auch die demokratisch gewählten Entscheidungsträger immer wieder hinterfragen und rechtfertigen, ihre Handlungen permanent korrigieren – und sich gegebenenfalls gar abwählen lassen. Damit ermöglichen demokratische Regierungsformen ein weitaus größeres Potential für gesellschaftlichen Fortschritt als autoritäre Regierungsformen, die sich oft durch Intoleranz und Dogmen, Totalitarismus und Irrationalismus auszeichnen und in denen Fehler und Fehlentwicklung kaum oder nur sehr langsam korrigiert werden.

Popper schlägt die Brücke von der philosophischen Erkenntnistheorie zur Praxis des politischen Alltags und zeigt, dass Aufklärung und intellektuelle Redlichkeit erst in einer offenen Gesellschaft maximale Wirkung entfalten.

Die Absage an einzige und ewige Wahrheiten und absolutes Wissen besitzt auch eine wichtige psychologische Dimension: Lösungen in der Politik oder in gesellschaftlichen Fragen müssen nicht perfekt sein – so wenig wie Theorien in der Wissenschaft. Politiker und andere Entscheider dürfen Fehler machen. Erst im Bewusstsein, dass Fehler erlaubt sind, entsteht intellektueller Mut zu Neuem und damit auch Mut zum Handeln.

Es ist so, als müssten wir mit einem Segelschiff gegen den Wind kreuzen. Die Richtung stimmt jeweils nur ungefähr. Aber immer dann, wenn das Ziel zu weit aus dem Fokus gerät, kommt eine Kurskorrektur. Würden wir darauf warten, dass wir direkt auf unser Ziel zusteuern können, kämen wir nie aus dem Hafen.

Solange wir intellektuell redlich denken und handeln, müssen wir keine Angst vor ungewissen und unkontrollierbaren Konsequenzen unseres Handelns haben. Wichtig ist, dass wir überhaupt handeln, und dies in bester Absicht! Die Ausreden, noch keine perfekte Lösung gefunden zu haben und noch nicht genau zu wissen, was die Konsequenzen bestimmter Entscheidungen sind, zählen nicht mehr.

Kritischer Rationalismus führt dazu, dass man auch dann aktiv wird, wenn die Voraussetzungen unseres Handelns und auch dessen Ergebnisse nicht zu 100 Prozent sicher sind.

Der Irrtum als Methode

Feynman sagte einmal:

> *»Religion ist eine Kultur des Glaubens, Wissenschaft ist eine Kultur des Zweifels.«*[75]

Mehr als 800 Jahre vor ihm schrieb der Theologe und Philosoph Peter Abaelard:

> *»Durch Zweifeln kommen wir nämlich zur Untersuchung; in der Untersuchung erfassen wir die Wahrheit.«*[76]

Bei aller rationalen Bescheidenheit der Wissenschaft und ihrem methodischen Zweifel verstehen wir heute die Welt um uns herum sehr viel besser als mit Hilfe von Dogmen, die uns vorgeben, mit absoluter Sicherheit zu wissen, wie die Dinge wirklich sind. Die Erkenntnis, dass sich bisher die meisten wissenschaftlichen Theorien in der Vergangenheit letzten Endes als falsch oder nur eingeschränkt richtig herausgestellt haben (das gilt auch für die Theorien der »Überväter« Galilei und Newton), hilft uns, Fehler zu akzeptieren. Dies ist nur ein scheinbarer Widerspruch: Indem wir unsere eigene

75 Feynman in einem Interview von 1981 mit der BBC in der Serie *Horizon*, mit dem Titel *The Pleasure of Finding Things Out;* auch im gleichnamigen Buch von R. Feynman, Basic Books, New York; Revised edition 2005.

76 P. Abaelard, *Sic et non (Ja und Nein)*, Neuausgabe, Minerva, Frankfurt/M. 1981.

Fehlerhaftigkeit erkennen und auch zulassen, machen wir insgesamt weniger Fehler in der Beschreibung der Welt als je zuvor. Dies verdanken wir der Macht der intellektuellen Redlichkeit und dem selbstkritischen Rationalismus der Aufklärung.

Erst intellektuelle Redlichkeit und kritische Rationalität erlauben es uns, den Realitäten nahezukommen und uns in der Welt erfolgreich zurechtzufinden.

Vor diesem Hintergrund wird klar, wie gefährlich es ist, dass wir heute eine wachsende Skepsis gegenüber Wissenschaftlern und wissenschaftlichen Einsichten beobachten müssen. Fehler in wissenschaftlichen Arbeiten oder die Probleme einer Theorie werden als Beleg dafür verwendet, die Wissenschaft insgesamt zu diskreditieren. Dass dahinter ein klassischer Kategorienfehler liegt (die menschliche Fehlbarkeit einiger Wissenschaftler sowie die Tatsache, dass Theorien nie »die ganze Wahrheit« wiedergeben, hat wenig mit der Wissenschaft als *Methode* zu tun), entgeht leider den meisten Kritikern. Vielmehr versuchen sie, ihre eigenen Wahrheiten vor wissenschaftlicher Skepsis und intellektueller Redlichkeit zu schützen.

Diesen Mechanismus finden wir insbesondere in der Diskussion um den Klimawandel. Die unangenehme, wissenschaftlich jedoch immer besser belegte Einsicht, dass sich unser Klima verändert, und zwar durch unser Tun, wird immer wieder angegriffen, und dies nicht mit wissenschaftlichen Argumenten, sondern aus politischem Kalkül, das die Lüge bewusst in Kauf nimmt. Dabei wird jeder noch so kleine Widerspruch und jede minimale Abweichung zwischen Theorie und Messung hämisch als Hinweis genommen, dass die Klimawissenschaftler nicht wissen, was sie tun.[77]

Das Problem ist, dass der wissenschaftliche Geist für Nicht-Wissenschaftler nicht leicht zu verstehen ist. Was in der Wissenschaft Normalität ist, nämlich dass jede wissenschaftliche Erkenntnis innerhalb der wissenschaftlichen Community immer auch angezweifelt und kontrovers diskutiert wird, sorgt bei Laien für Verunsicherung und scheint es Politikern zu erlauben, die Hände in den Schoß zu legen: »Schaut, die Wissenschaftler sind sich ja gar nicht einig! Woher sollen wir dann wissen, was zu tun ist?«

Für viele Menschen wirken die Diskussionen unter Wissenschaftlern und der oft über eine Kette von Irrtümern stattfindende Prozess wissenschaftlicher Erkenntnis wenig glaubwürdig.

Genau diesem verhängnisvollen Eindruck müssen wir begegnen! Denn in einem Umfeld, in dem Wissenschaft offen diskreditiert wird, ist eine Lösung der komplexen Probleme der Human-Krise nicht möglich. Ganz im Gegenteil: Das Prinzip von Versuch und Irrtum muss den Weg in den Alltag von uns allen finden. Auch Laien müssen so wie Wissenschaftler lernen, damit zurechtzukommen, dass es keine absoluten Wahrheiten gibt. Der britische Mathematiker und presbyterianische Pfarrer Thomas Bayes hat uns schon vor über 200 Jahren gezeigt, wie das geht.

77 Die Webseite https://www.klimafakten.de/fakten-statt-behauptungen/fakt-ist gibt viele Hinweise und leicht verständliche Einführungen zum wissenschaftlichen Stand der Klimaforschung.

Der Bayesianische Geist und die holprige Annäherung an die Wahrheit

Thomas Bayes beschäftigte sich mit der Berechnung von mathematischen Wahrscheinlichkeiten in einem Umfeld unvollständiger Informationen; seine Arbeit »*An Essay towards solving a Problem in the Doctrine of Chances*« wurde 1763 posthum veröffentlicht.[78]

Das darin begründete »Bayes'sche Theorem« ermöglicht eine statistische Methode, mit der sich die Wahrscheinlichkeit der Richtigkeit von Hypothesen nach Bekanntwerden neuer (zusätzlicher) Daten neu berechnen lässt. Weil anhand von vorliegenden Daten oder Erfahrungen a priori bestimmte Aussagen getroffen werden, spricht man in diesem Zusammenhang auch von »Prioren« oder auch »A-priori-Wahrscheinlichkeiten«. Diese geben den »Grad vernünftiger Erwartungen« (*degree of reasonable expectations*) für das Zutreffen der Aussage wieder. Mit neuen verfügbaren Daten können aus diesen Prioren wieder neue, akkuratere Wahrscheinlichkeiten berechnet werden. Zwei Beispiele:

- Bei der Erforschung der Wirksamkeit und Nebenwirkungen von Medikamenten passen Experten die von ihnen formulierten Wahrscheinlichkeiten für Heilung bzw. Nebenwirkungen entsprechend den Daten aus laufend neuen Studien immer wieder an. Grundlage dazu ist die Bayes'sche Formel.
- Auch ein Kreditausfallrisiko wird mit Hilfe der Bayes'schen Formel immer wieder neu berech-

78 Bayes, T., Price, R., *An Essay towards Solving a Problem in the Doctrine of Chances. By the Late Rev. Mr. Bayes*, Communicated by Mr. Price, in a Letter to John Canton, A. M. F. R. S., Philosophical Transactions of the Royal Society of London. 53: 370–418 (1763); auf Deutsch: *Versuch zur Lösung eines Problems der Wahrscheinlichkeitsrechnung*, Verlag Wilhelm Engelmann, Leipzig 1908.

> net. Nimmt jemand einen Kredit auf, berechnet die Bank eine Anfangswahrscheinlichkeit, mit der dieser bestimmte Schuldner seinen Kredit nicht zurückzahlt. Aufgrund der mit der Zeit erhobenen Daten vieler anderer Schuldner, die ihre Raten entweder tilgen oder schuldig bleiben, wird die Wahrscheinlichkeit, dass der Schuldner ausfällt, laufend aktualisiert.

Das Vorgehen ist immer dasselbe: Man formuliert eine Aussage (»Vier von hundert Patienten bekommen nach Einnahme des Medikamentes Kopfschmerzen«, oder: »Herr Müller wird den Kredit mit 97-prozentiger Wahrscheinlichkeit zurückzahlen«), die auf gemachten Erfahrungen beruht und mit deren Hilfe man zukünftige Ereignisse mit einem gewissen Grad an vernünftiger Erwartung voraussagen kann. Werden neue Daten bekannt, wird die Wahrscheinlichkeit der Aussage neu geschätzt und unter Umständen eine neue A-priori-Aussage formuliert. Diese *Bayesianische Methode* findet heute nicht nur in der Wissenschaft breite Anwendung, sondern auch im Ingenieurwesen, in der Philosophie, der Medizin, dem Sport und im Recht.[79]

Die Bayes'sche Methode entspricht der Arbeit auf einer Dauerbaustelle. Wer sie anwendet, rechnet damit, dass sich Änderungen ergeben. Man stützt sich auf Hypothesen in dem Bewusstsein, dass sie jederzeit umgestürzt werden können.

79 Für die Geschichte und zahlreiche Beispiele und Anwendungen der Bayes'schen Statistik, siehe S. B. McGrayne, »Die Theorie, die nicht sterben wollte« (übersetzt von C. Freytag), Springer Nature, Heidelberg 2014.

Diese Einstellung beschreibt genau den von Popper beschriebenen Kritischen Rationalismus und ist ein wirksames Mittel gegen Ideologien und Dogmen. Ich will sie als den »Bayesianischen Geist«[80] bezeichnen. Er umfasst

- die stete Bereitschaft zur Reflexion dessen, was wir meinen zu wissen,
- die klare Akzeptanz für neue Erfahrungen und Daten und
- die unbedingte Bereitschaft, neue Informationen rational und ehrlich zu verarbeiten.

Die Kraft dieser Methode liegt darin, dass neue Informationen nicht etwa als störend empfunden werden (und vielleicht unter den Tisch fallen, weil sie nicht in das Bild passen), sondern geradezu erwartet und erwünscht werden, um sie umgehend in die Berechnung neuer Wahrscheinlichkeiten für das Zutreffen bestimmter Aussagen einfließen zu lassen. Es ist vorgesehen, dass mit neuen oder genaueren Daten und neuen Erkenntnissen die Wahrscheinlichkeiten der Aussagen sich immer weiter den 100 Prozent annähern – ohne sie jemals zu erreichen. Denn natürlich kann eine einzige neue Beobachtung für eine Hypothese auch den sofortigen Todesstoß bedeuten. Ein einziger schwarzer Schwan genügt, um die Aussage »Alle Schwäne sind weiß« als falsch zu entlarven.

Das Bayes'sche Theorem erlaubt uns Aussagen über die Natur in Form von Theorien, die einen gewissen (meist sehr hohen) Wahrscheinlichkeits-Score besitzen – aber niemals in absolute Wahrheiten münden.

80 Eine sehr lesenswerte Erklärung und Deutung des Bayesianischen Geistes in der naturwissenschaftlichen Forschung findet sich in: S. Carroll, *The Big Picture*, Dutton, Boston 2016.

Von intellektueller zu ethischer Redlichkeit

Intellektuelle Redlichkeit, Kritischer Rationalismus und das Vorgehen im Sinne der Bayes'schen Methode sind sich prinzipiell sehr ähnlich. Philosophen, Wissenschaftler und Mathematiker sind also auf jeweils eigenen Wegen zu ganz ähnlichen Schlüssen gekommen. Gemeinsam ist allen drei Methoden auch, dass sie eine ethische Dimension besitzen. Denn Integrität im Denken führt zu Integrität im Tun (geht es um das Denken, so sprechen wir von *intellektueller* Redlichkeit, beim Handeln von *moralischer* Redlichkeit).

So umfasst der Motivationsrahmen von Redlichkeit

- ein vorbehaltsloses intellektuelles Erkennen der zu erwartenden Folgen des Denkens *und* Handelns, ohne in Selbsttäuschung zu verfallen,
- die ethische Ausrichtung, das Gute zu tun, in Loslösung von eigenen Interessen – also auch, wenn es emotional »weh tut« oder mit Statusverlust verbunden ist.

Auch umgekehrt gilt: Wenn wir wider besseres Wissen etwas denken, werden wir auch entsprechend handeln. Vor allem dann, wenn wir nicht vorbehaltslos zu erfassen versuchen, was die praktischen Folgen unseres Denkens sein werden, ist der Weg von intellektueller Unaufrichtigkeit zu ethischer Korrumpierbarkeit nicht weit.

Mit intellektueller Redlichkeit werden wir die Human-Krise bewältigen. Rationalität, das Wissen um unsere Ignoranz und der Wille zur Wahrheit führen uns zu diesem Ziel. Doch es gibt auch noch eine vierte notwendige Zutat, ohne die wir scheitern werden: ein spirituelles Fundament. Von ihm handelt das folgende Kapitel.

10 – RATIONALITÄT, WISSENSCHAFT UND SPIRITUALITÄT
DIE RÜCKKEHR DES VERLORENEN SOHNES

Der Begriff der Spiritualität ist heute mit vielen verschiedenen, aber kaum konkreten Bedeutungen überladen. Esoterische Bewegungen profanisieren den Begriff, um kommerzielle Umsätze zu generieren. Im kirchlichen Kontext dagegen gerät Spiritualität schnell ins dogmatische Fahrwasser der Frömmelei. Angesichts dieser Beliebigkeit sei Spiritualität zu einem »Plastikwort« verkommen, schreibt der katholische Theologe Herbert Poensgen.[81]

Dass sich die Pseudo-Spiritualität des Esoterik-Marktes nicht dazu eignet, der Human-Krise zu begegnen, versteht sich von selbst. Aber auch die religiöse Spiritualität, die unseren Geist zuletzt auf Gott beziehen will, ist kaum geeignet, uns den Weg in eine nachhaltige Zukunft zu weisen. Denn die Aufklärung hat den Glauben an etwas einzigartig Wahres, Gutes und Heiliges – und damit an eine Gottheit – untergraben und relativiert. Zweihundertfünfzig Jahre lang seit der Aufklärung wollte man retten, was zu retten ist, und versuchte, religiöse Spiritualität und aufgeklärtes, rationales Denken miteinander zu vermählen. Doch heute ist diese Ehe am Ende. Wir müssen uns der Erkenntnis stellen, dass uns kein höheres Wesen von der Verantwortung entbindet, aus eigener Kraft heraus unsere Zukunft zu gestalten. Gottesfürchtigkeit hilft nicht gegen die Human-Krise. Betroffen sind alle Religionen, deren

81 H. Poensgen, *Neue Entwicklungen des spirituellen Tourismus – Beispiele, Trends, Orientierungen. Was ist spiritueller Tourismus oder spirituelles Reisen?* In: Ministerium für Wirtschaft und Arbeit (Hrsg.): *Heilige Orte, sakrale Räume, Pilgerwege. Möglichkeiten und Grenzen des Spirituellen Tourismus.* Bensberger Protokolle 102. 2006, 17.

Kern durch vermeintlich absolute Wahrheiten gebildet wird, also vor allem die monotheistischen Religionen, aber auch der Hinduismus und so manche Spielart des Buddhismus. Man muss sich also entscheiden: entweder aufgeklärtes Denken in einem rationalen Umfeld oder religiöser, dogmatischer Glauben an eine Gottheit.

Die Aufklärung hat uns einen einfachen und schnellen Ausweg aus der Human-Krise durch (Rück-)Besinnung auf absolute religiöse Werte verschlossen.

Diejenigen, die den Religionen kritisch gegenüberstehen, werfen mit dem Glauben an einen Gott den Begriff der Spiritualität oft gleich mit über Bord. Die entstandene Leerstelle haben die Esoteriker mit ihrer Pseudo-Spiritualität, die für sie ein lukratives Geschäftsfeld ist, gekapert. Eine eigentliche Spiritualität vermissen die aufgeklärten Menschen. Eine Alternative zu einer an Religionen gebundenen Spiritualität fehlt ihnen.

Auf der Suche nach dem Sinn

Der wissenschaftliche Wandel der letzten 250 Jahre hat die Orientierung an vorgegebenen, äußeren Wahrheiten zunichtegemacht. Schrittweise hat sich der Mensch in seinem Selbstbild als Mittel- und Höhepunkt einer göttlichen Schöpfung mit einem direkten spirituellen Bezug zu höchsten Wahrheiten zu einem ganz und gar unbedeutenden Lebewesen gewandelt:

1. Er ist nicht mehr der Mittelpunkt des Universums, sondern Bewohner eines unbedeutenden

Planeten eines unbedeutenden Sonnensystems in einer von 100 Milliarden Galaxien.

2. Er ist nicht mehr das Ebenbild Gottes, sondern wie alle Lebewesen ein Produkt natürlicher selektiver Evolutionsprozesse.
3. Er wird sich zunehmend der Vielzahl an Unzulänglichkeiten und kognitiven Verzerrungen bewusst, die ihn davon abhalten, logisch zu denken und zu handeln.
4. Er erkennt immer deutlicher, dass ein unabhängiger menschlicher Geist wohl gar nicht existiert. Neuro- und Kognitionsforschung gehen heute davon aus, dass unser Ich-Bewusstsein ein nach vollständig natürlichen Prinzipien funktionierendes und sich erst in sozialen Kontexten entfaltendes Konstrukt ist.

Ein Schlag nach dem anderen hat uns in der jüngeren Menschheitsgeschichte getroffen, Sicherheiten beiseitegefegt und bestehende und jahrhundertelang als gültig erachtete Antworten auf Sinn- und Wertfragen in die Nähe zur Absurdität gestellt. Die spirituelle Krise erwischt uns mit voller Wucht.

Unsere wissenschaftliche und technologische Macht bezahlen wir mit der Erkenntnis, dass unser Menschsein nichts Geplantes ist. Der Verlust an Werten, Sinn und Bedeutung ist der Kern der heutigen spirituellen Krise.

Und so sieht das heutige rein naturalistische Welt- und Menschenbild aus: Das rationale, wissenschaftliche Denken scheint uns jeglicher Spiritualität beraubt zu haben. Die wissenschaftlich erfasste und technologisch gesteuerte Welt besitzt keinen tieferen Sinn oder höheren Zweck. Sie ist nur einfach da. Sie lässt keinen Raum für Höheres als die Natur selbst. Eine solche Welt wäre sinnlos. Sinnlos wäre dann auch eine bewusste geistige Beschäftigung mit unserem Dasein, also jede Spiritualität. Wir wären nur noch Zuschauer, die das Ablaufen einer Uhr betrachten, deren Mechanismus wir zwar immer besser verstehen, aber nicht ändern können. Das mögliche Motto dieser Moderne ohne Spiritualität beschreibt Yuval Harari mit: »Shit happens.«[82]

Auf den ersten Blick ist die spirituelle Krise eine Katastrophe. Denn wie sollen wir die Human-Krise lösen, wenn wir keinen Sinn darin sehen, über uns und die Welt nachzudenken? Doch die spirituelle Krise bedeutet nicht nur eine Gefahr, sondern auch eine Chance. Zur Erinnerung: Der Begriff Krise beschreibt einen Zeitraum der Entscheidung, in dem das Ergebnis dieser Entscheidung noch völlig offen ist. Für die spirituelle Krise bedeutet das:

- Sie beschleunigt die Veränderungen unseres Menschenbildes und damit die Human-Krise noch einmal dramatisch und verschärft damit die Gefahr, dass wir den Zeitraum, in dem wir über unsere Zukunft bestimmen können, ungenutzt verstreichen lassen.
- Sie ermächtigt uns aber auch, Schöpfer unserer zukünftigen eigenen Gattung zu sein. Als »Kinder« eines Gottes wäre uns das nicht möglich. Nachdem wir zuerst Gott und unsere Vorstellung von uns als sein Ebenbild verloren haben und dann noch die Eigenständigkeit unseres eigenen Geistes, werden

82 Y. Harari, *Homo Deus: Eine Geschichte von morgen*, Beck, München 2017.

wir, wie Yuval Harari sagt, selbst zu Göttern. Wir entscheiden nun, wie es mit uns weitergeht.

Die spirituelle Krise, in der wir uns befinden, beschreibt nicht nur einen Verlust. Sie bietet uns den Schlüssel dazu, uns der Human-Krise zu stellen.

Um im Angesicht der Human-Krise handlungsfähig zu werden, müssen wir gleichzeitig wissenschaftlich denken und einen neuen Sinn in unserem Dasein und Handeln finden, uns also spirituell orientieren. Aber findet Spiritualität in einer von Wissenschaft und Technologie geprägten Welt überhaupt einen Platz?

Das Staunen über die Wunder der Welt

Das Missverständnis besteht darin, dass Wissenschaft bzw. rationales Denken und Spiritualität in der Regel als unvereinbare Gegensätze angesehen werden. So schrieb Max Weber, der bekannteste Sozialwissenschaftler des 20. Jahrhunderts, im Jahr 1917:

> *»Die zunehmende Intellektualisierung und Rationalisierung bedeutet nichts anderes, als daß es also prinzipiell keine geheimnisvollen, unberechenbare Mächte gebe, die da hineinspielen, daß man vielmehr alle Dinge – im Prinzip – durch Berechnen beherrschen könne. Das aber bedeutet: die Entzauberung der Welt.«*[83]

83 M. Weber, »Wissenschaft als Beruf« (1919), in: Gesamtausgabe, hrsg. von H. Baier et al., Mohr Siebeck, Tübingen 1992, Bd. 17, 87.

In Webers Weltsicht zerstört die Wissenschaft mit ihrer Vernunft alles Geheimnisvolle und nicht direkt Erfahrbare, also Transzendente, und damit auch jeden Bezug auf Spiritualität.

Nahezu zeitgleich zu Weber zeigte sich der bekannteste Naturwissenschaftler dieser Zeit, Albert Einstein, voller Begeisterung:

> *»Das Schönste, was wir erleben können, ist das Geheimnisvolle. Es ist das Grundgefühl, das an der Wiege von wahrer Wissenschaft und Kunst steht. Wer es nicht kennt und sich nicht mehr wundern, nicht mehr staunen kann, der ist sozusagen tot und sein Auge ist erloschen.«*[84]

Es ist erstaunlich: Albert Einstein, die Galionsfigur der Wissenschaft, beschreibt gerade das Geheimnisvolle und das mit ihm empfundene (subjektive) Gefühl der Erhabenheit als Quelle wissenschaftlichen Strebens überhaupt. Zahlreiche andere große Naturwissenschaftler wie Niels Bohr oder der Heisenberg-Schüler Hans-Peter Dürr äußerten sich in ähnlicher Weise. Das Sich-Wundern ist nichts anderes als das Staunen über das Geheimnisvolle. Es führt uns zu einer Anmutung von Größe und Erhabenheit, die in so mancher spirituellen Tradition als das »Heilige« bezeichnet wird.

Dieses Staunen vereint Naturwissenschaftler und Menschen, die sich als spirituell bezeichnen. Unterschiedslos empfinden sie tiefe Ehrfurcht und anstachelnde Neugier angesichts der Schönheit der Natur, der Vielfalt ihrer Gestalten und der Mächtigkeit ihrer Gewalten, aber auch des Reichtums unserer eigenen geis-

84 A. Einstein, »Wie ich die Welt sehe«, in: *Mein Weltbild*, hrsg. von C. Seelig, Berlin 2005, 420f.

tigen Erfahrung (der »Phänomenologie des Geistes«, wie es die Philosophen ausdrücken).

Wissenschaft und Spiritualität sind keine Gegensätze, denn das Sich-Wundern über die Geheimnisse der Welt und die Wunder ihrer Phänomene ist die wesentliche Gemeinsamkeit spirituellen und wissenschaftlichen Suchens.

Bereits die antiken Philosophen Platon und Aristoteles erkannten, dass der Ursprung wissenschaftlicher und philosophischer Bemühungen in unserem tiefen Staunen (griech. θαυμάζειν) liegt. So schreibt Aristoteles:

> *»Denn Verwunderung war den Menschen jetzt wie vormals der Anfang des Philosophierens, indem sie sich anfangs über das nächstliegende Ungeklärte verwunderten, dann allmählich fortschritten und auch über Größeres Fragen aufwarfen, zum Beispiel über die Erscheinungen an dem Mond und der Sonne und den Gestirnen und über die Entstehung des Alls.«*[85]

Und Platon meinte:

> *»Das Staunen ist die Einstellung eines Mannes, der die Weisheit wahrhaft liebt, ja es gibt keinen anderen Anfang der Philosophie als diesen.«*[86]

Thomas von Aquin schrieb schließlich im späten Mittelalter:

85 Aristoteles: *Metaphysik*, I 2, 982 b 17 – 22
86 Platon: *Theaitetos*, 155 d

»Das Staunen ist eine Sehnsucht nach Wissen.«[87]

Es sind die »Wunder« der Natur, die uns zum »Wundern« führen. Und von dort geht es zum Wissen. Von einer »Entzauberung der Natur«, wie Max Weber sie zu Beginn des 20. Jahrhunderts gesehen hat, kann also keine Rede sein. Heute wissen wir weit mehr als damals über die Welt. Und doch gibt es im Vergleich zu früher heute eher mehr als weniger Geheimnisse. An Gründen, uns zu wundern, mangelt es uns nicht.

Das Sich-Wundern und Staunen sind nicht nur ein Teil der Spiritualität, sondern bereits ihr Kern. Gleichzeitig ist es der Anfangsgrund sowohl der Wissenschaften als auch der Philosophie.

Weitere Brücken zwischen Wissenschaft und Spiritualität

Das Staunen ist nicht die einzige Verbindung zwischen Spiritualität und Wissenschaft. Drei weitere Brücken haben wir in den letzten Kapiteln bereits kennengelernt:

- Intellektuelle Redlichkeit. Aus dem Staunen über die Erhabenheit in der Natur entsteht in uns das Gefühl von Begrenztheit und damit Bescheidenheit. So gesehen ist intellektuelle Redlichkeit auch eine spirituelle Haltung, eine Form der geistigen

87 Th. von Aquin, *Summa Theologica,* 1a2ae, 32,8; lat. Original: Est autem admiratio desiderium quoddam sciendi, [...], Styria, Graz/Wien/Köln 1933 ff; Original zwischen 1266 und 1273.

Askese, die in einem ständigen kritischen Hinterfragen unseres eigenen Wissens besteht.

- Kompromissloses Wissen-Wollen. Aus dem sich Wundern sowie der kritischen geistigen Einstellung entsteht eine niemals zu bändigende Neugier. Wer sich ihr verschreibt, will Dinge wissen, anstatt sie einfach hinzunehmen oder sie mit einfachen Erklärungen abzutun – und dies gerade in Bezug auf das Geheimnisvolle und Wunderbare in der Welt.
- Verzicht auf eine absolute Wahrheit. Die Kombination aus Wissen-Wollen und intellektueller Redlichkeit führt uns zu einer Skepsis gegenüber letzten Wahrheiten. War der Verlust absoluter Wahrheiten eine der dramatischsten Erschütterungen der modernen Wissenschaften, so geht das damit verbundene Erdbeben in jedem traditionellen spirituellen Verständnis noch weit tiefer.[88]

Wissenschaft und Spiritualität beinhalten dieselben normativen Grundhaltungen: Sich-Wundern, intellektuelle Redlichkeit, Wissen-Wollen und der Verzicht auf ewige Wahrheiten.

Spiritualität ist relevant für unsere technologische Zukunft und besonders auch für die Diskussion der Human-Krise. Die Beliebigkeit des Begriffs zu überwinden ist sogar ein erster bedeutender Schritt, um der Human-Krise zu begegnen. Statt einer religiösen oder esoterischen Spiritualität brauchen wir eine spezifisch säkulare Spiritualität. Sie darf nicht in »höheren Sphären« schweben, sondern muss praktischer Teil unseres Alltags sein. So spricht der deutsch-amerikanische So-

88 Siehe auch L. Jaeger, *Wissenschaft und Spiritualität – Universum, Leben, Geist – Zwei Wege zu den großen Geheimnissen*, Springer, Heidelberg 2015.

ziologe Thomas Luckmann von einer neuen, »unsichtbaren Religion«, die vom einzelnen Menschen ausgeht und nach Funktion und Bedeutung von Spiritualität in der modernen Gesellschaft fragt, anstatt sich einem universellen transzendenten Heiligen zuzuwenden.

Wie sieht diese säkulare Form der Spiritualität aus? Sie umfasst die folgenden wesentlichen Elemente:

1. Sie beschreibt nicht nur theoretische, weltanschauliche Dimensionen, sondern ist auch streng auf die Praxis, d.h. unser Handeln, ausgerichtet und damit Bestandteil und zuletzt auch eine Grundlage unseres Alltagslebens.
2. Sie beschäftigt sich mit Sinnfragen unseres Daseins. Gemeinsame Werte und Sinngebungen sind Voraussetzung dafür, überhaupt irgendetwas zu entscheiden. Ihre Erschaffung und Behandlung wird aber erst aus einer inneren geistigen, also spirituellen Haltung des Einzelnen heraus möglich.
3. Sie beschäftigt sich mit Realitäten, deren Ursprünge nicht auf Erkenntnisse oder Erfahrungen zurückgehen, die wir unmittelbar der äußeren Welt entnehmen. In philosophischer Terminologie heißt dies: Sie transzendieren unsere Erfahrung einer körperlichen Welt (das lateinische Wort *transcendere* bedeutet, etwas zu überschreiten). Hier müssen wir jedoch sehr genau unterscheiden. Der Begriff »transzendent« bezieht sich traditionell auf eine religiöse Transzendenz und damit auf etwas, das sich *jenseits des Menschlichen* befindet, also auf eine Göttlichkeit weist. Genau dieses Transzendente wird von der säkularen Spiritualität überwun-

den. Der von Kant verwendete Begriff »transzendental« dagegen passt zu ihr. Er beschreibt etwas *jenseits unserer unmittelbaren Erfahrung Liegendes*, ist aber immer noch ursprünglich auf den Menschen und seine Erfahrungen bezogen.

Die säkulare Spiritualität beschreibt eine geistige Haltung, die nach Sinn und Bedeutung jenseits unserer direkten Erfahrungen sucht und dabei unmittelbare praktische Auswirkungen auf unser Leben und unser ethisches Verhalten hat.

Von geistiger Autonomie zum rechten Handeln

Bei der spirituellen Entgegnung auf die Human-Krise kommt es auf unsere persönliche intellektuelle Redlichkeit im Denken an. Die *Grundlage* einer solchen spirituellen Haltung bezeichnen Philosophen als »geistige Autonomie«. Wir kennen sie schon: Sie ist eine Eigenschaft unseres Denkens (d.h. inneren Handelns) und beruht auf zwei Fähigkeiten:

1. auf der kritischen Reflexion der Prozesse, wie wir zu Wissen, Meinungen und Überzeugungen kommen, mitsamt Ehrlichkeit uns selbst gegenüber;
2. auf Abstraktion von (äußeren) Dingen wie emotionalen Bedürfnissen nach schönen Gefühlen oder der direkten Erfüllung materieller oder sinnlicher Wünsche.

In der buddhistischen Lehre wird geistige Autonomie auch als »klarer« oder »befreiter Geist« bezeichnet.

Die geistige Autonomie besteht aus unserer Fähigkeit, uns nicht zu Überzeugungen drängen zu lassen, sondern aus eigener Kraft und frei von emotionalen Anhaftungen bewusst zu ihnen zu gelangen.

Zwei Fragen gilt es innerhalb einer säkularen Spiritualität nun zu beantworten:

1. Wie gelangen wir zu geistiger Autonomie? Können wir die Fähigkeit der kritischen Selbstregulation im Denken und Handeln trainieren und mit der Zeit verbessern?
2. Wie gelangen wir von der geistigen Autonomie in unseren Urteilen und Überzeugungen zu einem entsprechenden *Handeln*?

Bezüglich der ersten Frage waren die Aufklärungsphilosophen sehr optimistisch: Kant war überzeugt, wir müssten dazu nur unsere »Faulheit und Feigheit« überwinden. Die Aufklärer sahen sich daher auch als Pädagogen, die den Menschen zur geistigen Autonomie führen, um »von seiner Vernunft in allen Stücken öffentlichen Gebrauch zu machen«.[89] Weiter unten wird die Rede von einer weiteren Methode sein, die den Weg zur geistigen Autonomie ebnen kann.

Zur zweiten Frage: Bei der Ausrichtung der Spiritualität *auf unser Handeln* kommt eine Form des Rationalismus zum Zuge, die bereits Kant als Brücke zwischen der reinen (erkennenden) Vernunft und der praktischen (handelnden) Vernunft diente: unsere *ethische* Autonomie; Kant nennt sie auch »sittliche Autonomie«.

89 I. Kant, *Beantwortung der Frage: Was ist Aufklärung?* (1784)

Die sittliche Autonomie ist das praxisbezogene Pendant zur geistigen Autonomie.

Kant definierte die sittliche Autonomie als »die Beschaffenheit des Willens, dadurch derselbe ihm selbst (unabhängig von aller Beschaffenheit der Gegenstände des Wollens) ein Gesetz ist«.[90] Dieser etwas verklausulierte Satz bedeutet nichts anderes, als dass der Mensch frei ist, nach eigenen Prinzipien zu handeln, anstatt durch fremde Regeln oder auch durch egozentrisches Verlangen und hedonistisches Glücksstreben bestimmt zu sein. Dies führt Kant zu seinem berühmten kategorischen Imperativ, dem Grundsatz des sittlich autonomen Menschen (er nennt es daher auch »Sittengesetz«):

> *»Handle nur nach derjenigen Maxime, durch die du zugleich wollen kannst, dass sie ein allgemeines Gesetz werde.«*[91]

Sittliche Autonomie bedeutet also nichts anderes als die freiwillige Annahme eines allgemeingültigen Sittengesetzes, das nicht nur das eigene Wohlergehen zum Ziel hat, sondern das aller Menschen und zugleich allgemeinen Vernunftprinzipien entstammt. Kant macht uns Hoffnung: Wir werden nicht zwangsweise durch unsere Begierden und Bedürfnisse nach irgendwelchen schönen Gefühlen bestimmt, sondern können davon Abstand nehmen und gemäß *allgemeiner* moralischer Überzeugungen und Wertvorstellungen handeln.

Hier schließt sich der Kreis. Ein anderer Begriff für Redlichkeit ist *Integrität*, die Treue zu sich selbst, also

90 I. Kant, *Grundlegung zur Metaphysik der Sitten*, BA 88
91 I. Kant, *Grundlegung zur Metaphysik der Sitten*, BA 52

zu seinem Denken (keine als falsch erkannte Gedanken haben) und auch im Handeln (entsprechend unserer Wertvorstellungen). Der philosophische Begriff »Integrität« stammt vom lateinischen »*integritas*« ab und bedeutet: unversehrt, intakt, vollständig. Wir sollen also »in einem zusammenhängenden Ganzen«, d.h. ethisch stimmig denken und handeln.

Innerhalb einer säkularen Spiritualität führt ein Weg direkt von der geistigen Autonomie (im Denken) zur sittlichen Autonomie (im Handeln) und damit zur Integrität.

Gemeinsame Redlichkeit

Wie das redliche Denken ist auch das redliche Handeln zunächst einmal eine persönliche Angelegenheit. Wenn wir aber alle *nach den gleichen Prinzipien menschlicher Rationalität* denken und handeln (das bedeutet nicht: dasselbe denken und genauso handeln wie alle anderen), dann können wir immer einen Konsens finden und jeden Konflikt lösen.

- Das globale, gemeinschaftliche Denken wird uns zu den richtigen Antworten auf die Human-Krise geleiten,
- das globale, gemeinschaftliche Handeln wird diese Antworten in Taten umsetzen und uns aus der Human-Krise herausführen.

Allerdings sieht es bisher kaum danach aus, dass sich die Menschheit auf gemeinsame Kriterien der Redlichkeit im Denken und Handeln einigen könnte.

Wie ein Testlauf für die Human-Krise erscheint die erste reale, globale Herausforderung, der Klimawandel. Zum ersten Mal in unserer Geschichte sehen wir uns mit der Herausforderung konfrontiert, als eine *globale Einheit* zu agieren. Bislang haben wir auf die von uns selbst verursachte Erwärmung der Erdatmosphäre, die die Grundlage unseres Lebens zu zerstören droht, kaum angemessen reagiert. Das liegt vielleicht auch daran, dass der Klimawandel so langsam abläuft, dass wir uns schwer tun, zu der nötigen Motivation zu finden, das Richtige zu unternehmen. Intellektuell redlich wäre es ja, der These von der menschenverursachten globalen Klimaveränderung zuzustimmen, da sie die am allerwahrscheinlichsten zutreffende ist. Ethisch redlich wäre es, diesem Denken entsprechend zu handeln.

Dass wir hier versagen, liegt zunächst an unserer mangelnden geistigen und ethischen Autonomie. Ihr Fehlen manifestiert sich konkret in

- individuellen und nationalen Egoismen,
- einem Wirtschafts- und Gesellschaftsmodell, das die Erfüllung einer nimmersatten materiellen Gier, die rücksichtslose Verwirklichung jeglicher individueller Lebensausrichtungen und maßlosen Massenkonsum als Maßstab für ein glückliches Leben deklariert,
- weit verbreiteter Schwerfälligkeit (in den Worten Kants: Faulheit) im Denken.

Ohne geistige und ethische Autonomie handeln wir auf individueller und kollektiver Ebene hartnäckig wider besseres Wissen, obwohl wir durchaus zu der intellektuellen Einsicht in die Folgen unserer Handlungen fähig sind. Das ist auch der Grund für einen fehlenden interkulturellen und globalen Konsens über ethische Normen.

So wie der Klimawandel ist auch die Human-Krise nur lösbar, wenn wir kollektiv auf globaler Ebene handeln. Doch die Voraussetzungen sind noch schlechter als beim Klimawandel: Während der Klimawandel das Bewusstsein der Menschen erreicht hat, ist sich beim Thema »Veränderung des Menschen durch Technologie« kaum jemand der Gefahr bewusst. Dies ändert sich gerade erst: Die weltweite Diskussion nach den ersten CRISPR-Babys chinesischer Herkunft im November 2018 und die beginnende Diskussion über eine zukünftige vertrauenswürdige KI sind erste Anzeichen dafür, dass ethische Fragen, die sich auf die Human-Krise beziehen, global diskutiert werden.

Dass wir bislang nicht angemessen auf die Klimaerwärmung reagieren, ist ein Zeichen für unsere fehlende geistige und sittliche Autonomie. Dabei wäre das Klimaproblem »leichter« zu lösen als die Human-Krise.

Bedienungsanleitung für die Praxis

Es gibt zwei Verhaltensweisen, die uns in der Praxis den Weg zur geistigen Autonomie ebnen. Die erste: Wir müssen uns austauschen. Dem Wort »austauschen« kommen hier zwei Bedeutungen zu:

1. Menschen tauschen klar abgegrenzte Argumente untereinander aus, vergleichen und diskutieren sie also.

2. Der Einzelne ändert seine Überzeugung (tauscht sie aus), indem er stimmige Argumente seines Gegenübers übernimmt.

Wer einmal den wissenschaftlichen Betrieb erlebt hat, zum Beispiel an einer Fachtagung teilgenommen hat, die allgegenwärtigen Diskussionen, die Vielfalt der Vorträge, die Leidenschaft in der Debatte (bis zum Schreiben von Formeln auf die Servietten und Bierdeckel beim Abendessen) und die Inspiration, mit der die Teilnehmer danach wieder zurück an ihre Arbeit gehen, kennt, der weiß um die Bedeutung des Austausches in der Wissenschaft.

Dass diese Bereitschaft zum Austausch in diesem zweifachen Sinne die Suche nach optimalen Problemlösungen ermöglicht, gilt natürlich auch außerhalb der Wissenschaft. So besteht der offene politische Diskurs, ganz wie Popper ihn im Idealfall beschreibt, aus dem ehrlichen Austausch von Informationen und Argumenten und dem allseitigen Bemühen um beste Lösungen.

Die zweite Verhaltensweise ist eine jahrtausendealte Praxis, die es sich ebenfalls zum Ziel setzt, geistige Autonomie zu erreichen: die Meditation. Meditation in ihrer heute bekanntesten Form ist die Achtsamkeits- und Einsichtsmeditation der buddhistischen Vipassana-Tradition.

Der Leser oder die Leserin mag überrascht sein, an dieser Stelle auf Meditation zu treffen. Doch er oder sie versuche nur einmal, den eigenen Geist spontan zu zähmen, ihn über längere Zeit auf ein einziges Objekt konzentriert verweilen zu lassen. Konkret: Man schließe die Augen und versuche, sich nur auf den eigenen Atem zu konzentrieren. Dies gelingt den meisten kaum länger als für einige Sekunden. Anfänger in der Praxis der

Meditation erleben den sogenannten »monkey mind« (»Affengeist«), das kaum zu kontrollierende, willkürliche Springen des Geistes von einem Gedanken zum anderen. Allein an dieser kurzen Übung erkennt man schnell, wie wenig autonom wir im Gebrauch unseres Geistes und unserer Gedanken sind, und wie schwer es uns fällt, unsere Wahrnehmungen und Erfahrungen – und damit auch unsere Meinungen und Überzeugungen – zu kontrollieren.

Wir sind kaum Herr über unsere eigenen Gedanken und Gefühle, von einer geistigen Autonomie sind wir weit entfernt. Meditation hilft uns, ihr näherzukommen, indem sie unser Wahrnehmen und Denken diszipliniert.

Mit viel Übung lernen Meditierende, ihren Geist auf bestimmte Gegenstände der momentanen Erfahrung zu richten. Aufgrund fehlender äußerer Stimuli sind dies ausschließlich körperliche Empfindungen wie Atem, Herzschlag, Schwere etc. So wird die Fähigkeit des Geistes geübt, nicht gleich zu denken und den aufkommenden Gedanken nachzugehen, sondern zu verweilen in einem reinen inneren Gewahrsein.

Die Meditation offenbart uns eine ganz neue, unerwartete Beziehung zwischen Rationalität und Spiritualität, und dies in einer sehr konkreten und für die hier dargestellte Notwendigkeit der Entwicklung einer geistigen Autonomie sehr relevanten Form. In ihr geht es um die Kultivierung einer speziellen Form von innerem Gewahrsein, die in ihrer Vollendung anstrengungslos sein soll. Wer längere Zeit dieser Praxis nachgeht, erhält Einblick in die automatischen Assoziations- und Identifikationsprozesse unseres Wahrnehmens und Denkens.

Das kann bis zur Auflösung der Ich-Wahrnehmung und jeglicher Wahrnehmung einer Subjekt-Objekt-Dualität gehen – die Wahrnehmung, »jemand zu sein«, der da meditiert, ist dann überwunden.

Eine längere Meditationspraxis führt den Praktizierenden zu einer systematischen Erhöhung geistiger Autonomie: Der Geist lernt, sich selbst immer besser zu kontrollieren. Er nimmt wahr, ohne gleich …

- zu urteilen,
- innerlich zu handeln (zu denken),
- zu Schlussfolgerungen zu kommen.

Meditation räumt in unserem Geist auf. Wir haften weniger verfestigten (oft destruktiven) Gedanken an, erkennen besser die Muster, die unsere Identität automatisch mit unseren Gedanken verknüpfen wollen, und kontrollieren immer genauer die Mechanismen unserer Schlussfolgerungen.

Der Philosoph Thomas Metzinger formuliert es knapp und bündig: »Meditation erhöht die Bedingungen der Möglichkeit von Rationalität.«[92] Meditierende haben eine höhere Lebenserwartung, sind innerlich ausgeglichener, haben weniger psychische Krankheiten und Stoffwechselprobleme[93], vor allem aber entwickelten sie ein gesünderes Verhältnis zu den eigenen Gedanken und Überzeugungen.

92 Thomas Metzinger, *Spiritualität und intellektuelle Redlichkeit*, in: *Der Ego-Tunnel: Eine neue Philosophie des Selbst: Von der Hirnforschung zur Bewusstseinsethik*, Piper, München, 2. Aufl. 2014.

93 Es existieren unterdessen unzählige Studien zum Zusammenhang von Meditation und unserer allgemeinen psychischen wie physischen Gesundheit. Für eine entsprechende Einführung und einen Überblick, siehe: M. Ricard, A Lutz, RJ Davidson, *Mind of the meditator*, Scientific American, November 2014.

Die spirituelle Kunst der Meditation trainiert die Fähigkeit zur Selbstkontrolle im Wahrnehmen und Denken. Damit wirkt sie ganz im Sinne der Aufklärer: Sie macht uns rationaler im Gebrauch unserer eigenen Vernunft.

Die westliche Variante, Rationalität zu entfalten und die Autonomie des Denkens zu erreichen, ist durch das aufklärerische Ideal der intellektuellen Redlichkeit und des wissenschaftlichen Erforschens geprägt. Die östliche Weise ist die Meditation. Beide spirituelle Traditionen kommen zum selben Schluss: Ohne klares, rationales Denken kann kein ethisches Handeln entstehen.

So zeigt sich in der Lehre Siddhartha Gautamas, genannt »der Buddha«, der Fortschritt in der Meditation konkret immer auch in Form einer höheren ethischen Integrität, d.h. einer in sich stimmigen, kohärenten Lebensweise. Wer einmal Langzeitmeditierende erlebt hat, weiß, welch große praktische Relevanz ihre spirituelle Praxis besitzt. Zu nennen sind hier insbesondere

1. die Entwicklung der Fähigkeit, das Leidhafte in uns und um uns herum (das Pali-Wort lautet: *Dhukka*) zu sehen und basierend darauf zu einem ausgeprägten Mitgefühl für andere lebende (und leidensfähige) Wesen zu kommen,
2. die Loslösung vom Wunsch nach Befriedigung der eigenen Gier.

So wie der Westen sich einer säkularen Spiritualität nähert, hat sich in den letzten Jahren auch im Buddhismus eine leidenschaftliche Diskussion um säkulare Spiritualität entzündet, die sich zwar der fernöstlichen Praktiken wie Meditation und Achtsamkeitsübungen bedient und diese als sehr hilfreich für unser Leben und unser Glück darstellt, aber jeglichem Transzendenzbezug wie Wiedergeburten oder übernatürlichen Entitäten mit Skepsis begegnet. Vertreter des säkularen Buddhismus übersetzen und interpretieren alte buddhistische Originaltexte neu und extrahieren aus diesen zeitgemäße humanistische und ethische Werte wie Empathie, Achtsamkeit, Verbundenheit mit und Achtung vor allen Lebewesen, sowie soziale und ökologische Verantwortung. Zugleich predigen sie eine skeptische und oft auch naturalistische Weltsicht. Selbst der Dalai Lama hält diese religionsunabhängigen oder religionsübergreifenden globalen Werte heute für wichtiger als viele traditionelle Formen einer spirituellen Praxis.

Eine stärkere Integration meditativer Techniken in Ausbildung und Lebensalltag der Menschen ist ein wichtiger Beitrag zur Lösung der Human-Krise.

Mit der Verbindung von Wissenschaft und Spiritualität verfügen wir nun über die Möglichkeit, uns konkret der Frage zuzuwenden, wie wir der Human-Krise begegnen und unsere Zukunft gestalten wollen.

11 – WAS IST DER MENSCH, WAS SOLL ER SEIN?
WIE DAS MÄCHTIGE ZWEIGESPANN DER MODERNE KONKRET WIRKEN KANN

Nach Schätzung von Verkehrsexperten lassen sich mit Künstlicher Intelligenz und selbstfahrenden Autos mehr als 90 Prozent der Unfälle vermeiden. Wäre es nicht auch eine verlockende Vision, einer rationaleren Intelligenz, als wir mit unseren kognitiven Verzerrungen es je sein können, noch viel weitreichendere Kompetenzen zu geben? Wir könnten eine KI mit der Lösung des Klimaproblems betrauen, sie unser Staatswesen und unsere Wirtschaft steuern lassen. Wir könnten einer KI auch übertragen, das Problem der sozialen Gerechtigkeit zu lösen, statt diese Aufgabe interessegeleiteten oder ideologiegetriebenen Lobbygruppen und Politikern zu überlassen.

Die grundlegende Frage hinter all diesen Möglichkeiten lautet: Was sollen die ethischen Normen für eine KI sein, nach denen sie Entscheidungen treffen wird? Bekannt geworden ist das sogenannte »Trolley-Problem«: Wie soll das Programm eines autonom fahrenden Autos reagieren, wenn drei Kinder auf die Straße rennen und nur noch ein Ausweichmanöver möglich ist, das jedoch zu einer Frontalkollision mit einem anderen Auto führt? Das Trolley-Dilemma ist für uns Menschen nicht lösbar (sonst wäre es ja kein Dilemma). Wir können also der Maschine keinen Verhaltenskodex eingeben. Die Frage ist: Wollen wir uns dann wirklich der Entscheidung einer Maschine beugen?

Genauso wenig wie das Trolley-Problem wird eine KI auch nicht das jahrhundertealte Dilemma einer Abwägung zwischen individueller Freiheit und gemeinschaftlicher Gerechtigkeit lösen können. Ganz im Gegenteil: Wir müssen sicherstellen, dass eine KI nicht für und über uns entscheidet, sondern dass wir einen Korridor vorgeben, innerhalb dessen die KI manövrieren kann. Nur so bewahren wir uns unsere individuelle Freiheit. Dies ist von besonderer Bedeutung, da ja heute schon ...

- ... von Big Data gefütterte Algorithmen mehr über uns wissen als wir selbst und uns weit subtiler manipulieren können, als sich dies Werbeindustrie und politische Propagandamaschinerie je hätten träumen lassen.
- ... Künstliche Intelligenz in die neurologischen Prozesse unseres Gehirns eindringt und unseren Geist und Willen zu hacken droht, um diese »zu verbessern«.
- ... Gentechnologen Eingriffe in die Gene von Ei- und Spermazelle vornehmen können und es so schon bald möglich sein wird, die kognitiven Fähigkeiten, das geistige und körperliche Potential des Menschen bereits vor seiner Zeugung zu bestimmen.
- ... uns Bewusstseinstechnologien neue Realitäten vorspielen, in denen wir uns fühlen (und vielleicht auch schon bald gänzlich leben) wie in der »normalen Welt«.

Entwicklungen wie diese stellen unsere ureigene Identität und Integrität sowie die unbedingte Autonomie eines jeden Individuums in Frage. Die Antworten auf die Fragen im letzten Abschnitt hängen wesentlich von unserer philosophischen Sicht, ja unserem Weltbild insgesamt ab. Wer den Menschen nur als eine sehr komplexe Maschine betrachtet, wird diese Frage anders beantworten als eine religiös denkende Person, die den Menschen als Krönung einer göttlichen Schöpfung betrachtet.

Die Gestaltung der technologischen Zukunft ist eine zutiefst philosophische und spirituelle Angelegenheit, die uns als Menschen fordert und die wir nicht an Maschinen oder Technologien delegieren können.

Die Geschwindigkeit des technologischen Fortschritts lässt uns dabei kaum Zeit, lange zu diskutieren. Über Jahrtausende haben Philosophen darüber nachgedacht, was der Mensch ist. Und nun müssen zwanzig oder dreißig Jahre ausreichen, um zu entscheiden, was der Mensch sein soll!

In der Pflicht

Wenn wir Entscheidungen für die Zukunft treffen wollen, geht es immer auch um Weltbilder, philosophische Grundsätze und individuelle Wahrheiten. Auf eine externe, transzendente Entität, die uns auf ethische Fragen Antworten gibt, können wir nicht zurückgreifen. Fast alle religiösen Texte der Vergangenheit, ob der Talmud der Juden, die Bibel der Christen, der Koran der Muslime oder die Veden der Hindus, waren *menschliche* Schöpfungen und hatten das Ziel, soziale Normen und politische Strukturen ihrer Zeit zu legitimieren.[94] Über zweitausend Jahre alte Antworten auf gesellschaftliche Probleme der antik-archaischen Gesellschaften können die Human-Krise des 21. Jahrhunderts nicht einmal annähernd erfassen.

94 Zu den wenigen Ausnahmen gehören der Pali-Kanon und die Mahayana-Sutras des Buddhismus (dieser nimmt allerdings auch keinen Bezug auf eine externe Göttlichkeit).

Die Ethik Kants, aber auch das verantwortungsethische System des Philosophen Hans Jonas, der im Angesicht von technologischer Entwicklung und ökologischer Bedrohung formulierte, dass der Mensch die Verantwortung für sein Handeln trage, was auch Verantwortung für die Existenz zukünftiger Menschen einschließt – statt von »Nächstenliebe« spricht Jonas von »Fernstenliebe«[95] –, helfen uns dagegen weiter. Die durchaus säkular zu verstehende buddhistische Ethik, Leiden zu minimieren, ist ebenfalls ein vielversprechender Ansatz. Zudem kommt die biologische Forschung heute zu einer komplett naturalistischen Begründung ethischen Verhaltens: Es ist einfach von evolutionärem Vorteil, Ethik zur Grundlage seines Handelns zu machen.

So wie eine vom religiös Dogmatischen losgelöste, säkulare Spiritualität brauchen wir also auch eine säkulare Ethik, die unser Handeln bestimmt.

Analog zu den im vorangegangenen Kapitel aufgeführten Minimalkriterien der säkularen Spiritualität hier eine Liste der Anforderungen an eine säkulare Ethik:

1. Intellektuelle Redlichkeit: Unser wissenschaftliches und spirituelles Denken muss nach Wahrheit streben; gleichzeitig müssen wir bescheiden sein, wenn es um die Einschätzung unseres Wissens und unserer eigenen »Wahrheiten« geht.

95 Sein an Kant angelehnter »ökologischer Imperativ« lautete: *Handle so, dass die Wirkungen deiner Handlung verträglich sind mit der Permanenz echten menschlichen Lebens auf Erden.*«; siehe H. Jonas, *Das Prinzip Verantwortung. Versuch einer Ethik für die technologische Zivilisation*, Suhrkamp, Frankfurt/M. 1979.

2. Autonomie im Denken: Wir müssen uns gegen Mythen, fixe gesellschaftliche Normen und Dogmen wehren. Wir dürfen nicht zögern, Dinge und uns selbst, im vollen Bewusstsein unserer eigenen Fehlbarkeit, zu hinterfragen. Auch dann, wenn die Konsequenzen unangenehm sind.
3. Verantwortung im Handeln: Wir müssen einsehen, dass wir persönlich die Verantwortung dafür tragen, wie die Zukunft aussehen wird, und nach unseren ethischen Kriterien handeln.
4. Globale Akzeptanz: Die Prinzipien des Handelns müssen im säkularen und demokratischen Westen, im islamischen Mittleren Osten und im hinduistisch-buddhistisch geprägten Fernen Osten akzeptiert sein.

Die ersten drei Punkte lassen sich mit einem Wort zusammenfassen: »persönliche Integrität«. Punkt vier enthält die Forderung nach global übereinstimmenden Idealen. Genau hier liegt eine besondere Schwierigkeit: Der moderne technologische Fortschritt findet auf globaler Ebene statt. Wie aber sehen gemeinsame globale Werte aus? Nicht einmal das Leitbild des (europäisch geprägten) Humanismus, die Gleichheit aller Menschen und die Forderung, dass jedem die bestmögliche Persönlichkeitsentfaltung zugänglich sein soll, ist in aller Welt anerkannt. Ein sturer westlicher Werte-Imperialismus bringt uns nicht weiter. Außerdem ist auch die westliche Welt darauf angewiesen, Lücken in ihrer Weltanschauung zu schließen.

Grundlage der geforderten säkularen Ethik ist das Bekenntnis zu Zielen und Prinzipien, die allen Kulturen gemeinsam sind.

Gar nicht so einfach, gemeinsame Nenner für unterschiedliche Kulturen aus aller Welt zu finden! Doch es gibt Hoffnung. In einer Art moralischen Vermessung der Welt wird seit 1981 in einem akademischen Mammutprojekt der sogenannte »World Values Survey« durchgeführt. Das Ergebnis: Wenn auch in Wellen und mit temporären Rückschlägen wachsen weltweit die Freiheit im Denken und die Selbstermächtigung und Selbstreflexion des Menschen; aufklärerische und emanzipative Werte erfahren eine immer breitere Zustimmung. Unsere kollektive Integrität steigt. Der »Ausgang des Menschen aus seiner selbstverschuldeten Unmündigkeit« schreitet allerorten voran.[96]

Die Frage nach dem »Ich«

Zu einer Antwort auf die Frage, was der Mensch in Zukunft sein soll, gehört ein Konsens darüber, wozu er denn überhaupt da ist. Früher gaben Religionen und gesellschaftliche Konventionen vor, welchen Sinn und Zweck unser Leben hat: Gott dienen, sich für die Nation opfern, sich auf ein Leben nach dem Tode vorbereiten usw. Das aufgeklärte Denken und intellektuelle Redlichkeit lassen uns erkennen, dass diese Ziele wegfallen. Übrig bleibt nur der Mensch selbst. Die Frage nach dem Sinn muss daher innerhalb einer säkularen Spiritualität behandelt werden. Der aufgeklärte säkulare Geist kann diese Frage nur beantworten, indem er aus sich heraus einen Sinn erschafft. In unserer modernen Welt kann das sein: Geld verdienen, es sich gut gehen lassen und das Leben genießen, etwas Bleibendes erschaffen (zum

96 Ch. Wenzel, *Freedom Rising: Human Empowerment and the Quest for Emancipation*, Cambridge University Press, Cambridge 2013.

Beispiel eine Kunstsammlung aufbauen), Wissen erwerben und vieles mehr.

Die Frage nach dem Sinn in unserem Leben scheint innerhalb einer westlichen, säkularisierten Weltsicht nur eine einzige, unbefriedigende Antwort zu haben: sich selbst zum Maß der Dinge zu machen.

Doch die Erfahrung zeigt, dass es für viele Menschen unbefriedigend ist, wenn jeglicher Sinn nur in der eigenen, diesseitigen Existenz und der Befriedigung der irdischen Bedürfnisse zu finden ist. Der Grund dafür ist klar: Wir wissen, dass wir eines Tags sterben werden. Alles Streben kann daher nur temporär sein; wir sind dazu bestimmt, als unvollständige Wesen zu enden. Gleichzeitig tragen wir in uns die tiefe, instinktive Überzeugung, dass wir ein festes (wenn auch nicht materielles), substanzielles (also unvergängliches) Ich haben (in seiner Unsterblichkeit auch als »Seele« bezeichnet). Den größten Teil unserer Zeit verbringen wir damit, dieses Ich zu bestätigen und es möglichst präsentabel, liebenswert und erfolgreich zu machen. Daraus entstehen solche Qualitäten wie Gier, Hass und Angst, aber auch Liebe und Mitgefühl. Dieses Ich sucht nach Sinn. Zugleich fragen wir uns immer wieder: Was passiert mit mir nach meinem Tod? Wie kann ich mein »Leben danach« gestalten?

Doch so einiges spricht dafür, dass es dieses unabhängige, substanzielle Ich gar nicht gibt. In diesem Zusammenhang lohnt es sich noch einmal, die spirituelle Tradition des Buddhismus zu betrachten. Die Idee einer unsterblichen Seele ist dem Buddhismus fremd. Gemäß seiner Philosophie haben die Phänomene und Ereignisse in unserer Welt auch keine eigene, unabhängige, feste

Essenz und damit auch keinen inneren eigenen Sinn an sich. Die Dinge ändern sich ständig und in gegenseitiger Abhängigkeit voneinander (diesen Prozesses des gegenseitig abhängigen Entstehens und Vergehens beschreibt das Sanskrit-Wort »Pratītyasamutpāda«). Fortlaufende Änderungen gelten auch für unser Selbst. Denn wir sind in unserer Selbstwahrnehmung abhängig von allen möglichen, ständig wechselnden Einflüssen.

Das Ziel der buddhistischen Lehre ist es, die »Ich-Illusion«, d.h. die Vorstellung, dass wir ein festes, unveränderliches Selbst haben, zu überwinden. Sie spricht in diesem Zusammenhang von der »Leere« unseres Daseins (»Śūnyatā« auf Sanskrit) und meint damit nichts anderes, als dass es weder eine substanzielle, unabhängige Existenz des Ichs noch eine solche der Objekte gibt (existieren tun die Dinge schon, nur liegt ihnen keine unabhängige, letzte Instanz zugrunde).

Der Buddhismus versorgt uns also nicht etwa mit einem letzten Sinn des Lebens, den wir vorher übersehen hätten; er macht uns vielmehr klar, dass es keinen solchen absoluten Sinn gibt. Indem wir unsere Begierden stillen, können wir keine letztendliche Befriedigung erlangen. Versuchen wir es trotzdem – und die meisten Menschen tun dies –, so ist das Resultat Leiden. In letzter Hinsicht geht es im Buddhismus daher um die Reduktion des Leidens. So ersetzt er den *Sinn* des Lebens durch ein *Ziel* des Lebens: vom Versuch, temporär die eigenen hedonistischen Bedürfnisse zu erfüllen, loszulassen und damit das eigene Leiden zu minimieren. Buddhisten sprechen in diesem Zusammenhang von »befreit werden« und bezeichnen diesen Zustand als »Nirvāna« (Pali: Nibbāna).

Der Buddhismus fordert uns auf, die Suche nach dem persönlichen, auf uns selbst bezogenen Sinn unseres Lebens einzustellen und stattdessen den Weg der Befreiung vom Selbst zu beschreiten.

Kann uns eine Philosophie, die uns keinen letzten eigenen Sinn im Leben bietet, dabei helfen, die Human-Krise zu lösen? Die Antwort lautet: Ja! Denn mit ausschließlich eigener individueller Nutzen-, Konsum- und Sinn-Optimierung nach westlicher Art kommen wir nicht weit. Statt

- als Einzelne, als Interessensgruppen oder als Nationalstaaten zu handeln und danach zu streben, nur den eigenen Vorteil zu sichern,
- unserem individuellen Verlangen nach immer mehr (mehr Konsum, mehr Fun, mehr Essen) wieder und wieder nachzugehen,
- eine beständige, frustgetriebene Aversion im eigenen Geist zu pflegen,
- abzustumpfen und Probleme zu verdrängen,

müssen wir uns als globale Menschheit begreifen, als eine Einheit gegenseitiger Abhängigkeiten und Verknüpfungen, die nur gemeinsam gestaltet werden können. Der Buddhismus liefert hierfür dafür eine philosophische Grundlage.

Eine Einstellung, die das »Ich« weniger stark betont, treibt die Entwicklung eines kollektiven moralischen Bewusstseins voran. Jeder einzelne Mensch ist aufgerufen, ein solches Bewusstsein zu entwickeln, dabei »Ich-getriebene« Regungen wie Gier, Hass und Verblendung abzubauen und sein Handeln in den Dienst einer umfassenderen Gemeinschaft zu stellen. Das ist genau die Einstellung, die wir angesichts der Human-Krise so dringend brauchen.

Dass wir dazu grundsätzlich in der Lage sind, zeigen die gewaltigen gemeinschaftlichen Strukturen, die wir Menschen hervorbringen: Wissenschaft, Sprache, Religion, staatliche Strukturen, globale Unternehmen etc. Und kann nicht zuletzt ein Sinn des Lebens nur etwas sein, was wir gemeinsam teilen?

Der Buddhismus fördert eine Einstellung, die das »Ich« weniger stark betont und damit die Entwicklung eines kollektiven moralischen Bewusstseins vorantreibt.

Die Auflösung des Individualismus

Seit einigen Jahren erhält die Sichtweise, dass ein eigenständiges (substanzielles) Ich illusorisch ist, auch von naturwissenschaftlicher Seite Unterstützung. Viele Neuroforscher argumentieren unterdessen, dass es ein unabhängiges Ich gar nicht gibt. Das Bewusstsein, dass wir Individuen (also »unteilbare«[97] Entitäten) sind, von Philosophen als das »phänomenale Selbst« (das erlebte und zugleich erlebende Selbst) bezeichnet, besteht zuletzt in nichts anderem als einem »biologischen Datenformat« in unserem Gehirn, das aus vielen einzelnen Informationen erzeugt wird. Aus Reizen, die von den Sinnesorganen ins Gehirn gelangen, entsteht in uns ein Modell der bewusst erlebten Wirklichkeit. Was wir wahrnehmen, ist jedoch nichts anderes als eine Repräsentation in unserem Kopf,

97 Der Begriff »Individuum« stammt von lateinischen *dividere* (= teilen) ab und bedeutet wörtlich »nicht teilbar«.

die unsere Aufmerksamkeit, entsprechend unseren Erfahrungen, auf Wichtiges fokussiert, Unwichtiges ins Nicht-Bewusste abgleiten lässt und verschiedene zeitliche Szenarien simuliert, um bessere Entscheidungen fällen zu können.[98] Die Tatsache, dass wir bei all den vielen Sinneseindrücken unser Erleben als eine Einheit erkennen – die Neuroforscher sprechen von der »Kohärenz« des Bewusstseins –, ist eine der erstaunlichsten Leistungen unseres Gehirns. Wie diese Kohärenz zustande kommt, ist noch offen.

Die Ich-Wahrnehmung ist auch gar nicht so stabil, wie wir meinen. Zahlreiche Beispiele von neurologischen Krankheiten und psychischen Ausnahmezuständen, zum Beispiel Wahrnehmungen unter dem Einfluss von Drogen und Halluzinogenen, zeigen das. Auch tiefe Meditationszustände können Auflösungen des Ich-Erlebens auslösen.

Viele Neuroforscher sagen: Unser Ich ist in letzter Hinsicht nichts anderes ist ein komplexes physikalisches Ereignis, ein Konstrukt unseres Gehirns, und alles andere als stabil.

Die Einsicht, dass unser Ich keine beständige und unteilbare Entität ist, sondern von vielen äußeren Umständen und Wechselwirkungen abhängt und sich ständig neu formiert, könnte ein erwünschtes Gegengewicht zum Egozentrismus und der ökonomischen Gier ergeben. Es ließe sich sogar eine neue gesellschaftliche Ausrichtung aus ihr gewinnen, die das Gemeinsame wieder stärker betont als das eigensüchtige Ich mitsamt seiner nie-

98 Siehe T. Metzinger, *Der Ego-Tunnel: Eine neue Philosophie des Selbst: Von der Hirnforschung zur Bewusstseinsethik*, Piper, München, 2. Auflage 2014; sowie: Susan Blackmore, *Bewusstsein – Das schwierigste Problem*, in: Spektrum der Wissenschaften, Februar 2019.

mals befriedigten Begierde – ohne dabei umgekehrt in die Dystopie einer totalen Vergemeinschaftung zu fallen. Mit der Einsicht, dass wir alle Teil eines größeren Ganzen – einer Gemeinschaft bzw. der Natur – sind und nicht getrennt und unabhängig voneinander existieren können, könnten wir dem Gefühl entkommen, ein isoliertes, mit anderen in ständigem Wettbewerb stehendes Ich zu sein. Dass wir Teil einer Harmonie des Kosmos sind, meinte auch Albert Einstein:

> *»Wie alle Wesen ist der Mensch Teil des Ganzen, das wir ›Universum‹ nennen, und das von Raum und Zeit begrenzt wird. Er erfährt sich, seine Gedanken und Gefühle als etwas, das ihn von den anderen trennt, aber dies ist eine Art optischer Täuschung seines Bewusstseins. Diese Täuschung ist wie ein Gefängnis, das unsere eigenen Wünsche und unsere Zuneigung auf einige wenige Menschen beschränkt, denen wir am nächsten stehen. Unsere eigentliche Aufgabe besteht darin, uns aus diesem Gefängnis zu befreien, indem wir den Kreis unseres Mitgefühls und unserer Fürsorge auf alle Wesen und die Natur in ihrer ganzen Schönheit gleichermaßen ausdehnen. Niemand kann dies vollständig erreichen, aber das Streben nach einer solchen Leistung ist an sich ein Teil der Befreiung und eine Grundlage für innere Sicherheit.«*[99]

99 Albert Einstein in einem Brief an einen Rabbi, der eine seiner beiden Töchter bei einem Unfall verloren hatte. Der Rabbi hatte gefragt, welche Weisheit er seiner verbleibenden Tochter anbieten könne, die um ihre Schwester trauerte. Publiziert in: The New York Times am 29. März 1972 und The New York Post am 28. November 1972. Auch in: A. Calaprice, *The New Quotable Einstein*, Princeton University Press 2005, 206; engl. Original: »A human being is part of the whole, called by us ›Universe‹; a part limited in time and space. He experiences himself, his thoughts and feelings as something separated from the rest -- a kind of optical delusion of his consciousness. This delusion is a kind of prison for us, restricting us to our personal desires and affection for a few persons nearest us. Our task must be to free ourselves from this prison by widening our circle of compassion to embrace all living creatures and the whole of nature in its beauty. Nobody is able to achieve this completely but striving for such achievement is, in itself, a part of the liberation and a foundation for inner security.«

In Anbetracht der gegenwärtigen ökologischen Zerstörungen bringt diese Einsicht eine konkrete politische Dimension mit sich. So glauben zahlreiche Psychologen, dass in der gezielten Entwicklung des Ichs der Schlüssel zu einer offeneren und gemeinschaftlicher orientierten Gesellschaft liegt.

Tatsächlich gibt es Anzeichen, dass sich die Gesellschaft und ihre Menschen in diese Richtung weiterentwickeln können. Die bekannteste Beschreibungsform für die Ich-Entwicklung eines Menschen ist das Modell der Entwicklungspsychologin Jane Loevinger aus dem Jahr 1969. In unzähligen empirischen Studien konnte Loevinger aufzeigen, dass sich das Ich eines jeden im Verlauf seines Lebens entwickelt und dabei eine gewisse Folge von typischen Entwicklungsstufen durchläuft.[100] Je höher die zuletzt erreichte Stufe, desto größer die Differenzierung und Reflexion der jeweiligen Person in Bezug auf gesellschaftliche Konventionen und das eigene Verhalten, desto größer auch die Offenheit für andere Meinungen und Lebensweisen.

- Auf der tiefen bis mittleren Stufe sind Denkkonzepte wie Ethnozentrismus, Autoritätsgläubigkeit und der Hang zur Durchsetzung eigener Interessen stark ausgeprägt. Mitunter starre Vorstellungen, wie die Dinge laufen sollen, beherrschen das Denken.

100 J. Loevinger, R. Wessler, *Measuring Ego Development*, Vol. I&II, Jossey-Bass, San Francisco 1970; J. Loevinger, *Ego Development: Conceptions and Theories*, Jossey-Bass, San Francisco 1976, J. Loevinger, L.X. Hy, *Measuring ego development*, Psychology Press, London 1996, 2. Auflage 2015; S. Cook-Greuter, *Ego Development: Nine Levels of Increasing Embrace*, neue Auflage 2013 erhältlich unter: http://www.cook-greuter.com/Cook-Greuter%209%20levels%20paper%20new%201.1'14%2097p%5B1%5D.pdf, auf Deutsch: http://www.cook-greuter.com/Stufen%20der%20Selbst-Entwicklung%2010.06.08%20-%20A4-2.pdf; A. Blasi, *The Theory of Ego Development and the Measure, Psychological Inquiry* Vol. 4, No. 1 1993, 17; J. Manners, K. Durkin, *A Critical Review of the Validity of Ego Development Theory and Its Measurement*, in: Journal of Personality Assessment, 77:3, 541-567 (2001).

- Auf der nächsten Stufe kann der jeweilige Mensch eigene und fremde Ansichten relativieren und entwickelt mitunter sogar ein ausgeprägtes Einfühlungsvermögen für sich und andere. Er kann innere Konflikte gut tolerieren und sich mit ihnen versöhnen. Solche Menschen können besser multiperspektivisch denken und in hochkomplexen und widersprüchlichen Welten agieren.
- Auf einer noch höheren Stufe verschwindet der Drang, Dinge und Personen zu bewerten. Das Ich verschmilzt mit der Welt, es wechselt spielerisch zwischen verschiedenen Bewusstseinszuständen und akzeptiert die Menschen und Dinge, wie sie sind.
- Das geht zuletzt bis dahin, dass sich auf der höchsten Stufe der Entwicklung das Ich ganz auflöst.

Auch wenn sich Kritiker teils am starren Schema des Modells von Loevinger stören, so gibt es unter Forschern mittlerweile einen Konsens, dass dieses zumindest eine gute Orientierung gibt, was mit unserer Persönlichkeit im Laufe unseres Lebens passiert: Wir entwickeln uns im Verlaufe unseres Lebens entlang progressiv steigender »Ich-Stufen«, auch wenn nur die allerwenigsten Menschen die höheren, integrativen Stufen erreichen. Das Ich der meisten Menschen verharrt irgendwann auf einer mittleren Stufe, legt damit starken Wert auf die eigenen Besonderheiten, Meinungen und Ziele. Doch jahrelange Forschung hat auch gezeigt: Diese Entwicklung lässt sich trainieren. Dies erkannte vor 2.500 Jahren bereits der Buddha, in dessen Erleuchtungsideal man die höchste Stufe des Ichs erkennen kann. Seine Methode dafür: Meditation.

Die Verteilung der Ich-Stufen kann sich innerhalb einer Gesellschaft als Ganzes Richtung der Relativierung des Ichs verschieben. Seit den Siebzigerjahren werden Erhebungen dazu durchgeführt, welche Ich-Stufen in Nordamerika sowie in West- und Mitteleuropa am stärksten verbreitet sind. Und ihre Verteilung scheint sich immer mehr auf höhere Stufen zu verlagern. So haben beispielsweise autoritäre Wertmuster in Ehe, Arbeitsleben, Familie und Schule, aber auch Vorurteile bzgl. anderer Kulturen oder Rassen seit den Fünfzigerjahren des vergangenen Jahrhunderts massiv an Einfluss verloren. Gleichzeitig ist das Bewusstsein für die Umwelt oder die Gleichberechtigung stark angestiegen. Eine solche Weiterentwicklung des Ichs könnte auf lange Sicht Gesellschaft- und Wirtschaftsstrukturen bedeutend verändern. Der Sinn für Verteilgerechtigkeit etwa oder für die Gleichstellung von Gesellschaftsgruppen könnte weiter ansteigen und zugleich die Funktion von Nationalität als identitätsstiftendes Element nachlassen. Auch die Idee der heutigen Leistungsgesellschaft könnte an Attraktivität verlieren.

Das moderne Ich der Menschen hat das Potential, sich hin zu höheren integrativen Fähigkeiten und einem stärker ausgeprägten Gemeinschaftsgefühl zu entwickeln.

Damit lässt sich für die Bewältigung der Human-Krise ein klares Ziel formulieren: Wir wollen Innovation und Technologie so gestalten, dass sie *allen* Menschen (heutigen und zukünftigen) und einer humanen Gesellschaft dienen, anstatt die Egoismen einzelner Menschen und Nationen zu befriedigen.

Alle Menschen, alle Kulturen, alle Länder – Fünf Regeln für jedermann

Jeder von uns, in jedem Teil der globalen Gesellschaft, ist gefragt. Doch wie soll sich jeder Einzelne im Dschungel der neuesten technologischen Entwicklungen zurechtfinden? Fünf einfache Regeln für jeden von uns, egal in welcher Kultur oder in welchem Land, können uns schon sehr weit bringen:

1. Der Komplexität gerecht werden: Eine einfache Lösung oder Erklärung für eine komplexe Frage oder einen komplexen Zusammenhang ist mit hoher Wahrscheinlichkeit falsch.[101]
2. Absolute Wahrheiten ablehnen: Wer mit dem Anspruch endgültiger Wahrheit auftritt oder seinen eigenen Glauben als Kriterium für Wahrheit verwendet, dem sollten wir a priori eine geringe Glaubwürdigkeit zusprechen.
3. Informationsquellen auswählen: Wo es geht und in Angelegenheiten, die uns wichtig sind, sollten wir unsere Informationen mit einer Recherche in wissenschaftlichen Journalen untermauern, und zwar solchen, die ein unabhängiges Referee-Verfahren besitzen. Auch sind Wissenschaftler aufgefordert, ihre Forschungsergebnisse so zu vermitteln, dass auch Laien ihre Bedeutung erfassen können.
4. Experten anhören: Die Meinungen von Wissenschaftlern und anderen Fachleuten müssen in

101 Man beachte hier die doppelte Bedeutung von »einfach«: Eine »einfache« Theorie in der theoretischen Physik ist eine, die sich auf »einfache« elementare Prinzipien zurückführen lässt. Für Nicht-Physiker sind diese allerdings kaum einfach. »Einfach« bedeutet in unserem Kontext hier eher, dass man auch ganz ohne Expertenwissen auskommt.

den demokratischen Diskursprozess integriert werden, auch wenn sie kontrovers sind und sich nicht immer als korrekt erweisen.
5. Motivationen hinterfragen: Wir sollten immer zu verstehen versuchen, wer uns aus welchen Gründen und mit welchen Motivationen mit Informationen versorgt.

Schwarze Wölfe

Der nächste Schritt ist es, als Gesellschaft endlich Kontrolle über die Big Player zu gewinnen, die jedes redliche Denken und ethische Handeln über Bord werfen, sobald es ihrem Gewinnstreben entgegensteht. Ein besonders eklatantes Beispiel für das Fehlverhalten einiger internationaler Firmen ist die Schweizer Firma *Glencore*, die in den letzten Jahren immer wieder durch Skandale und unethisches Verhalten auf sich aufmerksam gemacht hat. Korruptionsvorwürfe, Verstöße gegen Umweltauflagen, Ausbeutung von Land und Bevölkerung in Drittwelt-Staaten, umstrittene Geschäfte zum Beispiel im Kongo und in Venezuela, die Untersuchungen der US-Justiz und kanadischer Behörden nach sich gezogen haben, Klagen von Aktionären wegen missbräuchlicher Geschäftsführung – die Liste der Vorwürfe und Anklagen, die gegen diese Firma vorgebracht werden, ist lang. Und dennoch gedeiht die Firma prächtig, zu ihrem unredlichen Management gehören zahlreiche der reichsten Schweizer. »Ich bin Geschäftsmann, kein Politiker«, sagte ihr Chef einmal und rechtfertigte damit, dass es völlig in Ordnung sei, Geschäfte mit korrupten, gewalttätigen und rassistischen Regierungen zu tätigen.

Wir müssen dafür sorgen, dass sich global agierende Firmen an ethische Regeln halten.

Die folgenden vier Beispiele zeigen, dass klare Regeln global funktionieren können, wenn sie konsequent durchgesetzt werden, aber auch, dass es dazu oft noch größerer Anstrengungen bedarf:

- In der Pharmabranche gelten sehr strenge Verfahren bei der Zulassung neuer Medikamente. So sorgt der Gesetzgeber dafür, dass die Gesellschaft nicht – so wie im Contergan-Skandal Anfang der Sechzigerjahre – übergroße Risiken tragen muss.
- Jahrzehntelang agierten Banken nach der Devise »Gewinne privatisieren – Verluste sozialisieren«. In der globalen Finanzkrise von 2008 mussten sie weltweit mit vielen hundert Milliarden Euro gestützt werden. Die Folge waren stärkere regulatorische Beschränkungen für Banken und Versicherungen in Bezug auf Eigenkapitel, Handelsvorschriften und geschäftliche Transparenz. Ob die Maßnahmen weit genug gehen, wird sich bei der nächsten Krise zeigen.[102]
- Oft waren wie in den beiden vorangegangen Beispielen Katastrophen der Anlass für verschärfte gesetzliche Bestimmungen. In einzelnen Fällen werden Menschen jedoch aktiv, *bevor* Schaden entstanden ist. So fand 1975 in Kalifornien die von Bio-Wissenschaftlern organisierte Asilo-

102 Experten sind da eher pessimistisch. Siehe zum Beispiel: J. Stiglitz (ehemaliger Chefökonom der Weltbank), *Lessons from the Financial Crisis and their Implications for Global Economic Policy*, IMF Working Paper No. 10/44, März 2010. Die sogenannten *moral hazards* haben sich sogar vergrößert: Große Banken können auch heute noch davon ausgehen, dass sie im Notfall vom Staat gerettet werden, da sie zu groß sind, um zu scheitern (*too big to fail*).

mar-Konferenz statt. Es war die erste Konferenz zu den Risiken der damals noch jungen Gentechnologie und der gerade erst entdeckten Technik der DNA-Rekombination. Die dort von den Wissenschaftlern beschlossenen Sicherheitsrichtlinien in Bezug auf Produktion und Handhabung gentechnisch veränderter Organismen wurden später in vielen Staaten zur Grundlage von gesetzlichen Regelungen.
- Bei der Kernenergie gibt es zwar klare staatliche Auflagen, was Sicherheit und Entsorgung angeht, doch zuletzt trägt immer die Gemeinschaft die Risiken eines GAUs. Zudem hat sich herausgestellt, dass in Deutschland die Zahlungen der Energieunternehmen in den Entsorgungsfonds über all die Jahre viel zu gering ausgefallen sind.

Anwender und kommerzielle Entwickler von Technologien müssen – zum Beispiel durch Haftungsregelungen – gezwungen werden, sich an sozialen Kosten zu beteiligen.

Nicht Firmen, sondern demokratisch gewählte Parlamente müssen entscheiden, wie wir zukünftig leben. Dabei ist der Staat nicht als allmächtiger »Retter« gemeint, sondern als ausführendes Organ der Wünsche engagierter Bürger, die durch Druck erreichen, dass Politiker immer bessere Gesetze verabschieden. Entsprechende Regeln müssen auch global funktionieren. Das zeigen die im Folgenden genauer betrachteten drei Technologiebereiche:

1. Big Data, Künstliche Intelligenz und unsere Privatsphäre

2. CRISPR und Gentechnologie
3. Neuro-Enhancement und Bewusstseinstechnologien

1. Big Data, Künstliche Intelligenz und unsere Privatsphäre

Noch 1983 gab es heftigsten Widerstand gegen die geplante Volkszählung in der Bundesrepublik. Es ging um 36 Fragen zur Wohnsituation, zu den im Haushalt lebenden Personen und deren Einkommensverhältnissen. »Die Privatsphäre ist heilig« oder »Meine Daten gehören mir«, hieß es. Das Bundesverfassungsgericht gab den Klägern Recht und stoppte das Projekt. Nur eine Generation später geben wir sorglos bei jedem Einkauf die Bonuskarte der Supermarktkette heraus, surfen unbeschwert im Internet, googeln und shoppen, mailen und chatten, benutzen bedenkenlos jede App und geben damit ein Vielfaches an Einsicht in unser Privatleben, als der Staat vor 35 Jahren über uns wissen wollte. Wenn wir in Zukunft auch noch digitale Wearables tragen und eine mächtigere KI immer feinere Muster in unserem Verhalten zu detektieren vermag, werden wir vor Google und Co. keine Geheimnisse mehr haben. Falls wir nicht dagegen steuern, werden uns ihre Algorithmen immer ungehemmter manipulieren und kontrollieren.

Diese Entwicklung hat in Europa, wenn auch sehr spät und immer noch zu zaghaft, den Gesetzgeber auf den Plan gerufen. Mit der Datenschutz-Grundverordnung (DSGVO) vom Mai 2018 wurde der persönliche Datenschutz gültiges Recht. In den USA ist der Datenschutz dagegen überhaupt nicht gesetzlich geregelt; selbst eine unabhängige Datenschutzaufsicht fehlt. Doch das Thema wird diskutiert. Dafür sorgen unter anderem:

- die Datenschutzskandale um Facebook und Cambridge Analytica sowie immer wieder auftretende Datendiebstähle wie beispielsweise Ende 2017 bei Yahoo oder im April 2019 bei Facebook;
- politische Interventionen wie die DSGVO, die auch jenseits des Atlantiks Menschen zum Nachdenken angeregt hat. Der Bundesstaat Kalifornien führte Mitte 2018 ein eigenes Datenschutzgesetz ein, das sich teils an der europäischen DSGVO orientiert.

In China dagegen wird »persönlicher Datenschutz« noch nicht einmal diskutiert. Der freie Zugang der chinesischen Internetfirmen Baidu und Tencent zu den persönlichen Daten ihrer Kunden ist für sie ein wichtiger Wettbewerbsvorteil im globalen Wettbewerb um die Führerschaft in Sachen KI.[103] Für die chinesische Regierung sind sie zudem ein Geschenk: Mit Hilfe von KI und Big Data baut sie ihre Kontrolle über die Bürger massiv aus, wie beispielsweise durch den im Kapitel 4 erwähnten *Citizen Score*. So kann man in China unterdessen kaum mehr seine Wohnung verlassen, ohne dass der Staat Kenntnis davon erhält.

Wir stehen vor der Aufgabe, globale Standards für KI- und Big Data-Technologien zu entwickeln.

Auf politischer Ebene scheint sich die Bemühung um globale Standards in einer Sackgasse zu befinden. Doch die Fachleute machen Druck. So hat die EU-Kommission 2018 eine »Hochrangige Experten-Gruppe zur KI« ins Leben gerufen, die sich im Dezember 2018 mit dem

103 Eine detaillierte Darstellung der chinesischen KI-Entwicklungen findet man in: K.-F. Lee, *AI Superpowers. China, Silicon Valley, and the new World Order*, Mariner, Boston 2018.

Beitrag »Ethische Leitlinien für eine vertrauenswürdige KI« an die Öffentlichkeit wandte und diese sogar explizit nach Input fragte.[104] In der im April 2019 in finaler Form veröffentlichten Empfehlung an die EU-Kommission ist ausdrücklich die Rede davon, dass wir einen anthropozentrischen Ansatz brauchen, um die Entwicklung der KI derart zu gestalten, dass

- der einzelne Mensch, seine Würde und seine Freiheit geschützt,
- Demokratie, Recht und Gesetz, sowie Bürgerrechte uneingeschränkt respektiert werden,
- sowie Gleichheit, Minderheitenschutz und Solidarität gefördert werden.

Fernziel ist eine internationale »Übereinkunft für eine KI, in der der Mensch im Mittelpunkt steht«. Um dies und das, was die Autoren eine »vertrauenswürdige KI« nennen, zu erreichen, wird in dem Beitrag eine breite Palette an Maßnahmen auf technischer wie nicht-technischer Ebene genannt. Als grundlegende Richtlinien für jede KI-Technologie wurden die folgenden sieben Punkte identifiziert:

1. Menschen sollen die Kontrolle behalten und unsere Autonomie soll bei jeglichen Entscheidungen bestehen bleiben.
2. KI soll robust, technologisch sicher und verlässlich sein.
3. Bürger sollen die Kontrolle über ihre privaten Daten behalten.
4. KI-Systeme sollen transparent sein.
5. KI darf nicht diskriminieren, soll Diversität fördern und soll fair handeln.

104 The European Commission's High-Level Expert Group on Artificial Intelligence, *Ethics Guidelines for Trustworthy AI*, Brüssel 2019.

6. KI soll die Gesellschaft verbessern, wie z.B. durch Förderung der Nachhaltigkeit, Umweltfreundlichkeit und des sozialen Ausgleichs.
7. Die Verantwortlichkeit muss zuletzt beim Menschen bleiben, auch bei Versagen eines Systems (Rechenschaftspflicht).

Dies sind (wenn auch noch sehr zarte) Anfänge einer so wichtigen gesellschaftlichen Diskussion über die Fragen zukünftiger Technikgestaltung, in diesem Fall der KI. Leider erkennt man in dem Schlussdokument der Expertengruppe nur allzu deutlich die Handschrift der Vertreter aus Telekommunikations- und IT-Firmen. Das merkt man insbesondere, wenn man den ursprünglichen Entwurf vom Dezember 2018 mit der finalen Version vergleicht. Hier wurde doch sehr viel aufgeweicht, so dass sich das Ergebnis eher wie oberflächliche und zahnlose Lippenbekenntnisse liest als das Ergebnis einer neunmonatigen Auseinandersetzung unter Experten. Zum Beispiel fehlt zuletzt jede Spur eines Bekenntnisses zu einer ethischen Absicht von KI (wie z.B. »Gutes zu tun«), wie sie im Entwurf noch zu finden war (sowieso wurde der Teil über Ethik sehr zusammengestrichen). Auch das ursprünglich sehr viel deutlichere Bekenntnisse zur Kontrolle des Einsatzes von KI für autonome Kriegssysteme wurde stark verwässert. Das Gremium war nicht bereit, echte rote Linien zu ziehen, wie beispielsweise bei tödlichen, durch KI autonom gesteuerten Waffensystemen oder einem Social Scoring im Stil Chinas. So ist auch dieses Dokument zuletzt leider ein weiteres Beispiel für den übergroßen Einfluss kommerzieller Interessen auf eine so wichtige gesellschaftliche Debatte. Der Philosophie-Professor Thomas Metzinger, ebenfalls Mitglied der Kommission, ging so weit und bezeichnete in einem

Beitrag für den Berliner Tagesspiegel die »Geschichte« von der »vertrauenswürdigen KI« als »ein von der Industrie erdachtes Marketing-Narrativ, eine Gute-Nacht-Geschichte für die Kunden von morgen«. Aber es ist immer noch das Beste, was auf diesem Gebiet global vorliegt. Es ist zu hoffen, dass die Diskussion darüber in China und den USA deutlich wahrgenommen wird.

Wie sich autokratische Länder wie China in Bezug auf Datenschutz entwickeln werden, ist heute kaum abzusehen. Eine Diskussion wie in Europa hat dort kaum auch nur begonnen. Chinesische Menschenrechtsgruppen haben unterdessen allerdings erkannt, dass sich ihnen hier ein neues und extrem wichtiges Betätigungsfeld eröffnet.

Es wird noch einige Zeit dauern, bis globale regulatorische Standards bezüglich künstlicher Intelligenz, Big Data und Datensicherheit erreicht werden. Ähnlich wie in der Finanz- oder Pharmaindustrie sind diese jedoch prinzipiell möglich.

2. CRISPR und Gentechnologie

Auch in Fragen der Anwendung neuer gentechnologischer Möglichkeiten scheinen weltweit unterschiedliche Standards zu herrschen. In westlichen Demokratien verbieten klare Gesetze das Gen-Editing an menschlichen Embryonen. Die Bedenken gegenüber jeglicher Form von Eugenik sind hier generell sehr groß. Anders in China, wo man der Gentechnik am Menschen sehr viel offener gegenübersteht.

Trotzdem verurteilten chinesische Regierungsvertreter umgehend die im November 2018 gemeldete

Geburt des ersten CRISPR-Babys deutlich und stellten den Verantwortlichen Jiankui He öffentlich an den Pranger.[105] Es gibt also auch für chinesische Wissenschaftler und die Regierung Chinas durchaus Anreize, sich bestimmten ethischen Normen entsprechend zu verhalten. China will innerhalb der internationalen Gemeinschaft nicht als gewissensloser Schurkenstaat dastehen, und chinesische Wissenschaftler fürchten um ihren internationalen Ruf. Dank der Experimente Hes findet endlich eine internationale, öffentliche Diskussion über den Einsatz von CRISPR statt, die auch China einschließt.

Was der Öffentlichkeit bisher allerdings entging: Auch in den USA gab es bereits CRISPR-Versuche am menschlichen Embryo. Im Juli 2017 hatte ein Forscherteam um den umstrittenen Biologen Shoukhrat Mitalipov in Portland, Oregon, versucht, durch CRISPR genetisch veränderte menschliche Embryonen zu erschaffen. Sie konnten zeigen, dass defekte Gene, die erbliche Krankheiten verursachen, mit Hilfe von CRISPR sicher und effizient korrigiert werden können. Noch zieht die U.S. National Academy of Sciences eine rote Linie: »Genom-Editing zur Verbesserung der Merkmale oder Fähigkeiten über die gewöhnliche Gesundheit hinaus wirft Bedenken darüber auf, ob die Vorteile die Risiken überwiegen, und über Fairness, wenn diese nur für einige Personen verfügbar sind«, sagte Alta Charo, Co-Vorsitzende des Studienkomitees der National Academy of Sciences. Diese doch sehr vage gehaltenen Worte zeigen aber auch, dass es noch eine bedeutend aktivere gesellschaftliche Diskussion um die Gestaltung der zukünftigen Gentech-

105 Es ist (Stand Juni 2019) nicht ganz klar, was mit Jiankui He passiert ist. Er wohnt wohl noch in einem Apartment auf dem Campus seiner Universität, der Southern University of Science and Technology (SUSTech), steht aber vermutlich unter irgendeiner Form von Überwachung. Am 21. Januar 2019 wurde er laut Ankündigung von SUSTech gefeuert.

nologie braucht. So wie es führende CRISPR-Experten im Frühjahr 2015 taten, als sie gleich zwei Appelle veröffentlichten, dass die gentechnologischen Möglichkeiten eingeschränkt werden müssten.[106]

Die Diskussion ist noch lange nicht abgeschlossen, hat aber die schlimmsten Auswüchse bisher verhindern können. Die Frage ist: Müssen CRISPR-Behandlungen am Menschen weltweit verboten werden, um Menschenzüchtung zu verhindern? Wir müssen uns aber auch fragen, ob es ethisch vertretbar ist, die gentechnologischen Möglichkeiten zur Verhinderung schwerer Erbkrankheiten *nicht* anzuwenden. So äußerte sich in seinem Bericht vom Mai 2019 auch der Deutsche Ethikrat sehr differenziert und wich dabei sogar von seiner Position ab, Eingriffe in die Keimbahn kategorisch abzulehnen. Zwar seien Keimbahneingriffe derzeit noch unverantwortlich, heißt es dort. Entwickelten sich die Techniken jedoch weiter, sei eine Anwendung zur Vermeidung schwerer Krankheiten nach Ansicht der Ethiker möglicherweise sogar geboten.

Die Diskussion und gesetzliche Regulation der Biotechnologien ist ein Muss. Wissenschaftler, Politiker, Unternehmer, Ärzte, aber auch diejenigen, die von Erbkrankheiten betroffen sind, müssen sich dieser Herausforderung stellen.

106 D. Baltimore et al., *A prudent path forward for genomic engineering and germline gene modification*, in: Science, March 19 2015; E. Lanphier, *Don't edit the human germ line*, in: Nature, March 12 2015.

3. Neuro-Enhancement und Bewusstseinstechnologien

Auch die Entwicklungen in Richtung »virtueller Verkörperung« werfen massive ethische Fragen auf. Wie steht es mit der Verantwortung unseres Tuns im virtuellen Raum? Wie steht es mit unserer Autonomie, wenn wir uns mit Avataren verbinden? Wie können wir kontrollieren, dass diese Avatare nicht auf der Basis unserer unbewussten Impulsregungen handeln?

Wie in den ethischen Debatten um Künstliche Intelligenz und CRISPR kommt auch in Bezug auf Bewusstseinstechnologien und Brain-Computer-Interfaces der Frage möglicher militärischer Anwendungen eine besondere Bedeutung zu. Mit dem Einsatz amerikanischer Drohnen in Pakistan oder Somalia erleben wir die ersten Ansätze einer Kriegsführung durch Avatare. Hier führt an einem internationalen Moratorium kein Weg vorbei. Nur so können wir den globalen Rüstungswettlauf, der längst begonnen hat, zum Wohle aller Nationen einschränken. Vorbild kann die Erfahrung mit der Beschränkung von Nuklearwaffen durch den Atomwaffensperrvertrag von 1968 oder den Washingtoner Vertrag über nukleare Mittelstreckensysteme in den 1990er-Jahren sein.

Virtuelle-Realitäts(VR)-Technologien könnten uns aber auch dabei helfen, neben einer Steigerung unseres biologischen, neurologischen und kognitiven Potentials auch eine Zunahme unserer empathischen Fähigkeiten zu erreichen, zum Beispiel indem wir uns mittels einer virtuellen Verkörperung komplett in andere Wesen hineinfühlen.

Uns steht die Mammutaufgabe bevor, für alle Schlüsseltechnologien zu entscheiden, welche Anwendungen der Menschheit insgesamt nutzen und welche ihr schaden. Um diese Entscheidungen treffen zu können, müssen wir philosophische, ethische und spirituelle Fragen stellen und sie auch beantworten. Wer sich heute als junger Mensch darüber Gedanken macht, welche Berufe in der Zukunft bedeutend sein werden und *nicht* von intelligenten Maschinen übernommen werden, wird bei Philosophie, Anthropologie oder Theologie fündig. Regierungsbehörden und auch Firmen wie Google und Myriad Genetics werden neben gut ausgebildeten Programmierern und Technikern auch Experten dieser Fachrichtungen händeringend suchen.

Eine besonders zukunftssichere Berufswahl: Philosoph.

Der Blick in die Zukunft: Risikoethik

Nicht nur *bestehende* oder sich unmittelbar anbahnende technologische Entwicklungen müssen erfasst und politisch reguliert werden. Es braucht auch ein Bewusstsein für Extremrisiken, die technologische Entwicklungen *in der Zukunft* mit sich bringen. Ziel ist es, auch für Szenarien mit geringer Eintrittswahrscheinlichkeit einen ethischen, gesellschaftlichen und politischen Rahmen zu setzen.

Auch wenn die Erschaffung einer *sich selbst bewussten* Superintelligenz alles in allem nicht sehr realistisch ist, so ist sie dennoch möglich. Schon aufgrund der Dramatik ihrer Auswirkungen – sie würde die Menschheit in ihrer Existenz bedrohen – muss dieses Szenario in die Diskussion um Technikfolgen einbezogen werden. Ähnlich dramatische Veränderungen des menschlichen Lebens auf diesem Planeten zur Folge hätten eine massive Lebensverlängerung des Menschen und seine gentechnische Optimierung. Mit diesen Entwicklungen könnte das Leben für uns in einer als human definierten und damit würdigen Form unmöglich werden.

Um zukünftige Risiken abschätzen und eingrenzen zu können, müssen wir einer – möglichst interdisziplinär in den Natur- und Geisteswissenschaften stattfindenden – Erforschung und wissenschaftlich-ethischen Begleitung von technologischen Risiken weit mehr Ressourcen als bisher zur Verfügung stellen. »Philosophische Risikomanager« sollen keine technologischen Schwarzmaler sein, sondern rational kalkulierende und fachkompetente Evaluatoren technologischer Entwicklungspotentiale, vergleichbar mit Risikomanagern bei Versicherungen, die Extremrisiken durch Naturkatastrophen oder Unfälle berechnen.

Eine erweiterte Risikoethik setzt das Augenmerk auf die Möglichkeit katastrophaler oder gar apokalyptischer Entwicklung, auch wenn deren Eintreffwahrscheinlichkeiten heute noch als gering eingeschätzt werden.

12 – UTOPIEN WAGEN
WIE WIR DEM IRDISCHEN PARADIES IMMER NÄHER KOMMEN

Seit der Aufklärung im 18. Jahrhundert dient das humanistische Weltbild der Befreiung von dogmatischen Zwängen religiöser und gesellschaftlicher Unterdrückung. Es ermöglichte den Menschen technologische Innovationen und damit eine ständig zunehmende Verbesserung ihrer Lebensbedingungen. Das humanistische Weltbild mit seinem Fokus auf das Individuum und seine Entfaltung erschuf aber auch den Legitimationsraum für eine egozentrische Weltsicht. Diese Selbstbezogenheit ist der Urknall für die rücksichtslose Ausbeutung unserer ökologischen Ressourcen.

Seit dem von Nietzsche proklamierten »Tod Gottes« fehlt uns der Bezug auf eine Instanz, welche der maßlosen Ego-Maschine Mensch Beschränkungen auferlegen könnte. Unser Egoismus manifestiert sich insbesondere in zwei Weltsichten, die unsere Gesellschaft so stark durchdringen, dass sie kaum jemand mehr in Frage stellt:

- In der Evolutionstheorie hat der individuelle Organismus allein das Ziel, seine eigenen Gene optimal weiterzureichen.
- In der klassischen Ökonomie ist die »Gier des Ichs« nach immer größerem Gewinn und immer mehr Reichtum der Grundpfeiler unseres wirtschaftlichen Schaffens.

In unserem so selbstverständlich erscheinenden egozentrischen Welt- und Menschenbild ist der Mensch nur das Produkt eines an sich sinn-, richtungs- und rücksichtslosen evolutionären und ökonomischen Optimierungsprozesses. Neben den bereits beschriebenen Kräften, die uns daran hindern, zu einer geeigneten ethischen Ausrichtung und zu gemeinsamen Zukunftsvorstellungen zu gelangen – kognitive Verzerrungen, Denkfaulheit, Bevorzugung scheinbar einfacher Lösungen etc. –, kommen mit der Weltsicht, die unser Ego in den Mittelpunkt stellt, also weitere Hindernisse:

- divergierende Partikularinteressen,
- ökonomische (Schein-)Zwänge,
- individuelle Besitzansprüche.

Die »dunkle« Seite des Individualismus scheint eine angemessene kollektiv-vernünftige Reaktion auf die Herausforderungen unserer Zeit unmöglich zu machen.

Kultur, Lebensausrichtung, Wirtschaft und Gesellschaftsstruktur des humanistischen Weltbildes tragen zwei Paradoxien in sich:

1. Der Individualismus, der mit dem Humanismus Hand in Hand geht, behindert uns in dem Versuch, eine Zukunft zu erschaffen, in der genau dieser Individualismus als Garant des Humanismus unbedingt erhalten werden soll.
2. Als Ultra-Individualisten ist uns etwas verloren gegangen, auf das wir Menschen offenbar nicht verzichten können: Gemeinschaft und Spiritualität. Je stärker unsere Gesellschaft das Individuelle des Einzelnen betont, desto mehr fragen wir nach *gemeinsamen* Geschichten und spirituellen Erfahrungen, die unserem Leben einen

Sinn zu geben versprechen. Ohne sie entwickelt der »Turbo-Individualismus« so starke Zentrifugalkräfte, dass jede Gemeinschaft und damit der letztendliche Bewahrer humanistischer Werte auseinanderfliegt.

Je brutaler sich die übermäßig autonomen Bestrebungen jedes Einzelnen auswirken, desto klarer wird der Blick dafür, dass wir etwas brauchen, das für den notwendigen gesellschaftlichen Zusammenhalt sorgt. Das ist der Grund dafür, dass trotz einer weitgehend wissenschaftlich-naturalistisch erfassten Welt immer allmächtigerer Technologien und eines ins Unermessliche steigenden Wohlstandes eine Mehrheit der Menschen auch heute noch auf der spirituellen Suche ist. Sie suchen zumeist keinen konkreten religiösen Glauben, wollen kein emotionales Vakuum füllen und sich auch nicht mit einem sicheren und kohärenten Weltbild versorgen lassen. Vielmehr geht es zumeist um eine viel konkretere Spiritualität, die ihnen einen Sinn im Leben und eine damit verbundene Lebensausrichtung anbietet:

1. in Form einer philosophischen Haltung bewusster geistiger, gegebenenfalls kontemplativer Beschäftigung mit *individuellen* Sinn- und Wertfragen unseres Daseins,
2. in Form einer Antwort auf unser tiefes Verlangen nach einem höheren *gemeinschaftlichen* Sinn.

Spiritualität macht uns den Sprung vom »Ich« zum »Wir« möglich, ohne den wir nicht gemeinsam über unsere Zukunft entscheiden können.

Auslaufmodell Egoismus

Die Suche nach Sinn und kollektiver Spiritualität lässt uns unser individuelles Gewinn- und Konsumstreben überwinden. Drei Tatsachen helfen uns dabei.

Erstens: Wir sind eigentlich gar keine so großen Ego-Maschinen, wie wir meinen. Das Paradigma der Konkurrenz, des Wettbewerbs, des *Survival of the Fittest* ist zwar immer noch tief in unserem Alltags-Denken sowie den ökonomischen und gesellschaftlichen Modellen verankert. Doch in der heutigen Biologie ist das Bild eines individuellen, den Überlebens- und Fortpflanzungserfolg optimierenden »Ichs« längst überholt. Wissenschaftler verstehen immer genauer, dass die Evolution aus einem Wechselspiel des Individuums mit seiner genetischen Verwandtschaft, seiner Art und der gesamten Natur besteht. Die meisten Biologen und Anthropologen gehen sogar davon aus, dass der besondere evolutionäre Erfolg des Menschen erst durch seine außerordentliche und von anderen Lebenswesen nicht annähernd erreichte Fähigkeit zur sozialen Zusammenarbeit möglich wurde. Genau dies ist die Fähigkeit, die wir für unser Überleben in der Zukunft benötigen.

Heute ist klar, dass die Evolution keine Frage des »Er oder ich« ist. Ganz im Gegenteil: Kooperation spielt eine wesentliche Rolle dafür, ob eine Art erfolgreich ist oder nicht.

Zweitens: Im vorangegangenen Kapitel war bereits davon die Rede, dass unser Ich-Erleben keinesfalls so selbstverständlich ist, wie wir denken. Eine irreduzible und individuelle (unteilbare) Einheit des Ichs scheint es gar nicht zu geben. Vielmehr ist unser »Ich«, ohne dass uns das bewusst ist, Teil eines Geflechtes weltumspannender Abhängigkeiten. Wenn wir uns dies bewusst machen, wird das unsere Chancen auf ein Überleben als globale Gesellschaft erhöhen.

Viele spirituelle Traditionen beschreiben diverse Formen einer Auflösung des individuellen Selbstgefühls als einen wesentlichen Teil des spirituellen Erlebens, dies entweder durch eine Integration des »Ichs« in eine übergeordnete Instanz (Gott) oder auch durch Verwurzelung in das soziale »Wir« einer Gemeinschaft. Der Weg ist also schon da, wir müssen ihn nur weiter ausbauen und dann auch gehen.

Diese Relativierung des Subjektiven besitzt im Übrigen eine Analogie in der Welt des Objektiven. Wir sehen »die Welt da draußen« als eine Ansammlung von Objekten, die unabhängig von unseren subjektiven Wahrnehmungen existieren – der Stuhl steht im Zimmer, egal, ob er angeschaut wird oder nicht. Wir glauben umgekehrt auch, dass diese Objekte, auch wenn unsere Gefühle von ihnen beeinflusst werden, keine direkte, substanzielle Verbindung zu unserem subjektiven Erleben haben (wir erachten uns als Subjekte prinzipiell immer noch als unabhängig von jeglicher äußeren Umgebung). Doch so, wie wir als Subjekt gar nicht so abgegrenzt von unserer Umgebung sind, wie wir meinen, ist auch das Objektive gar nicht so objektiv, wie es uns scheint – diese Erfahrung mussten schon Physiker bei ihrer Arbeit an der Quantentheorie machen.

Das Subjektive und das Objektive sind weit mehr miteinander verflochten, als es unsere Weltsicht uns vorspiegelt. Diese Verwischung der Grenzen zwischen Subjekt und Objekt und das Erkennen ihrer gegenseitigen Bedingtheit stellt auch den Kern der buddhistischen Lehre vom Sein dar, wie wir in Kapitel 11 sahen.

Entsprechend achtsam sollten wir die Objekte in der Welt, insbesondere die Natur behandeln. Diese Haltung kann als Kern einer spirituellen Ökologie gesehen werden, ihr könnte zum Beispiel in der heutigen Klimakrise eine große Bedeutung zukommen. Das Neue an dieser Einsicht: Sie ist nicht mehr esoterisch begründet, sondern kann sich auch auf eine solide wissenschaftliche Grundlage berufen.

Eine Relativierung der Ich-Fixierung wird die »unnatürliche« Trennung von unserem Ich und unserer Umgebung weitgehend aufheben. Wir begreifen uns dann wieder mehr als Teil eines Ganzen.

Drittens: Auch ein Bekenntnis zu intellektueller Integrität unterstützt uns dabei, eine selbstlosere, auf die Gemeinschaft ausgerichtete Perspektive zu entwickeln, und zwar aufgrund der *kognitiven* Einsicht, dass wir Teil eines größeren Ganzen sind und kein isolierter, selbstbezogener »Ich-Eigenkosmos«. Denn intellektuelle Integrität ist untrennbar mit dem Streben nach geistiger Autonomie und einer ethisch-ganzheitlichen, d.h. einer »integren« Sichtweise verbunden. Diese strebt an, sich von einem erlebten Selbst mitsamt seinen partikulären Eigeninteressen und Begierden unabhängig zu machen.

Intellektuelle Integrität bedeutet immer auch eine ganzheitliche (»integre«) Sicht auf die Welt.

So weit die Zusammenfassung der wichtigsten Erkenntnisse aus den vorangegangenen Kapiteln. Es gibt jedoch noch einen vierten Punkt, der voraussichtlich dafür sorgen wird, dass wir die Fixierung auf individuelles Vorteilsdenken und -handeln hinter uns lassen.

Wenn Gier sich nicht mehr lohnt

Immer mehr Dienstleistungen werden von KI-basierten digitalen Assistenten verrichtet, und immer mehr Güter werden von Robotern oder 3D-Druckern produziert. In Zukunft werden die Waren, die unsere Gesellschaft prägen – vom T-Shirt bis zum Einfamilienhaus – nicht mehr in großen Fabriken produziert, sondern von mobilen Maschinen, die oft nicht größer sind als ein Laptop.

Skaleneffekte sind seit dem frühen 20. Jahrhundert bekannt. Zum Beispiel ermöglichte das Fließband in der analogen industriellen Produktion, dass ein Arbeiter ein Vielfaches schaffen konnte und in Folge das hergestellte Gut für den Verbraucher immer billiger wurde. Mit dem Einsatz von KI und 3D-Druckern werden die Skaleneffekte jedoch ins schier Unermessliche wachsen, denn computergesteuerte Roboter oder KI *potenzieren* unsere körperlichen *und* geistigen Kapazitäten, während die Dampfmaschine die Kraft unsere Hände nur *multipliziert* hat.

Der Einsatz von KI und Technologien wie 3D-Druckern könnte eine ganz neue ökonomische Wirklichkeit entstehen lassen: Weil sich Computersoftware beliebig replizieren lässt, werden die Grenzkosten für jegliche Waren und Dienstleistungen immer weiter fallen (Grenzkosten sind die Kosten, die für die Produktion einer zusätzlichen Einheit eines Gutes anfallen). Wenn aber Arbeits- und Rohstoffkosten durch Technologien immer weiter und schließlich sogar auf Null sinken, erwartet uns eine völlig neue ökonomische Gesellschaftsordnung. Während in unserer heutigen, analogen Ökonomie die Menge eines Produkts eine entscheidende Komponente bei seiner Herstellung darstellt (je mehr davon hergestellt wird, desto höher sind die Gesamtkosten der Herstellung), würde eine digitale Wirtschaft, in der es keinen Kostenunterschied macht, ob 10 oder 10.000 Stück einer bestimmten Ware hergestellt werden, fundamental anders funktionieren. Denn Null-Grenzkosten bedeuten zuletzt auch Null-Preis, d.h. unbegrenzte Verfügbarkeit. Aus dem Wettkampf um begrenzte Ressourcen wird dann die Verfügungsgewalt über nahezu unbegrenzte Ressourcen. Diese Vision beschrieb der US-amerikanische Ökonom Jeremy Rifkin bereits 2014 in seinem Buch *Die Null-Grenzkosten-Gesellschaft*.[107]

Eine Bedingung dafür ist allerdings, dass wir Ressourcen optimal recyceln. An die Stelle linearer Produktionsketten, bei denen Ressourcen verbraucht und in alle Winde verstreut werden, muss eine Kreislaufwirtschaft treten, in der die Rohstoffe für die Güterproduktion immer wieder neu zur Verfügung stehen. Auch hierbei bietet die digitale Ökonomie Schützenhilfe: Denn im Internet der Dinge werden Aufenthaltsort und Zustand jedes produzierten Gutes jederzeit bekannt sein. Dieses Wissen ermöglicht es, neben unserer heutigen Produktion von Rohstoffen zu Gütern auch umgekehrt Güter wieder in Rohstoffe zu überführen. Denn wie bereits gesagt: Zukünftige 3D-Drucker könnten Materie – im Extremfall aus einer Handvoll Staub oder Müll – gezielt Atom für Atom neu anordnen.

107 J. Rifkin, *Die Null-Grenzkosten-Gesellschaft: Das Internet der Dinge, kollaboratives Gemeingut und der Rückzug des Kapitalismus*, Verlag Campus, Frankfurt/M. 2014.

Technologien wie KI und 3D-Druck werden das allgemeine Verteilungsproblem beschränkter Ressourcen lösen, da sie die Grenzkosten gegen Null gehen lassen. Mit ihnen lassen sich auch Verbrauchsgüter immer wieder in Rohstoffe recyceln.

Der Kampf um Ressourcen hat ein Ende, selbst die globalste Ressource, das Geld, wird nahezu unbeschränkt zur Verfügung stehen (bzw. als Tausch- und Wertspeichermedium gar nicht mehr benötigt werden). Dies sollte das Ende aller heutigen Probleme und Krisen bedeuten, denn in einer globalen Freizeitökonomie gilt der Satz »Das können wir uns nicht leisten, dafür fehlt das Geld« nicht mehr – streng genommen taugt er ja schon heute nicht mehr als Ausrede.

Früher lautete die Frage, wie der vorhandene Kuchen aufgeteilt werden soll. Dann sorgten Wissenschaft und Technologie dafür, dass der Kuchen größer und ein großer Teil der Menschen immer besser versorgt wurde. Morgen wird es noch einmal anders sein: Aus einem trockenen Streuselkuchen werden beliebig viele Sahnetorten. Wenn jeder überall Zugriff auf das hat, was er sich wünscht, hat das Verlangen nach immer mehr keinen Sinn.

In der digitalen Wirtschaft von morgen fehlt ein Grundpfeiler des klassischen Wirtschaftsmodells: Konkurrenz um beschränkte Ressourcen. Individuelle Gier wird sich nicht mehr lohnen.

Der Effekt einer solchen technologie-basierten Ökonomie auf den Einzelnen besteht aber nicht nur darin, dass fast alle seine materiellen Wünsche erfüllt werden können. Auch sein Tagesablauf wird ein völlig anderer sein. Angesichts der analogen industriellen Revolution wagte der Jahrhundertökonom John Maynard Keynes schon 1930 die Prognose, dass die Menschen im Jahr 2030 nur noch 15 Stunden in der Woche arbeiten müssen, um all ihre Bedürfnisse zu befriedigen:

> *»For three hours a day is quite enough to satisfy the old Adam in most of us!«*[108]

Keynes' Aufsatz ist ein passioniertes Plädoyer für Zukunftsoptimismus – und das, obwohl er seinen Aufsatz inmitten der großen Weltwirtschaftskrise schrieb. Tatsächlich ging der Trend der letzten 90 Jahre in die von ihm vorhergesagte Richtung: Nicht nur die Menschen der westlichen Industriestaaten wurden immer reicher und mussten dafür immer weniger arbeiten, auch für viele Schwellenländer gilt das. Seit 1930 verfünffachte sich das Bruttoinlandsprodukt pro Beschäftigten, gleichzeitig sank die Arbeitszeit auf nahezu die Hälfte.

Bei anderen Voraussagen bewies Keynes ebenfalls eine große Treffsicherheit. Er benannte zwei Dinge als Treiber des wachsenden Wohlstandes: Technologie und Kapitalakkumulation. Er sah auch als Erster die durch Technologie verursachte Arbeitslosigkeit als einen wichtigen Trend voraus. Dies sei etwas, wie er schreibt, »von dem meine Zeitgenossen noch kaum etwas gehört haben, von denen man in der Zukunft jedoch sehr viel hören wird«.

108 J. M. Keynes, *Economic possibilities for our grandchildren*, (1930), in: Essays in Persuasion, New York: W.W.Norton & Co. 1963, 358-373. Darin schreibt Keynes auch: »*We are suffering, not from the rheumatics of old age, but from the growing-pains of over-rapid changes, from the painfulness of readjustment between one economic period and another. The increase of technical efficiency has been taking place faster than we can deal with the problem of labour absorption; the improvement in the standard of life has been a little too quick.*«

Es ist sehr wahrscheinlich, dass Keynes auch mit seiner Vision Recht behalten wird, dass wir um das Jahr 2030 herum das »ökonomische Problem [beschränkter Ressourcen] gelöst haben werden«[109] und dass Technologie eine ganz neue Freizeitklasse schaffen wird, eine wachsende Klasse von Menschen, die sich im Wesentlichen nur noch um die Gestaltung ihrer immer umfangreicher vorhandenen freien Zeit kümmern muss.

Vieles, was Keynes vorhersah, ist eingetroffen. Seine Voraussagen besitzen auch nach 90 Jahren eine erstaunliche Aktualität.

Von wirtschaftlicher Machtkonzentration zu neuen Verteilungsprinzipien

Dass wir in der heutigen ökonomischen Realität noch weit von der von Keynes prognostizierten »Lösung des ökonomischen Problems« entfernt sind, liegt vor allem an zwei Dingen:

- an der immer weiteren Auffrischung unserer Gier nach neuen Konsumprodukten[110]; denn da die Gewinne der Unternehmen zuletzt auf Massenkonsum basieren, wird der Konsum von diesen immer wieder angeheizt,

109 So schreibt Keynes: »*The economic problem may be solved, or be at least within sight of solution. (...) Thus for the first time since his creation man will be faced with his real, his permanent problem-how to use his freedom from pressing economic cares, how to occupy the leisure, which science and compound interest will have won for him, to live wisely and agreeably and well.*«

110 Siehe das bereits im siebten Kapitel zitierte Buch: G. Akerlof, R. Shiller, *Phishing for Fools*, Econ Verlag, Düsseldorf/Berlin 2016.

- an der ungleichen Einkommensverteilung (die Löhne der meisten arbeitenden Menschen wurden nicht so weit erhöht, dass sie sich mehr Freizeit leisten könnten, da sie immer noch für die Deckung ihrer elementaren Bedürfnisse kämpfen müssen).[111]

Zu beidem trägt unsere Wirtschaftsordnung, in der Unternehmensgewinne das A und O des Wachstums sind, maßgeblich bei. »Kapitalismus lässt die Mehrheit im Stich und muss reformiert werden, weil konzentrierter und zurückhaltender Reichtum nicht der Gesamtwirtschaft zugutekommt und die Gesellschaft destabilisiert.« Dies ist kein Ausschnitt aus dem Parteiprogramm der Linkspartei, sondern die Aussage von Ray Dalio, dem Gründer des größten Hedgefonds der Welt.[112] Dank der momentanen laxen Gesetzgebung erzeugen die wirtschaftlichen Mechanismen der digitalen Technologien und des Internets eine ökonomische Machtkonzentration bisher unbekannten Ausmaßes und damit immer neue Formen sozialer Ungleichheiten. So schaffen bzw. verstärken sie beispielsweise die im siebten Kapitel erwähnten »Winner takes it all«-Spielregeln, die neue Monopole bewirken. Auch trägt der Effizienzschub zukünftiger technologischer Revolutionen dazu bei, dass die wirtschaftliche Wertschöpfung von nur noch vergleichsweise wenigen Menschen erbracht wird. Das führt, soweit nicht gegengesteuert wird, zu einer weiteren Akkumulation von Reichtum in den Händen sehr weniger.

Sicher erscheint, dass in der Zukunft Arbeit im Leben der allermeisten Menschen einen wesentlich ge-

111 Für eine Diskussion dazu siehe: L. Pecchi, G. Piga, *Revisiting Keynes: Economic Possibilities for Our Grandchildren*, MIT Press Scholarship, Boston 2008.
112 Ray Dalio in einem LinkedIn Post am 4. April 2019.

ringeren Teil ausmachen wird als heute. Wird ein großer Teil der Arbeit von Maschinen gemacht, können Wertschöpfung und Einkommen nicht mehr in einem direkten Zusammenhang stehen. Wir werden uns und unseren Lebensunterhalt anders als über unsere Arbeit definieren müssen.

Diese Probleme lassen sich nur durch einen neuen Gesellschaftsvertrag lösen, der explizit die ökonomischen Gewinne aus neuen Technologien auf alle Menschen verteilt. Eine wesentliche Frage bei der Gestaltung unserer technologischen Zukunft wird sein: Was wird aus all den Menschen, die an der Wertschöpfung gar nicht oder nur sehr geringfügig direkt beteiligt sind? Und wie gehen wir mit dem immensen Reichtum in den Händen weniger um?

Im 19. Jahrhundert war für viele Menschen ökonomische Ausbeutung die alltägliche Erfahrung. Heute dagegen drohen uns gesellschaftliche Irrelevanz und die Degradierung zu reinen Konsumenten.

Es liegen also wichtige Aufgaben vor uns:

- die sozial gerechtere Verteilung der durch neue Technologien erreichten Produktivitätsgewinne,
- die Neugewichtung der Bedeutung von Arbeit in unserem Leben und
- die Entkopplung von ökonomischer Wertschöpfung und Einkommen.

Um den neuen technologischen Realitäten gerecht zu werden, müssen wir die immer wiederkehrende Berufung auf »wirtschaftliche Sachzwänge« und »Alternativlosigkeiten« im globalen Kapitalismus überwinden. Insbesondere zwei Ideen müssen ernsthaft diskutiert werden:

1. Die Besteuerung maschineller Arbeit: Warum zahlen Arbeiter bei VW oder Thyssen Einkommenssteuer, die Firmen selbst für ihre Roboter in der Fertigung dagegen nicht? Tatsächlich hat die Diskussion über die Besteuerung von Maschinen längst begonnen. »Wenn ein Roboter ins Spiel kommt und dieselbe Arbeit macht, die sonst ein Mensch machen würde, sollte man doch denken, dass man den Roboter auf einem ähnlichen Niveau besteuert«, sagte beispielsweise Bill Gates im Februar 2017.[113]
2. Ein bedingungsloses Grundeinkommen: Das Anrecht auf einen den Lebensunterhalt finanzierenden Geldbetrag für jeden, unabhängig von Alter, Beruf und Erwerbstätigkeit, war vor wenigen Jahren noch als kommunistische Utopie verschrien. Heute wird diese Idee auch von konservativen Ökonomen ernsthaft diskutiert. Zahlreiche Sozialwissenschaftler, Politiker und Unternehmer sind der Auffassung, dass das bedingungslose Grundeinkommen ein mächtiges humanistisches Instrument in Anbetracht der anstehenden Veränderungen in der Arbeitswelt darstellt.[114]

113 Video-Interview mit dem Online-Wirtschaftsportal ›Quartz‹ vom 17. Februar 2017; https://qz.com/911968/bill-gates-the-robot-that-takes-your-job-should-pay-taxes/

114 Siehe Philip Kovce, *Soziale Zukunft. Das bedingungslose Grundeinkommen. Die Debatte*, Verlag Freies Geistesleben, Stuttgart 2017. Bereits Thomas Morus hatte 1516 in seinem Roman *Utopia* vorgeschlagen, allen Menschen des Landes eine Art Lebensunterhalt zu zahlen. Sein Argument damals war, dass dann kein Diebstahl mehr nötig sei.

Einerseits muss Verteilungsgerechtigkeit der Produktivitätsgewinne digitaler Technologien auf die politische Agenda, andererseits muss die Werthaftigkeit von Arbeit für unser Dasein umdefiniert werden.

Eine Wirtschaft des Teilens

Abseits vom Machtstreben der großen Konzerne findet längst ein Umdenken statt: Der Wettkampf um begrenzte Ressourcen, wie ihn das Monopoly-Spiel der materiellen Ökonomie darstellt, hat ausgespielt. Wenn in der Zukunft alles im Überfluss vorhanden ist und heute noch knappe Ressourcen uns keine Begrenzungen mehr auferlegen werden, da sie nahezu beliebig (wieder-)hergestellt werden können, wird Besitz bedeutungslos sein. Wer braucht noch ein eigenes Auto, wenn unzählige selbstfahrende Autos auf den Straßen verkehren und wir nur den Arm ausstrecken (oder eine App auf dem Smartphone bedienen) müssen, um von A nach B zu kommen? Das neue gesellschaftliche Paradigma heißt *sharing economy.* Waren und Dienstleistungen werden nicht mehr gekauft und besessen, sie werden gemietet oder kostenfrei geliehen.

In einer Welt des Überflusses werden Erwerbseinkommen und Besitz Auslaufmodelle sein. An seine Stelle wird das Prinzip des Nutzens treten.

In einer *sharing economy* geht es nicht mehr um die klassischen »analogen« Güter Boden, Kapital und Arbeit. Viele Produkte werden kostenlos (oder nahezu kostenlos) sein. Einige Visionen einer teilenden Wirtschaft werden schon heute konkret umgesetzt: Häuser (Airbnb), Autos (Uber), Wissen (Wikipedia) und Information (soziale Medien) werden bereits (teils noch gegen Entgelt) geteilt. Doch die Ideen gehen längst darüber hinaus. Die Fürsprecher der *sharing economy* sprechen von einer gemeinschaftlichen Verwendung *aller* frei zugänglichen Güter und *jeder* Form von nicht ausgelasteten Vermögenswerten. Dies gilt zum Beispiel für die Freizeitgestaltung (Boote, Urlaubsdomizile etc.), für die Produktion (Maschinen, Datenspeicher, etc.), für Ideen (Beispiel: die Erfinder-Plattform »Quirky« unter www.quirky.com, auf der jeder seine Ideen für neue Produkte oder Dienstleistungen platzieren kann), Bildung (Online-Vorlesungen) bis hin zur Kapitalbeschaffung (Crowdfunding, Kreditplattformen). Ein wesentliches Merkmal einer *sharing economy* ist daher das, was als *collaborative consumption* bezeichnet wird. Diese gemeinschaftliche Nutzung von Waren und Dienstleistungen führt generell zu einem sinkenden Eigentumsbedarf. Die Gesellschaft der Zukunft wird vermutlich mehr von einem »Wir« als von einem »Ich« bestimmt. Statt Horten und Raffen wird es um Teilen gehen.

Digitale Technologien machen eine Monopolwirtschaft zum Nutzen sehr weniger möglich, aber auch eine sharing economy für alle. Noch ist offen, in welche Richtung sich unsere Gesellschaft bewegen wird.

Überwinden der Stolpersteine

Die Generationen unserer Kinder und Enkel werden es wohl als einen Segen erkennen, dass sie nicht nur körperliche Routineaufgaben (von harter Feld- und Fließbandarbeit bis zu Hausarbeit) durch Maschinen erledigen lassen, sondern immer mehr auch geistige Aufgaben. Je weniger wir unsere Zeit mit Steuererklärungen, dem Führen von Gerichtsprozessen oder der Geldanlage verschwenden, desto mehr können wir tun, was uns am meisten Spaß macht. Das können insbesondere soziale Tätigkeiten sein, die heute nicht oder kaum bezahlt werden. Wir können unserem Leben einen ganz neuen Sinn geben oder über genau diesen nachdenken.

Nicht produktive Erwerbstätigkeit wird in der Zukunft im Zentrum stehen, sondern soziale und andere Aktivitäten, die nicht ohne weiteres technologisch ersetzt werden können.

Unsere Herausforderung ist es, den schwierigen Übergang der nächsten 25 Jahre zu überleben. Denn neben der Lösung der sozialen Probleme wird sich eine solche Utopie nur unter der oben genannten Bedingung zyklischer Produktionsprozesse realisieren lassen. Vor allem beim zweiten Punkt werden uns digitale Technologien enorm unterstützen. Heute sind es noch Staaten (über Geldschöpfung und Besteuerung) und Großkonzerne wie Google, Apple oder Facebook, die die Hoheit und Kontrolle über unsere Daten haben – auch über die Informationen, was und wie viel wir wann verbrauchen. Doch zukünftige digitale Technologien erschaffen ganz neue Möglichkeiten *dezentraler*, nicht von Konzernen überwachter Informations-, Kontroll- und Steuerungssysteme. Das gesamte Wirtschafts- und Finanzsystem in der zukünftigen digitalen Wirtschaft könnte selbstorganisiert und selbstreguliert mit kollektiver künstlicher Intelligenz gemanagt werden. Dabei darf aber die KI keinesfalls unbeschränkt für und über uns entscheiden, sondern ihr Entscheidungsspielraum muss durch klare, vom Menschen definierte Regeln begrenzt sein.

So werden sich beispielsweise in Zukunft mit den Daten aus dem Internet der Dinge und den Nachfolgern von Smartphones die ökologischen Auswirkungen unseres Handelns viel direkter messen, erfassen und zuletzt auch steuern lassen – und dies nicht nach zentralen Vorgaben von Google und Co., sondern dezentral und ohne Kontrolle durch einzelne Institutionen. Mit digitalen Währungen, die das heutige Geldsystem ersetzen, und einer dezentralen Finanzarchitektur, die das bestehende System der Geldschöpfung durch profitorientierte und fehl-inzentivierte Banken ablösen, ließe sich dann insbesondere umwelt- und sozialverträgliches Verhalten auch ökonomisch lohnenswerter machen. Konkrete persönliche Konsumkosten könnten zum Beispiel davon abhängig sein, wie ökologisch wir uns verhalten. Je weniger Lärm, CO_2, Schadstoffemissionen, Abfallstoffe usw. jemand produziert, desto mehr Vorteile und persönlichen Nutzen kann er erzielen.

Es ist bekannt, dass es sehr viel bessere Ergebnisse hervorbringt, wenn die Ideen und Handlungen von vielen vernetzten Einzelnen in der sozialen Gemeinschaft gebündelt werden, als es die Summe der einzelnen Ideen könnte.[115] Hier werden digitale Technologien wertvolle Dienste leisten. Konzepte wie *Citizen Science*, *Crowd In-*

115 Siehe auch J. Surowiecki, *Wisdom of Crowds: Why the Many Are Smarter Than the Few and How Collective Wisdom Shapes Business, Economies, Societies and Nations*, Anchor, New York 2004.

telligence, *Crowd Knowledge Sourcing* oder auch interaktive Online-Diskussionsplattformen ermöglichen neue Ansätze, um mehr Wissen, Ideen, Ressourcen und deren Austausch nutzbar zu machen.

An die Stelle des individuellen Konsums wird mit technologisch ermöglichtem Überfluss ein stärkeres Wir-Gefühl treten. Wesentlicher Bestandteil der Nutzenfunktionen werden nachhaltige Produktions- und Konsumstrukturen sein.

Das Modell »Egoismus« hat keine Zukunft, doch andere Komponenten des humanistischen Weltbildes müssen deshalb nicht über Bord geworfen werden. Im Gegenteil: Individuelle Menschenwürde, Autonomie des Individuums und dessen Freiheit zur Selbstentfaltung müssen unumstößliche Kriterien bei der Gestaltung des technologischen Fortschrittes bleiben. Hier zwei Vorschläge, wie verbindliche Vereinbarungen aussehen könnten:

- Es verletzt die Menschenwürde, wenn durch genetische Manipulation in die Keimbahn des Menschen eingegriffen wird. Denn dann würden die heute Lebenden über die Eigenschaften der später geborenen Menschen bestimmen. Die Toten dürfen nicht über die Lebenden entscheiden.
- Es verletzt unsere individuelle Autonomie, wenn Maschinen und KI-Algorithmen (bzw. ihre Eigentümer) über unser Leben entscheiden.

Verantwortung & Zivilcourage

Jeder Einzelne von uns hat den Auftrag, sich selbstbestimmt zu informieren und zu engagieren, nicht nur zu diskutieren, sondern auch aktiv zu werden. Schon unsere Kinder sollten an diesen Anspruch herangeführt werden: Wissen-Wollen, Fähigkeit zum Wissenserwerb und Unabhängigkeit im Denken müssen noch viel stärker die wesentliche pädagogische Zielrichtung in unserer Bildungslandschaft bestimmen, und zwar in zweierlei Hinsicht und Zielsetzung:

1. Vorbereitung junger Menschen auf die erkenntnistheoretischen und ethischen Herausforderungen in Anbetracht der Human-Krise,
2. Vermittlung des Wissens über die Eigenschaften, Wirkungsmechanismen und Möglichkeiten neuer Technologien.

Angesichts der drohenden Human-Krise brauchen wir ein Bildungssystem mit Besinnung auf die ursprüngliche Bedeutung von »Bildung«: der Heranbildung eigenständig denkender, reflektierender und moralisch handelnder Menschen.

Auch in diesem Vorhaben unterstützen uns die digitalen Technologien. Ein Beispiel ist eine Initiative Finnlands, digitalen Laien durch einen kostenlosen Online-Kurs den Umgang mit AI-Technologien nahezubringen. Im Rahmen des Projektes sollen zunächst 1 Prozent aller Finnen (55.000 Menschen) geschult werden, KI in ihrem Leben nutzbringend einzusetzen. Die Initiatoren sehen darin auch einen Beitrag zur Demokratie.

Dass wir Bürger die Dinge in die Hand nehmen können, um gegen beängstigende Entwicklungen entschlossen vorzugehen, wenn Politiker und Regierungen zu träge, betriebsblind oder von mächtigen Lobbygruppen kontrolliert werden, zeigt das Beispiel der Volksinitiative in Bayern zum Schutz der Bienen vom Januar 2019. Die Menschen standen Schlange, um diese Initiative zu unterschreiben. Wie aktuell diese Volksinitiative ist, zeigte die nahezu zeitgleich erschienene, erste umfassende wissenschaftliche Analyse zum Rückgang der Insektenpopulationen weltweit: Die Insektenmasse auf unserem Planeten schrumpft jährlich um insgesamt 2,5 Prozent.[116] Dieser dramatische Rückgang in den Insektenzahlen kann in den nächsten Jahrzehnten weltweit zum Aussterben von 40 Prozent der Insektenarten führen, bei noch weiterer Fortsetzung sogar zum Aussterben nahezu aller Insekten. »Die Auswirkungen, die diese Entwicklung auf das Ökosystem des Planeten haben wird, sind katastrophal, um es gelinde auszudrücken«, schreibt der Autor der Studie, Francisco Sánchez-Bayo. Wenn wir nicht jetzt reagieren, wann dann?

Und auch die durch die 16-jährige Greta Thunberg und den »Greta-Effekt« ausgelösten Klimademonstrationen junger Menschen, zum größten Teil Schülerinnen und Schüler, zeigen, dass sich individuelles Engagement lohnt: Die Erfolge der Umweltparteien bei darauffolgenden Wahlen weisen darauf hin, dass sich bezüglich des Klimaproblems ein neues gesellschaftliches Bewusstsein entwickeln könnte. Was für die Klimakrise gilt, ließe sich auch für die Human-Krise erreichen. Wer weiß: Vielleicht demonstrieren unsere Kinder schon bald gegen die Entwicklung einer übermächtigen KI oder genmanipulierte Babys.

116 F. Sánchez-Bayo, K. Wyckhuys, *Worldwide decline of the entomofauna: A review of its drivers*, *Biological Conservation*, Volume 232, April 2019, 8.

Neben allen Bürgern stehen insbesondere die Eliten in der Pflicht. Politische und ökonomische Entscheidungsträger müssen die traditionellen, linearen Denkmuster überwinden und sich auf die komplexen, nichtlinearen Entwicklungen technologischer Einflüsse auf uns und unsere Gesellschaft einlassen. Auch die Wissenschaftler sind gefragt. Sie müssen bei wichtigen Entscheidungen ihre Stimme erheben, zum Beispiel in journalistischen Beiträgen oder öffentlichen Foren, und dies insbesondere gegen jede Form von Lügen, Vereinfachungen und Populismus. Mehr denn je sind auch kritische Journalisten gefragt. Ihre Aufgabe ist klar: Aufdeckung bewusster Informationsverzerrungen und -verschmutzungen, die der Durchsetzung partikularer Interessen dienen. Ein inspirierendes Beispiel für die Zivilcourage von Wissenschaftlern und Journalisten ist die Aufdeckung des Skandals um Cambridge Analytica und Facebook, angetrieben durch den Mathematiker Paul-Olivier Dehaye und den Journalisten Hannes Grassegger.[117]

Im Zentrum der Entscheidungsfindungen um technologische Entwicklungen muss immer ein demokratischer Prozess stehen: Zentralisierte Top-down-Entscheidungen werden der Komplexität der neuesten Technologien nicht gerecht. Nur eine hohe soziale Diversität, dezentrale Informations- und Entscheidungsstrukturen und gesellschaftliche Vielfalt schaffen eine ausreichend hohe Funktions- und Leistungsfähigkeit und damit die notwendigen Einsichten und Entscheidungskräfte innerhalb von Gesellschaft, Politik und Wirtschaft. Erst Demokratie auf globaler Ebene ermöglicht die Abstimmung zwischen einzelnen Interessens-

117 Ausführlich illustriert in einem Artikel des Schweizerischen Tagesanzeiger vom 3. Dezember 2016: https://www.dasmagazin.ch/2016/12/03/ich-habe-nur-gezeigt-dass-es-die-bombe-gibt/

gruppen, Staaten und allen Menschen. Nur sie kann das globale Kollektiv, die notwendige Zusammenarbeit aller Teile der Weltgesellschaft – Regierungsverantwortliche, Wirtschaftsteilnehmer, Wissenschaftler, Intellektuelle, Bürgergruppen etc. – steuern.

Wir müssen uns vor einer gesteuerten politischen Willensbildung schützen und stattdessen den demokratischen Dialog suchen.

Eine Voraussetzung für das Funktionieren von Demokratie ist Transparenz. Sie ist zudem essenziell für unser Vertrauen in Wissenschaft und ihre neuen Technologien. Das gilt für Pläne, wie unser Genom verändert werden soll, für Nanobots, die in Zukunft unsere Gesundheit bestimmen, oder dafür, wie wir Energie produzieren, insbesondere aber für die digitalen Technologien. Da die Steuerungsmechanismen der Gesellschaft zunehmend auf Algorithmen basieren, dürfen Informationen, Wissen, Algorithmen und Daten keiner Machtelite exklusiv zur Verfügung stehen. Sie müssen öffentlich zugänglich sein. Ein jeder hat das Recht, über seine Daten zu verfügen und darüber informiert zu werden, was mit ihnen geschieht.

Es ist nun auch klar, wie wir eine der wesentlichen Herausforderungen unserer Zeit, das Klimaproblem, lösen: mit radikaler Ehrlichkeit und Konsequenz. Eine Haltung intellektueller Integrität schließt das Leugnen der menschengemachten globalen Klimaveränderung schlicht aus. Selbst wer meint, dass die Chancen für katastrophale Entwicklungen immer noch gering sind, muss dem Gebot der Risikoethik folgen. Den wirtschaftlichen Interessen einzelner Personen, Konzerne oder Nationen

Vorrang zu geben, ist ethisch unredlich. Wirtschafts- und Klimawissenschaftler haben längst aufgezeigt, dass ein nachhaltiges und klimaneutrales Wirtschaften möglich ist. Es erfordert unser aller Anstrengung und Bereitschaft zu handeln. So könnte das Umstellen der Wirtschaft auf nachhaltige Energieförderung sowie eine massive internationale Besteuerung von CO_2-Emissionen viel bewirken. Dies fordern auch über 3500 Wirtschaftswissenschaftler, darunter 27 Nobelpreisträger (von insgesamt 39 noch lebenden!), und alle vier noch lebenden ehemaligen Chefs der US-Notenbank.[118]

Die heutige Klimapolitik zeigt: Oft fehlt es nicht an politischen Handlungsoptionen, dass notwendige gestalterische Maßnahmen nicht getroffen werden, sondern an einem zu wenig ausgeprägten Willen.

Diese Einsicht lässt sich auf die Human-Krise übertragen: Wir haben die Mittel und Möglichkeiten, nicht zuletzt durch neue, atemberaubende Technologien, ihr zu begegnen. Wollen wir die technologische Zukunft zu unser aller Nutzen gestalten, braucht es gesellschaftliche Utopien, bei denen der lebensdienliche Beitrag neuer Technologien im Zentrum steht. Setzen wir sie ein bzw. um, winken uns und unseren Nachkommen paradiesische Zustände. Wir haben guten Grund zum Optimismus! Doch die Phase der Lethargie und Untätigkeit ist vorbei.

118 Wall Street Journal, 17. Januar 2019.

DANKSAGUNG

Zahlreiche Personen haben diesen Text gelesen und dabei wertvolle Verbesserungsvorschläge gemacht. Zuallererst möchte ich Bettina Burchardt danken, ohne die das Buch in dieser Form nicht möglich geworden wäre. In vielen Stunden hat sie sich dem Text und seinen Inhalten gewidmet und geholfen, dieses Buch in die Form zu bringen, die es nun hat. Dann möchte ich meiner Partnerin Yuka Nakamura danken, für die emotionale und inhaltliche Unterstützung über die vielen Wochen des Schreibens. Herzlich danken möchte auch Herrn Diedrich Steen für seine hervorragende Lektorats-Arbeit, sein ausgezeichnetes Projektmanagement und die Begleitung während der Entstehung dieses Buches. Danken möchte ich auch meiner Agentin, Frau Beate Riess, für all ihre Unterstützung und Ermutigung nicht nur für dieses Buch, sowie desgleichen Herrn German Neundorfer.

Trotz all dieser Hilfe haben sich sicher der ein oder andere Fehler und zahlreiche Auslassungen nicht vermeiden lassen. Ich bitte den Leser um Entschuldigung und übernehme selbstverständlich die volle Verantwortung dafür.

Lars Jaeger
Baar, im Juni 2019

LITERATUR

Aaronson, S. (2013), Quantum Computing since Democritus, Cambridge University Press, Cambridge

Abaelard, P. (1981), Sic et non (Ja und Nein), Neuausgabe, Minerva, Frankfurt/M.

Akerlof, G., Shiller, R. (2016), Phishing for Fools – Manipulationen und Täuschung in der freien Marktwirtschaft, Econ Verlag, Berlin (engl. Original: Phishing for Fools, Princeton University Press, Princeton)

Al-Khalili, J., McFadden, J. (2015), Der Quantenbeat des Lebens, Ullstein Verlag, Berlin

Aristoteles (1970), Metaphysik, Reclam, Stuttgart

Bacon, F. (1597), Meditationes Sacrae and Human Philosophy, Kessinger Publishing, Whitefish (1996)

Bacon F. (1620), Novum Organum Scientiarum, engl. Übersetzung: T. Fowler et al. Clarendon Press, Oxford (1878)

Bayes, T. (1908), Versuch zur Lösung eines Problems der Wahrscheinlichkeitsrechnung, Verlag Wilhelm Engelmann, Leipzig

Bell, J. (1987), Speakable and Unspeakable in Quantum Mechanics, Cambridge University Press, Cambridge

Boström, N. (2014), Superintelligenz – Szenarien einer kommenden Revolution, Suhrkamp, Berlin

Brockmann J. (2010), Welche Idee wird alles verändern?, Fischer, Frankfurt/M.

Brown, R. (2016), The Rise and Fall of American Growth, Princeton University Press, Princeton

Brynjolfsson, E., McAfee, A. (2014), The Second Machine Age, Norton & Company, New York

Calaprice, A. (2005), The New Quotable Einstein, Princeton University Press, Princeton

Capelle, W. (2008), Die Vorsokratiker. Die Fragmente und Quellenberichte, Alfred Kröner Verlag, Stuttgart

Capra, F., Luisi, P. (2014), The Systems View of Life: A Unifying Vision, Cambridge University Press, Cambridge

Carroll, S. (2016), The Big Picture, Dutton, Boston

Clarke, A. (1985), Profile der Zukunft: über die Grenzen des Möglichen, Heyne Verlag, München

Clayton, P., Davies, P., Hrsg. (2006), The Re-emergence of Emergence, Oxford University Press, Oxford

Dalai Lama (2004), Der buddhistische Weg zum Glück. Das Herz-Sutra, hrsg. von Geshe Thupten Jingpa, Scherz Verlag, Frankfurt/M.

Darwin, Ch. (1859), The Origin of Species, in deutscher Übersetzung (1876): Über die Entstehung der Arten durch natürliche Zuchtwahl oder die Erhaltung der begünstigten Rassen im Kampfe um's Dasein, E. Schweizerbart'sche Verlagsbuchhandlung, Stuttgart

Darwin, Ch. (1871), The Descent of Man, and Selection in Relation to Sex, in deutscher Übersetzung (1871): Die Abstammung des Menschen und die geschlechtliche Zuchtwahl, E. Schweizerbart'sche Verlagsbuchhandlung, Stuttgart

Darwin, Ch. (1887), The Correspondence of Charles Darwin, Ed. Burckhard et al.(1985), Cambridge University Press, Cambridge

Debschitz, U., Debschitz, T. (2009), Fritz Kahn – Man Machine / Maschine Mensch, Springer, Wien

Descartes, R. (1670), Meditationes de prima philosophia, hrsg. v. Andreas Schmidt, Sammlung Philosophie, Vandenhoeck & Ruprecht, Göttingen 2011

Doudna, J., Sternberg, S. (2017), A Crack in Creation: Gene Editing and the Unthinkable Power to Control Evolution, Houghton Mifflin Harcourt, Boston

Doudna, J. (Hrsg.) (2016), CRISPR-CAS, Scion Publishing Ltd, Banbury

Eberl, U. (2016), Smarte Maschinen – Wie künstliche Intelligenz unser Leben verändert, Hanser Verlag, München

Elsberg, M. (2016), Helix – Sie werden uns ersetzen, Blanvalet, München

Einstein, A. (2010), Einstein sagt – Zitate, Einfälle, Gedanken, hrsg. v. Alice Calaprice, Piper, München (engl. Original: The Ultimate Quotable Einstein, Princeton University Press, Princeton)

Einstein, A. (2005), Mein Weltbild, hrsg. von C. Seelig, Ullstein, Berlin

Einstein, A. (1979), Aus meinen späten Jahren, DVA, Stuttgart

Eschbach, A. (2015), Black Out, Hide Out, Time Out, Arena Verlag, Würzburg

Eschbach, A. (2011), Herr aller Dinge, Bastei Lübbe, Köln

Feynman, R. (2007), Vom Wesen physikalischer Gesetze, Piper, München (8. Aufl.)

Feynman, R. (1987), »Sie belieben wohl zu scherzen, Mr. Feynman«, Piper, München

Feynman, R. (2005), The Pleasure of Finding Things Out, Basic Books New York; Revised edition

Galilei, G. (1638), Il Saggiatore, Rom; deutsch: Unterredungen und mathematische Demonstrationen über zwei neue Wissenszweige, die Mechanik und die Fallgesetze betreffend, Engelmann, Leipzig 1890

Harari, Y. (2016), Homo Deus – Eine Geschichte von morgen, Beck, München

Harari, Y. (2018), 21 Lektionen für das 21. Jahrhundert, Beck, München

Heisenberg, W. (1969), Der Teil und das Ganze, Piper, München

Hoffmann, B., Dukas, H. (1981), Albert Einstein. The Human Side, Princeton University Press, Princeton

Homeister, M. (2015), Quantum Computing verstehen: Grundlagen – Anwendungen – Perspektiven, Springer, Heidelberg

Horkheimer, M., Adorno, T. W. (1944), Dialektik der Aufklärung. Philosophische Fragmente. In: Max Horkheimer: Gesammelte Schriften. Band 5. Fischer, Frankfurt/M. (1987)

Horn, E. (2014), Zukunft als Katastrophe, Fischer, Frankfurt/M.

Hosp, J. (2018), Blockchain 2.0 – einfach erklärt – mehr als nur Bitcoin: Gefahren und Möglichkeiten aller 100 innovativsten Anwendungen durch Dezentralisierung, Smart Contracts, Tokenisierung und Co. einfach erklärt, FinanzBuch Verlag, München

Huxley, T. (1863), Ueber die Beziehungen des Menschen zu den nächstniederen Thieren, in: ders., Zeugnisse für die Stellung des Menschen in der Natur. Drei Abhandlungen, übers. von J. Victor Carus, Vieweg, Braunschweig

Jaeger, L. (2018), Die zweite Quantenrevolution – Vom Spuk im Mikrokosmos zu neuen Supertechnologien, Springer, Heidelberg

Jaeger, L. (2017), Supermacht Wissenschaft: Unsere Zukunft zwischen Himmel und Hölle, Gütersloher Verlagshaus, Gütersloh

Jaeger, L. (2017), Wissenschaft und Spiritualität – Zwei Wege zu den großen Geheimnissen Universum, Leben, Geist, Springer, Heidelberg

Jaeger, L. (2015), Die Naturwissenschaften – Eine Biographie, Springer, Heidelberg

James, Peter (2012), Perfect People, W.F. Howes, Leicestershire

Jonas, H. (1979), Das Prinzip Verantwortung. Versuch einer Ethik für die technologische Zivilisation, Suhrkamp, Frankfurt/M.

Kabat-Zinn, J. (2013), Gesund durch Meditation: Das große Buch der Selbstheilung, Weltbild, Augsburg

Kahneman, D. (2012), Schnelles Denken, langsames Denken, Siedler Verlag, München

Kaku, M. (2014), Die Physik des Bewusstseins – Über die Zukunft des Geistes, Rowohlt, Hamburg (engl. Original: The Future of the Mind, Doubleday, New York)

Kaku, M. (2012), Die Physik der Zukunft, Rowohlt , Hamburg

Kant, I. (1797), Metaphysik der Sitten, Akademie Textausgabe. Bd. 6, de Gruyter, Berlin (1968)

Kant, I. (1793), Religion innerhalb der Grenzen der bloßen Vernunft. Akademie Textausgabe. Bd. 6, de Gruyter, Berlin (1968)

Kant, I. (1785), Grundlegung zur Metaphysik der Sitten, Akademie Textausgabe. Bd. 4, de Gruyter, Berlin (1968)

Kant, I. (1784), Was ist Aufklärung, Hartknoch, Riga; Ausgabe der Königlich Preußischen Akademie der Wissenschaften, Berlin 1902

Keese, C. (2016), Silicon Valley: Was aus dem mächtigsten Tal der Welt auf uns zukommt, Penguin Verlag, München

Kelly, J. (2013), Smart Machines: IBM's Watson and the Era of Cognitive Computing. Columbia University Press, New York

Kepler, J. (1938), Weltharmonik, Oldenburg Verlag, München (orig.: Harmonices Mundi [1619])

Keynes, J. M. (1930), Economic possibilities for our grandchildren, in: Essays in Persuasion, New York: W. W. Norton & Co. (1963)

Kohl, C. (2014), Buddhismus und Quantenphysik, Windpferd, Oberstdorf (4. Aufl.)

Kovce, P. (2017), Soziale Zukunft. Das bedingungslose Grundeinkommen. Die Debatte, Verlag Freies Geistesleben, Stuttgart

Kozubek, J. (2016), Modern Prometheus – Editing the Human Genome with Crispr-Cas9, Cambridge University Press, Cambridge

Kurzweil, R. (2005), The Singularity is near: When Humans Transcend Biology, Penguin Books, New York (deutsch: Menschheit 2.0 – Die Singularität naht, Lola Book, Berlin)

Laughin, R. (2007), Abschied von der Weltformel: Die Neuerfindung der Physik, Piper, München

Lee, K. (2018), AI Superpowers – China. Silicon Valley, and the New World Order, Mariner, New York

Loevinger, J., Hy, L.X. (1996), Measuring ego development, Psychology Press, London, 2. Auflage 2015

Loevinger, J. (1976), Ego Development: Conceptions and Theories, Jossey-Bass, San Francisco

Loevinger, J., Wessler, R. (1970), Measuring Ego Development, Vol. I & II, Jossey-Bass, San Francisco

Mansfeld, J. (1983), Die Vorsokratiker, Reclam, Stuttgart

Mahbubani, K. (2018), Has the West Lost It?: A Provocation, Penguin, London

Mainzer, K. (2016), Künstliche Intelligenz – Wann übernehmen die Maschinen?, Springer, Heidelberg

McGrayne, S. B. (2014), Die Theorie, die nicht sterben wollte (übersetzt von C. Freytag), Springer, Heidelberg

Meadows, D., Zahn, E., Milling, P. (1972), Die Grenzen des Wachstums – Bericht des Club of Rome zur Lage der Menschheit, DVA, Stuttgart

Meier, C. (2014), Nano – Wie winzige Technik unser Leben verändert, Primus Verlag, Zürich

Metzinger, T. (2001), Being No One – The Self-Model Theory of Subjectivity, MIT Press, Cambridge

Metzinger, T. (2009), Der Ego-Tunnel – Eine neue Philosophie des Selbst: Von der Hirnforschung zur Bewusstseinsethik, Berlin Verlag, Berlin (2. Auflage 2014); Piper Taschenbuch, München

Milburn, G. J. (1997), Schrodinger's Machines: The Quantum Technology Reshaping Everyday Life, W. H. Freeman, New York

Ministerium für Wirtschaft und Arbeit, Hrsg. (2006), Heilige Orte, sakrale Räume, Pilgerwege. Möglichkeiten und Grenzen des Spirituellen Tourismus, Bensberger Protokolle, Bensberg

Morus, T. (1516), De optimo rei publicae statu deque nova insula Utopia (Vom besten Zustand des Staates und der neuen Insel Utopia), CreateSpace Independent Publishing Platform (2018)

Mukherjee, S. (2017), Der König aller Krankheiten: Krebs – eine Biografie, DuMont, Köln, (engl. Original: The Emperor of All Maladies. A Biography of Cancer, Harper Collins 2011)

Müller, V. (Hrsg.) (2016), Fundamental Issues of Artificial Intelligence, Springer, Berlin

Neumann, K. (1995) (Übers.), Die Reden des Buddha. Mittlere Sammlung, Beyerlein-Steinschulte, Stammbach 1995 (orig. 1922)

Newton, I. (1687), Philosophiae Naturalis Principia Mathematica, in deutscher Übersetzung: Wolfers, J. (Hrsg.), Mathematische Principien der Naturlehre, R. Oppenheim, Berlin 1872; Dellian, E. (Hrsg.),

Mathematische Grundlagen der Naturphilosophie; Meiner, Hamburg 1988

Norbert, R. (2007), Wachstumseuphorie und Verteilungsneutralität: Wirtschaftspolitische Leitbilder zwischen gestern und morgen (2. Auflage), Metropolit, Marburg

Pecchi, L., Piga, G. (2008), Revisiting Keynes: Economic Possibilities for Our Grandchildren, MIT Press Scholarship, Boston

Pinker, S. (2018), Aufklärung jetzt: Für Vernunft, Wissenschaft, Humanismus und Fortschritt. Eine Verteidigung, Fischer, Berlin

Platon (1977), Apologie des Sokrates, Reclam, Stuttgart

Platon (1977), Phaidon, Reclam, Stuttgart

Platon (1977), Politea (Der Staat), Reclam, Stuttgart

Platon (2012), Theaitetos, Reclam, Stuttgart

Popper, K. (1935), Logik der Forschung, Springer-Verlag, Wien

Popper, K. (1957), Die offene Gesellschaft und ihre Feinde (2 Bände), Francke Verlag, München (engl. Original: The Open Society and Its Enemies, London 1945)

Precht, R. D. (2016), Tiere denken, Goldmann, München

Reder, M., Schmidt, J. (Hrsg.) (2008), Ein Bewusstsein von dem, was fehlt – Eine Diskussion mit Jürgen Habermas, Suhrkamp, Frankfurt/M.

Rexroth, F. (2018), Fröhliche Scholastik. Die wissenschaftliche Revolution des Mittelalters, Beck Verlag, München

Ross, A. (2016), Die Wirtschaftswelt der Zukunft, Plassen Verlag, Kulmbach

Rid, Th. (2016), Maschinendämmerung – Eine kurze Geschichte der Kybernetik, Propyläen, Berlin

Ridley, M. (2011), Wenn Ideen Sex haben: Wie Fortschritt entsteht und Wohlstand vermehrt wird, DVA, München

Rifkin J. (2014), Die Null-Grenzkosten-Gesellschaft: Das Internet der Dinge, kollaboratives Gemeingut und der Rückzug des Kapitalismus, Campus Verlag, Frankfurt/M.

Ritter, J., Gründer, K. (1995), Historisches Wörterbuch der Philosophie, Schwabe Verlag, Basel

Schmidt, E., Cohen, J. (2013), Die Vernetzung der Welt – Ein Blick in unsere Zukunft, Rowohlt, Hamburg (engl. Original: The New Digital Age, Alfred E. Knopf, New York)

Schwab, K. (2016), Die Vierte Industrielle Revolution, Pantheon, München (engl. Original: The Fourth Industrial Revolution)

Shiller, R. (2012), Finance and the Good Society, Princeton University Press, Princeton

Singer T., Ricard, M. (2015), Mitgefühl in der Wirtschaft: Ein bahnbrechender Forschungsbericht, Albrecht Knaus Verlag, München

Singh, S. (2005), Big Bang: Der Ursprung des Kosmos und die Erfindung der modernen Naturwissenschaft, Hanser, München

Smith, A. (1776), Der Wohlstand der Nationen, hrsg. v. Recktenwald, H. (2013), dtv, München (engl.: An

Inquiry into the Nature and Causes of the Wealth of Nations)

Smolin, L. (2009), Die Zukunft der Physik, DVA, München

Snyder, T. (2018), Der Weg in die Unfreiheit: Russland, Europa, Amerika, Beck, München

Spektrum der Wissenschaft (Hrsg.) (2017), CRISPR/CAS9: Erbgut auf dem Schneidetisch, in: Spektrum der Wissenschaft

Spitzer, M. (2012), Die digitale Demenz: Wie wir uns und unsere Kinder um den Verstand bringen, Droemer, München

Surowiecki, J. (2004), Wisdom of Crowds: Why the Many Are Smarter Than the Few and How Collective Wisdom Shapes Business, Economies, Societies and Nations, Anchor, Cambridge

Tapscott, D., Tapscott, A. (2016), Die Blockchain Revolution – Wie die Technologie hinter Bitcoin nicht nur das Finanzsystem, sondern die ganze Welt verändert, Plassen Verlag, Kulmbach (engl. Original: Blockchain Revolution, Penguin Publishing Group)

The European Commission's High-Level Expert Group on Artificial Intelligence (2019), Ethics Guidelines for Trustworthy AI, Brüssel

Topol, E. (2019), Deep Medicine: How Artificial Intelligence Can Make Healthcare Human Again, Basic Books, New York

Tugendhat, E. (2007), Anthropologie statt Metaphysik, Beck, München

Venter, C. (2014), Leben aus dem Labor: Die neue Welt der synthetischen Biologie, Fischer, Frankfurt/M.

von Aquin, Th., *Summa Theologica,* übers. u. hrsg. durch Verlag Styria Graz, Wien, Köln 1933 ff.

von Weizsäcker, C. F. (2004), Große Physiker, matrix-verlag, Wiesbaden

von Weizsäcker, C. F. (1981), Ein Blick auf Platon – Ideenlehre, Logik und Physik, Reclam, Stuttgart

Weber, M. (1919), Wissenschaft als Beruf, in: Gesamtausgabe, hrsg. von H. Baier et al., Mohr Siebeck, Tübingen 1992

Weinberg, R. (2014), The Biology of Cancer, Taylor & Francis, Milton Park

Wenzel, Ch. (2013), Freedom Rising: Human Empowerment and the Quest for Emancipation, Cambridge University Press, Cambridge

Whitaker, A. (2012), The New Quantum Age – From Bell's Theorem to Quantum Computation and Teleportation, Oxford University Press, Oxford

Zeh, H. (2012), Physik ohne Realität. Tiefsinn oder Wahnsinn?, Springer, Heidelberg

REGISTER

3D-Drucker 52, 127-129, 138f., 254-256

Abaelard, Peter 191
AlphaGo 56f.
Apple 66, 154, 264
Aristoteles 29, 42, 80, 161, 204
Aufklärung 22f., 75, 80f., 87, 117f., 137, 163-168, 172-181, 190, 192, 198f., 209, 248
Avatar 63, 71, 245

Bacon, Francis 90, 177f.
Bayes, Thomas 193f.
Bayes'sches Theorem 194, 196
Bayesianischer Geist 194, 196
Bewusstseinstechnologien 63, 122f., 220, 238, 245
Big Data 15, 48, 64f., 70, 90, 97, 220, 237-239, 242
Bildung 177, 263, 267
Blockchain 48, 130-132, 139
Brain-Computer-Interfaces 62, 245
Buddhismus 115, 199, 217f., 225-228

Citizen Score 99, 239
Club of Rome 35
Crispr 54-56, 150, 158, 213, 238, 242-245

Darwin, Charles 78, 82
Datenschutz 148, 238f., 242
Deep learning 57
Descartes, René 80
Designerbabys 53, 55, 122
Dürrenmatt, Friedrich 149

Einstein, Albert 81, 89, 113, 141-144, 159, 162, 172, 203, 230
Ernährung 16, 27, 29, 130, 155
Eschbach, Andreas 21, 149
Ewiges Leben 67f., 156

Facebook 65, 90f., 93, 99, 148, 155, 158, 239, 264, 269
Fake News 78, 96, 102
Feynman, Richard 89, 144-146, 172, 183, 191
Finanzkrise 47f., 69, 236
Fortschritt, technologischer 11, 13, 17-20, 22, 38, 41, 45, 49, 51, 143, 147, 149-151, 157, 159f., 175, 178, 221, 223, 266
Freud, Sigmund 82

Galilei, Galileo 22, 80, 89, 172, 186, 191
Gehirndoping 61
Gentechnologie 33, 53, 122, 135, 139, 237f., 242-244
Google 66, 90f., 100, 125, 148, 156, 158, 179, 238, 246, 264f.

Haber-Bosch-Verfahren 32
Harari, Yuval 201f.
Humanistisches Weltbild 248f., 266
Human-Krise 12, 46, 69f., 73, 75, 77, 100f., 111f., 119-121, 123, 140, 143, 155, 159, 163, 165f., 181, 193, 197-199, 201f., 206, 208, 211-213, 218, 221, 227f., 233, 267f., 271
Huxley, Aldous 11f., 20, 62

Ich-Bewusstsein 200
Integrität 89, 197, 210f., 217, 220, 223f., 253, 270
Intellektuelle Redlichkeit 162, 180-184, 186-188, 190, 192, 197, 205f., 208, 217, 222, 224
Internet der Dinge 64, 126f., 255, 265

Jonas, Hans 222

Kahneman, Daniel 110-112, 114, 119
Kant, Immanuel 49, 166, 168, 172f., 180-183, 208-210, 212, 222
Kapitalismus 11, 45, 175, 259, 261
Kategorienfehler 182, 192
Kepler, Johannes 80, 113, 169, 186
Kernenergie 42f., 237
Kernfusion 43f., 132
Keynes, John Maynard 257f.
Klimawandel 35, 72, 79, 95, 97f., 133, 136, 166, 192, 212f.
Kognitive Verzerrungen 101f., 104, 108f., 112, 144f., 154, 159, 162f., 176, 200, 219, 249
Kopernikus, Nikolaus 82, 88
Krieg 16, 29, 103, 140f., 179
Krisen 15f., 22, 24, 45-49, 60, 69f., 75-77, 172, 183, 201, 236, 256
Kritischer Rationalismus 188f., 191, 196f.
Künstliche Intelligenz 15, 19, 21, 27, 48, 50, 56-60, 64f., 70, 122, 124, 137-139, 155-158, 213, 219f., 237-242, 245, 254, 256, 265-268
Kurzweil, Ray 156f.

Lab-on-a-Chip 134
Langsames Denken 101, 112-120, 140f., 143, 154, 163
Leibniz, Gottfried Wilhelm 80
Life from Scratch 135
Loevinger, Jane 231f.
Lyssenko, Trofim 144, 159

Malthus, Thomas 27-35, 37f., 40, 45
Meditation 115f., 214-217, 232
Metzinger, Thomas 63, 185, 216, 241
Microsoft 66, 158
Microtargeting 91
Morus, Thomas 20

Nanobots 51, 72, 156, 270
Nanotechnologie 12, 53, 125, 138f., 149
Neuro-Enhancement 61, 122, 238, 245
Newton, Isaac 22, 80f., 141, 164, 168f., 191
Nikolaus von Kues 186

Obama, Barack 45
Offene Gesellschaft 22, 86-88, 161, 165, 189f.
Orwell, Georg 20, 92

Pinker, Steven 23, 43, 170
Platon 80, 161, 185, 204
Popper, Karl 183, 188-190, 196, 214
Pyrrhon 185

Quantencomputer 52f., 59, 123-125, 137f.
Quantenphysik 19, 50, 75, 81, 119, 124, 141

Rationalität 118, 171-173, 184, 192, 197f., 211, 215-217
Rifkin, Jeremy 255
Roboter 20, 51, 63, 133f., 139, 254, 261

Schlüsseltechnologien 49, 51, 53, 56, 61, 64, 67, 69, 90, 121-123, 125-128, 130, 132f., 135, 137, 139, 245
Schnelles Denken 101, 110-112, 115, 118-120, 140
Sharing Economy 262f.
Silicon Valley 12, 58, 155-159
Singularität, technologische 156f.
Skeptizismus 185-187
Smith, Adam 151, 168
Sokrates 117, 161, 185
Spengler, Oswald 36, 174f.
Spiritualität 73, 75-77, 180, 186, 198-209, 211, 215, 217f., 222, 224, 249-251
Spirituelle Krise 76, 200-202
Stammzellen 67f., 123, 135, 139, 149
Substanz 80
Superintelligenz 15, 27, 56, 59, 72, 100, 156f., 246
Synthetisches Leben 135-137

Thomas von Aquin 204
Transhumanismus 156f.
Tugendhat, Ernst 184, 187

Virtuelle Realität 63f., 71, 137, 155, 245
Virtuelle Verkörperung 63, 245
von Liebig, Justus 32

Weber, Max 202f., 205
Winner takes it all 60, 158, 259
Wissenschaftliche Methode 81, 113f., 117f.

Youtube 58

Bibliografische Information der Deutschen Nationalbibliothek
Die Deutsche Nationalbibliothek verzeichnet diese Publikation in der Deutschen Nationalbibliografie; detaillierte bibliografische Daten sind im Internet über https://portal.dnb.de abrufbar.

Klimaneutral
Druckprodukt
climate-id.com/12559-1708-1001

FSC
www.fsc.org
MIX
Papier aus verantwortungsvollen Quellen
FSC® C014496

Verlagsgruppe Random House FSC® N001967

Dieses Werk wurde durch die Literaturagentur Beate Riess vermittelt.

1. Auflage

Konzept- und Textberatung: Dr. Bettina Burchardt, www.bettina-burchardt.de
Umschlaggestaltung: Roland Huwendiek Grafik-Design, Berlin
Umschlagmotiv: © jim – Fotolia.com
Druck und Bindung: GGP Media GmbH, Pößneck
Printed in Germany
ISBN 978-3-579-01480-7

www.gtvh.de